城市轨道交通工程
勘察设计校审要点

农兴中　王迪军　廖　景　编著

人民交通出版社

北京

内 容 提 要

本勘察设计校审要点是为适应城市轨道交通工程全生命周期发展的需要，结合城市轨道交通规划发展目标和地方特点，进一步促进轨道交通高质量、可持续性发展而编制。

本提要概述了城市轨道交通工程勘察设计校审要点的核心，具体内容包括勘察设计校审的总则，规范性引用文件，总体设计阶段、初步设计阶段、施工图设计阶段校审要求和评审时机及重点，校核、审核要点通用规定，涵盖了岩土工程勘察，测绘，物探测试检测，运营组织，限界，线路，轨道，管线迁改，交通疏解，车站建筑，地铁装修，高架车站结构，桥梁结构，地下车站结构，隧道结构，地下疏散平台，工程防水，路基本体，地基处理，路基支挡，通风、空调与供暖，给排水与消防，供电，机电一体化，弱电，车辆基地（工艺、站场、建筑、结构），人防，声屏障，综合管线，经济等专业，通过严格的校审，确保勘察设计满足安全、经济、环保等多方面要求。

本书不仅适用于新建城市轨道交通工程的勘察设计校审，还可用于既有线路的改造与升级，同时也可作为城市轨道交通工程相关专业的教学参考用书，帮助学生和研究人员深入了解城市轨道交通工程勘察设计校审标准。

图书在版编目(CIP)数据

城市轨道交通工程勘察设计校审要点 / 农兴中,王迪军,廖景编著. —北京:人民交通出版社股份有限公司,2024.12.
ISBN 978-7-114-20016-8

Ⅰ.TU472

中国国家版本馆CIP数据核字第20247EW131号

书　　　名:	城市轨道交通工程勘察设计校审要点
著 作 者:	农兴中　王迪军　廖　景
责任编辑:	李　敏
责任校对:	赵媛媛　魏佳宁
责任印制:	张　凯
出版发行:	人民交通出版社
地　　　址:	(100011)北京市朝阳区安定门外外馆斜街3号
网　　　址:	http://www.ccpcl.com.cn
销售电话:	(010)85285911
总 经 销:	人民交通出版社发行部
经　　　销:	各地新华书店
印　　　刷:	北京建宏印刷有限公司
开　　　本:	787×1092　1/16
印　　　张:	12.25
字　　　数:	295千
版　　　次:	2024年12月　第1版
印　　　次:	2024年12月　第1次印刷
书　　　号:	ISBN 978-7-114-20016-8
定　　　价:	65.00元

(有印刷、装订质量问题的图书，由本社负责调换)

编委会

广州地铁设计研究院股份有限公司

主　编：

农兴中　王迪军　廖　景

副主编：

林丽芬　翟利华　孙　菁　陈振强　毛武峰　周再玲

主　审：

雷振宇	史海欧	贺利工	刘健美	孙元广	何　坚
罗文静	罗俊成	吴　梦	王丹平	肖　锋	罗燕萍
熊安书	谢国胜	翁德耀	王　睿	郑　石	林　珊
湛维昭	伍永胜	王阳明	郭　敏	陈晓丹	涂旭炜
李鲲鹏	张远东	罗　辉	柏文锋	王仲林	饶美婉
刘丽萍	刘从胜	巫玲玲	隋耀华	陈惠嫦	麦家儿
罗信伟	唐　敏	黄凤坐	彭　磊	工静伟	杨德春
关耀东	张　悦	吕　潮	丛日出	卢昌仪	赵广辉

参编人员：（按照姓氏笔画排序）

王　力	王　典	王　峥	王晓潮	尹华拓	邓睿康
石惠慧	乐天晗	冯　超	兰天野	朱云冲	朱　江
朱志伟	朱能文	任　祥	刘小辰	刘　文	刘文武
刘　欣	刘琼蓉	刘鑫美	纪沿光	苏文华	杜卓琴
李志利	李倩云	何建梅	何春媚	闵　星	张旭群
张思远	张　悦	张继平	陈永亮	陈　坚	陈　欣
陈　超	陈　鹏	陈　霞	林良栋	林　斌	罗　旭
罗　慧	周　丹	周达聪	郑　聪	赵云云	赵俊龙
郝鹏飞	柳宪东	侯　峰	姚　金	袁　为	袁　柱
唐志扬	唐祖旺	唐晓勇	黄子进	黄伟欣	谌小莉
董力早	蔡军安	阚绍德	熊晓锋	戴永兴	

前言

城市轨道交通作为现代城市交通体系的重要组成部分,对于缓解城市交通压力、提升城市运行效率、促进城市可持续发展具有重要意义。截至2023年底,我国已有59个城市开通城市轨道交通运营线路,运营线路总里程达到了11225.54km,2023年新增线路里程866.65km。在国家高质量发展的战略背景下,城市轨道交通工程对勘察设计标准提出了更高的要求。当前,我国城市轨道交通在建线路多、线路里程长,这不仅要求勘察设计必须确保城市轨道交通全生命周期的安全性与可靠性,还要求勘察设计提升精度和效率。截至目前,行业内尚无统一的勘察设计校审标准。为完善城市轨道交通工程勘察设计校审标准化,进一步推进我国城市轨道交通高质量、可持续发展,作者总结多年轨道交通工程勘察设计校审积累的相关经验,精心组织编写了《城市轨道交通工程勘察设计校审要点》。

城市轨道交通工程作为一项高度集成的系统工程,主要包括了土建工程(如车站、隧道、路基、桥梁、轨道、控制中心、车辆基地、主变电所等)和机电系统设备工程(如车辆、给排水、环控、供电、通信、信号、防灾和报警、机电设备监控、售检票、电扶梯、站台门、站内外导向标志、乘客信息系统、隔音屏障、公共服务及应急疏散场所等轨道交通设施),涉及了内、外部多个专业及技术接口,具有复杂性和多样性的特点,通过校审勘察设计文件可确保符合国家法律法规、行业标准及技术规范要求,有效降低勘察设计文件出错率,保证校审工作的高效性与准确性。

本书不仅适用于新建城市轨道交通工程的勘察设计校审,还可用于既有线路的改造与升级,同时也可作为城市轨道交通工程相关专业的教学参考,帮助学生和研究人员深入了解城市轨道交通工程勘察设计校审标准。希望通过本书读者能够全面掌握城市轨道交通工程勘察设计校审要点,确保工程的安全性、可靠性和经济性,为推动城市轨道交通工程技术的发展和进步作出贡献,为其他工程行业深化勘察设计校审工作标准的制订提供样本与基础。

城市轨道交通工程勘察设计校审要点涉及专业多、各专业相互之间关系复杂。由于作者水平有限,本书难免存在疏漏之处,敬请广大读者批评指正。

编 者

2024年10月

目录

第1章 概述 ··· 001
1.1 总则 ··· 001
1.2 规范性引用文件 ·· 001

第2章 校审要求和评审适当时机、重点 ······················· 002
2.1 总体设计阶段校审要求和评审适当时机、重点 ·········· 002
2.2 初步设计阶段校审要求和评审适当时机、重点 ·········· 003
2.3 施工图设计阶段校审要求和评审适当时机、重点 ······ 004
2.4 审定要求 ··· 005

第3章 通用规定 ··· 006
3.1 校核要点 ··· 006
3.2 审核要点 ··· 006

第4章 勘察专业 ··· 007
4.1 岩土工程勘察 ·· 007
4.2 测绘 ··· 012
4.3 物探测试检测 ·· 014

第5章 前期专业 ··· 016
5.1 运营组织 ··· 016
5.2 限界 ··· 017
5.3 线路 ··· 018
5.4 轨道 ··· 020
5.5 管线迁改(管线综合平衡) ·· 025
5.6 交通疏解 ··· 026

第6章 建筑、结构与防水专业 ··· 029
6.1 车站建筑 ··· 029
6.2 地铁装修 ··· 039
6.3 高架车站结构 ·· 055
6.4 桥梁结构 ··· 059
6.5 地下车站结构 ·· 062
6.6 隧道结构 ··· 070
6.7 地下疏散平台 ·· 081
6.8 工程防水 ··· 085
6.9 路基本体 ··· 089
6.10 地基处理 ··· 091
6.11 路基支挡 ··· 094

第7章 机电系统专业 ·· 096
7.1 通风、空调与供暖 ·· 096
7.2 给排水与消防 ·· 098

7.3 供电 …………………………………………………… 100
7.4 机电一体化 ……………………………………………… 117
7.5 弱电 …………………………………………………… 120

第8章 车辆基地专业 …………………………………………… 149
8.1 车辆基地工艺 …………………………………………… 149
8.2 车辆基地站场 …………………………………………… 153
8.3 车辆基地建筑 …………………………………………… 158
8.4 车辆基地结构 …………………………………………… 161

第9章 其他专业 ………………………………………………… 174
9.1 人防 …………………………………………………… 174
9.2 声屏障 ………………………………………………… 180
9.3 综合管线 ……………………………………………… 181
9.4 经济 …………………………………………………… 182

参考文献 ………………………………………………………… 184

第1章 概述

1.1 总则

为规范城市轨道交通工程勘察设计校审工作,确保成果文件质量满足建设需要以及相应的法律法规、行业标准和技术规范要求,特编写本要点。

城市轨道交通工程勘察设计校审标准按此要点执行,市政工程、民用建筑、上盖综合开发、TOD(Transit-Oriented Development,以公共交通为导向的开发)等的勘察设计校审要点与要求参照执行或制订相应办法。

城市轨道交通工程建设应保障人员安全,减小对周边环境影响,将建设风险造成的各种不利影响、破坏和损失降低到合理、可接受的水平。

本要点适用于城市轨道交通工程勘察设计的总体设计阶段、初步设计阶段、施工图设计阶段的全过程校审工作。

1.2 规范性引用文件

下列文件对于本要点的应用必不可少,其最新版本(包括所有的修改单)适用于本要点:
(1)《地铁设计规范》(GB 50157);
(2)《城市轨道交通地下工程建设风险管理规范》(GB 50652);
(3)《城市轨道交通工程项目规范》(GB 55033);
(4)《建筑工程设计文件编制深度规定》;
(5)《市政公用工程设计文件编制深度规定》;
(6)《城市轨道交通工程设计文件编制深度规定》;
(7)《房屋建筑和市政基础设施工程勘察文件编制深度规定》;
(8)《城市轨道交通工程项目建设标准》(建标104)。

除此之外,还有国家其他有关工程建设的政策、法令、标准、规范和勘察设计工作程序、各地各线工程技术要求、各地建设单位企业标准或地方标准等。

第2章
校审要求和评审适当时机、重点

2.1 总体设计阶段校审要求和评审适当时机、重点

2.1.1 校审要求

(1)总体设计文件主要由五部分内容组成:总说明书、综合分册(含运营组织、线路、轨道、限界、车辆基地、防灾、人防、环境保护、劳动安全与卫生、物保护专篇和树木保护专篇等)、土建分册(含车站、区间、枢纽综合体、交通衔接等)、机电分册(含车辆、供电、通信、信号、通风、空调与供暖,给排水及消防系统,动力照明与配电,火灾自动报警系统,综合监控系统,环境与设备监控系统,自动售检票系统,站台门,站内客运设备,门禁,自动灭火系统,防淹门等)、总估算书。

(2)各专业的总体设计文件由各专业负责人牵头编制,专业总体部门(或责任部门/专业指定的校核人)负责校核,分管副总体部门(或责任部门/专业指定的审核人)负责审核。

(3)总体设计文件内同一送审单元的编制、校核、审核人员不得重复,校审人员须满足校审资格条件。

(4)对总体设计文件,校审人依据经业主批准的本工程技术要求、文件组成与内容,工程可行性研究报告的批复及专家评估报告,以及现行《城市轨道交通工程项目建设标准》(建标104)、《地铁设计规范》(GB 50157)和有关标准规范等进行校审。

(5)总体设计文件经过校审,各专业方案文字说明和图纸要准确清晰,应避免"错、漏、碰、缺"。

(6)各专业校审时,应包含对接口文件的校审。

2.1.2 评审适当时机、重点

1. 评审适当时机

应在总体设计文件编制过程中的适当时机对其设计成果进行设计评审。适当时机一般是:落实工程可行性研究报告批复意见提出研究方案时、全线线位/配线及站位基本稳定时、车辆基地选址并经多方案比选报当地规划部门审批前、设计系统构成和主要功能配置方案比选时、全线工程投资估算初稿完成时、设计文件成品提交前等。

2. 总体设计文件各组成部分评审重点

(1)落实工程可行性研究报告批复意见和专家组评估意见的方案是否合理。

(2)设计运能是否满足客流需求;各设备系统功能是否满足运营功能要求。

(3)线位、站位及车辆基地选址是否符合城市规划要求,其采用的主要技术标准是否与列

车运行速度相匹配。

(4)设备系统构成方案和功能匹配是否合理,有无剩余功能。

(5)工程投资估算有无特殊现象,投资水平与国家发展和改革委员会批复规模差额幅度是否符合国家有关文件规定;如不符合,应提出充分论据并提请审查。

(6)是否能据以进行初步设计,其线位、站位、车辆基地选址和设备系统构成与功能等的论述是否充分。

(7)须有总体设计文件与工程可行性研究报告变化的对比表,并对存在差异进行重点评审,重点核查差异部分(如线路长度、敷设方式、车站数量、投资等)是否超过相关规定的百分比,如超过则应提请审查。

2.2 初步设计阶段校审要求和评审适当时机、重点

2.2.1 校审要求

(1)初步设计文件根据设计任务书或批准的工程可行性研究报告、建设单位企业标准、各地各线工程设计技术标准、本工程总体设计要求、总体设计文件编制,由设计总说明书、各专业设计说明书、图纸、主要设备及材料表和工程概算书等几部分组成。

(2)各专业的初步设计文件应由本专业的人员校核、审核。

(3)设计总说明书的校核应由项目负责人/初步设计总负责人委托专人进行。

(4)项目负责人应对初步设计文件总校核。

(5)初步设计文件内容深度是否符合要求:校审人员应依据现行《建筑工程设计文件编制深度规定》《城市轨道交通工程设计文件编制深度规定》《市政公用工程设计文件编制深度规定》《房屋建筑和市政基础设施工程勘察文件编制深度规定》等有关节、条、款进行校审;初步设计文件内容是否正确合理:校审人员应依据适用的法律法规、标准规范、工程技术要求、文件组成与内容、文件编制统一规定等进行校审。

(6)初步设计文件应经过校审,文字说明和图纸要准确、清晰,应避免"错、漏、碰、缺"。

(7)各专业校审时,应包含对接口文件的校审。

2.2.2 评审适当时机、重点

(1)评审适当时机:应在初步设计文件编制过程中的适当时机对其设计成果进行设计评审。适当时机一般是指:工程总平面及竖向布置方案提出时、工程重要组成的建筑/工艺设计方案提出时、工程主体或重要部分的结构方案提出时、投资额大的设备工程设计方案提出时、业主提出要求时、设计成品提交前等。

(2)对各专业的设计方案、重大技术问题解决方案的评审,主要评审其技术上的适用性、可靠性和经济上的合理性,评审其使用功能是否满足业主要求、采用的主要技术标准是否符合要求、技术接口是否可靠、设备系统功能是否匹配,并确定推荐方案。

(3)应对初步设计文件的内容深度是否满足审批要求进行评审,评审重点是:

①是否符合设计任务书、批准的工程可行性研究报告、建设单位企业标准、各地各线工程设计技术标准、本工程总体设计要求、总体设计文件及审查意见、现行《地铁设计规范》(GB

50157)等相关规范标准的要求。

②是否符合已审定的设计方案,评审方案先进性、安全性、经济合理性等。

③是否能据以确定土地征用范围。

④设计概算是否准确、合理,能否作为项目投资的依据。

⑤要有初步设计文件与工程可行性研究报告变化的对比表,并对存在差异进行重点评审,重点核查差异部分(如线路长度、敷设方式、车站数量、投资等)有无超过相关规定的百分比,如超过则应提请审查。

⑥是否满足工程总承包或施工招标文件关于提交的技术资料的要求。

2.3 施工图设计阶段校审要求和评审适当时机、重点

2.3.1 校审要求

(1)施工图设计文件的深度应达到能据以编制施工图预算,安排设备和材料订货,非标准设备的制作,施工、安装及调试、进行工程验收。

(2)施工图设计应根据已批准的初步设计文件进行编制,内容以图纸为主;施工图设计应包括:封面、图纸目录、设计说明、图纸等。

(3)施工图文件一般以专业、站点(车站、场、段、区间等)或系统独立编制成册,包括初步设计评审意见和执行情况内容。

(4)施工图设计文件内容深度是否符合要求:校审人员应依据现行《建筑工程设计文件编制深度规定》《城市轨道交通工程设计文件编制深度规定》《市政公用工程设计文件编制深度规定》《房屋建筑和市政基础设施工程勘察文件编制深度规定》等有关节、条、款进行校审;设计文件内容是否正确合理:校审人员依据适用的法律法规、标准规范、工程技术要求、设计文件组成与内容、设计文件编制统一规定等进行校审。

(5)各专业校审时,应包含对接口文件的校审。

2.3.2 评审适当时机、重点

(1)评审适当时机:应在施工图设计文件编制过程中的适当时机对其设计成果进行设计评审。适当时机一般是指:对初步设计方案进行变更修改时、新增设计输入条件引起重大变化时、业主提出要求时、设计成品提交前等。

(2)施工图设计文件的内容深度评审重点是:

①初步设计评审意见执行情况。

②施工图审查要点的落实情况。

③是否能据以进行施工。

④对初步设计阶段规划、消防、人防、环评、节能评估、安全评估、文物(古树)保护评估、邻近既有线保护评估、上跨(下穿)重要管线保护评估、上跨(下穿)铁路或高速路等、地质灾害以及线路所做的相关专项保护等专项审查/报告的意见进行落实核查,以便于项目施工图设计方案在施工前落实相关行政主管部门的意见。

2.4 审定要求

(1)应对输出文件方案进行审定,确保勘察设计质量。

(2)应对各专业中有关创新及安全风险点部分重点审定。

(3)检查成果文件的质量,校核、审核是否到位,方案及评审意见是否落实,校审记录单是否齐全等;评价审核人的审核质量、成果文件质量。

第3章
通用规定

3.1 校核要点

(1)封面与图签。
①建设单位、工程名称、项目编号、日期、责任人等是否按要求正确签署。
②设计图、本设计中采用的通用图、标准图是否齐全、正确。
③目录中所列工程名称、图纸名称和编号与图纸是否一致,是否无错漏。
④是否无错别字。
(2)设计文件(含图纸)是否齐全;设计范围和内容是否符合批准的初步设计要求或经审定的设计变更的要求。
(3)图纸规格、图样比例、图例符号、字体规格、笔画宽度、线型和尺寸标注是否符合有关规定,是否正确。
(4)依据住房和城乡建设部发布的现行《城市轨道交通工程质量安全检查指南》逐项对照检查设计文件内容是否齐全并满足要求,相关依据是否齐全。

3.2 审核要点

(1)是否根据已批准的初步设计和审批意见编制设计文件。
(2)文件的深度是否满足下列要求:
①能据以编制施工图预算。
②能据以安排材料、设备订货和非标准设备的制作。
③能据以进行施工和安装。
④能据以进行工程验收。
(3)是否符合工程建设标准强制性条文的规定。
(4)是否符合合同约定的质量要求。
(5)设计方案描述是否正确,是否会引发歧义。

第4章 勘察专业

4.1 岩土工程勘察

4.1.1 校核要点

1. 勘察纲要

校核岩土工程勘察纲要编制是否符合现行《工程勘察通用规范》(GB 55017)和住房和城乡建设部《房屋建筑和市政基础设施工程勘察文件编制深度规定》。

(1)勘察纲要的目录、内容与现行《工程勘察通用规范》(GB 55017)及住房和城乡建设部《房屋建筑和市政基础设施工程勘察文件编制深度规定》的要求对照是否完整。

(2)工程概况、前期已完成的地质工作(如有)、勘察阶段、勘察范围、勘察等级、相关参建单位、勘察依据相关说明是否正确、翔实。

(3)场地地形地貌、周边环境、气象水文特征、地质构造、工程地质及水文地质条件简况是否正确且与勘察范围相符。

(4)勘察等级的划分依据、结论是否正确。

(5)勘察目的和要求是否与勘察阶段及设计要求相符。

(6)是否分析了本次勘察需要解决的主要技术问题,分析的问题是否恰当。

(7)执行的勘察技术标准是否正确且有效;重要的勘察设计技术标准有无遗漏。

(8)勘察方法选用是否恰当,对照任务要求是否遗漏勘察方法。

(9)勘察工作量布置,勘探点间距、深度等是否符合设计提出的勘察技术要求及国家、行业勘察设计规范,对于城市轨道交通项目还应校核是否符合相关线路的勘察总体技术要求。

(10)勘探完成后的现场处理措施是否符合安全、环保要求及地方管理规定。

(11)项目组织架构,拟投入勘察项目的人员、设备和仪器等是否满足项目质量、工期、安全、环保相关要求,项目组织架构是否合理,岗位职责是否明确。

(12)是否提出了质量、进度、安全文明施工和环境保护措施,对于有特殊要求的勘察项目是否编制了相关应急预案,是否明确了相关联系单位与人员的名称及联系方式。

(13)有无勘察安全教育、技术交底的要求与内容。

(14)预期的勘察成果的内容组成是否合理。

(15)勘察后期服务的内容是否满足项目需要及勘察合同要求。

(16)勘探点布置平面图、勘察工作量布置一览表内容是否正确。

(17)知识管理、项目风险和机遇识别及应对措施相关内容是否符合本单位管理体系相关文件规定。

(18)对设计方案、勘察纲要评审及此前勘察成果评审提出的意见是否有响应文件。

2. 勘察记录表单

校核勘察记录表单的类型与勘察纲要是否相符,各勘察外业记录表单(含纸质表单、采用勘察信息化手段记录的电子表单)是否按现行《建筑工程地质勘探与取样技术规程》(JGJ/T 87)及本单位有关质量管理制度要求填写,填写内容是否完整,签署是否齐全,同时注意有关测试、取样、试验的记录与填写是否满足勘察工作要求。

(1)"既有资料搜集表":资料类型、名称、编写单位、日期与版次、搜集渠道等信息是否齐全、详细,表中要求填写的内容是否存在漏填。

(2)"踏勘、调查与工程地质测绘记录表":时间、地点、参加人员是否填写齐全,场地地形要素、地貌信息是否填写翔实,河流水文、地表水、水文地质概况填写是否满足记录要求。

(3)"钻探原始记录班报表":应注意孔号、初见水位、稳定水位、钻具全长是否填写齐全和正确,样品编号、深度及标准贯入试验深度是否正确,标贯杆长是否无遗漏且正确,钻进快慢、缩径、塌孔、掉块、掉钻、溶洞、漏水等特殊孔内情况有无填写,水位、长度、深度等数据精度是否到达小数点后2位(即厘米级),超过50击的标贯记录是否正确。

(4)"超重型、重型动力触探试验记录表":工程名称、孔号及触探类型是否正确,探杆长度、触探深度是否正确且到达小数点后2位(即厘米级)。

(5)"双桥静力触探记录表":孔号、水位、探头号、探头标定系数、锥头和侧壁面积等是否记录齐全且正确,贯入深度是否正确且满足精度要求。

(6)"单桥静力触探记录表":孔号、水位、探头号、探头标定系数、锥头面积等是否记录齐全且正确,贯入深度是否正确且满足精度要求。

(7)"抽水试验记录表":试验地层是否适宜,试验模型是否勾选正确,试验段深度是否合理,降深顺序及降深大小是否符合规范要求,稳定水是否正确,无缝套管、过滤器、抽水泵相关规格数据是否记录齐全且满足精度要求,有观测孔时抽水孔与观测孔间距记录是否准确,管井结构简图是否绘制正确,观测时间、水位及流量数据是否齐全且符合规范要求,数据精度是否合格。

(8)"抽水试验质量验收表":应按照表格内容逐项核对、检查、验收,明确各项内容是否合格;对于不合格的项目内容,还应注明不合格的原因。

(9)"十字板剪切试验记录表":仪器型号、板高及板宽是否填写正确,初始读数是否无空缺;试验读数是否正确且满足精度要求。

(10)"土工试验送样单":检查样品编号、取样深度、野外定名是否与编录表一致,试验项目与岩土层类型、样品类型是否匹配,样品长度是否满足所勾选的试验项目制样要求。

(11)"岩石试验送样单":检查样品编号、取样深度、野外定名是否与编录表一致,试验项目与岩土层类型、样品类型是否匹配,样品长度是否满足所勾选的试验项目制样要求。

(12)"水质分析送样单":应注意样品编号是否正确,水样类型是否填写正确,试验项目勾选是否合理,测定侵蚀性CO_2的水样标签是否已加入2~3 g大理石粉。

(13)"钻孔地质编录表":检查地层编号、地质时代成因、分层深度与厚度、岩芯采取率是否按要求填写,核对岩土层定名是否正确、岩土描述是否正确且翔实,特别注意是否描述包含物及特征局部剧变的薄层性状特征,校核标贯及取样信息是否无遗漏,复核埋深、厚度、水位等是否填写规范且满足数据精度要求,校核标贯击数与土层的状态划分标准是否相符。

(14)"工程勘察外业质量检查验收表":复核人员应按表述逐项检查表格中规定的各项内容是否填写数据、勾选项目,复核表中内容是否遗漏未填写或勾选的内容。

(15)"勘探点放样/复测记录表":检查仪器名称、编号、测站点、定向点坐标与高程信息是否填写,复核放样坐标是否遗漏高程数据,检查各项坐标数据的小数点位数是否满足勘察要求。

3. 岩土工程勘察报告

(1)岩土工程勘察报告目录:应符合现行国家、行业规范与标准要求,并应符合本项目建设方和设计方提出的特别要求。

(2)任务依据:应说明本次勘察的任务依据,如合同文件(或中标通知书)、业主的批准文件、委托书、会议纪要、工联单,相关勘察技术要求和勘察纲要,有关文件依据应注明编制单位、文号、内容、发文时间等。

(3)工程概况与勘察范围:核对线路及工点(或拟建工程)地理位置、起止里程、结构形式、工法、基础尺寸或荷载等内容是否有错漏,复核勘察范围是否与实际完成工作相符,是否满足勘察任务要求及勘察纲要。

(4)勘察目的、任务要求和依据的技术标准:勘察目的、任务是否符合规范标准,是否符合合同、委托书、相关技术要求及勘察纲要,勘察所使用的技术标准是否适用且为现行有效。

(5)勘察等级:勘察等级划分的依据是否合理,勘察等级划分结论是否正确。

(6)勘察设备:勘察设备的选择是否恰当,是否与勘察实际采用的一致,各种勘探设备规模、性能是否满足勘察要求,重要的勘察方法和设备有无遗漏。

(7)勘察方法及工作量布置:勘探点数量、间距及深度要求是否与实际相符,是否满足勘察要求;工程地质调查与测绘、原位测试、水文试验、室内试验、地球物理勘探方法及工作布置是否满足所执行的规范标准要求和技术要求。

(8)勘察经过与勘察任务完成情况:勘察起止时间、经过、完成工作量、完成比例是否满足勘察技术要求,移位和暂缓施工情况及其原因说明等相关内容有无错漏。

(9)勘察参考资料情况:参考资料有无缺漏或不当,参考资料的来源、项目名称、编制单位、完成时间等信息是否翔实。

(10)勘察工作评价:勘察质量、勘察深度相关评价的结论是否正确。

(11)气象、水文、区域地质、场地条件和地形地貌:有关引用资料是否正确,地形、地貌条件是否与实际相符,相关数据信息时效性是否满足要求。

(12)工程地质分析及特征、场地岩土层分布及特征:工程地质分区是否合理;岩土层划分是否符合当地岩土层划分标准、与原位测试及室内试验结果是否相符,地层的年代、类型、成因、分布、工程特性,岩石的产状、岩体结构和风化情况等描述是否符合相关标准的要求,岩土性质特征描述是否符合现行《岩土工程勘察规范》(GB 50021),引用的试验和原位数据是否正确,对设计和施工影响较大的特殊地层条件(如粗颗粒粒径、软土、硬岩、风化夹层、球状风化体)描述是否充分。

(13)埋藏物:重要管线、地下洞室或其他建(构)筑物、古城址、古河道、浜沟、墓穴、防空洞、孤石、可开采矿床等对工程方案存在不利影响的埋藏物的特征、分布表述是否齐全,特征及规模、分布等表述是否准确。

(14)地表水及地下水：内容是否齐全和准确，是否描述地下含水层和隔水层的埋藏条件、地下水类型及地下水的补给、径流、排泄条件，是否分层描述地下水及分析各含水层间的水力联系，是否结合工程及地质特征提供不同含水层水位，是否提供地下水位及近年来水位变化幅度，水文地质试验计算过程及成果是否合理，地表水特征及与地下水的水力联系表述与分析是否正确。

(15)岩土施工工程分级和围岩分级：是否说明分级依据和划分标准，是否提供分级成果表及隧道围岩分级成果图，定级结论是否正确。

(16)岩土参数建议值：涉及多个工程地质单元时是否分地质单元统计试验数据并提供岩土参数建议值，参数建议值的依据标准和取值说明是否正确，岩土参数建议值是否齐全且合理。

(17)场地和地基的地震效应：是否按照现行规范划分抗震地段类别、判定场地土类型及场地类别且结论正确，砂土液化及软土震陷计算过程和评价结论是否正确，地震动参数是否齐全且数据正确。

(18)不良地质作用和地质灾害、特殊性岩土：不良地质作用、地质灾害、特殊性岩土的类型是否齐全，其性质特征、对工程的影响分析评价是否合理。

(19)场地稳定性和适宜性：是否在分析场地不良地质作用和地质灾害、场地地震效应基础上评价，场地的稳定性和适宜性结论是否正确。

(20)地下水、地表水和土的腐蚀性评价：是否正确，水文参数是否合理，地下水与地表水的作用及对工程的影响和相应的地下水控制措施建议是否得当，是否提供合理的抗浮设计水位。

(21)地基基础方案分析：对地基基础、基坑工程、隧道工程地基(岩土)承载力、变形分析评价是否正确，是否评价地基稳定性和均匀性，建议的地基基础形式、持力层是否合理。

(22)岩土工程分析与评价：基坑、隧道、桩基、路基、支挡、地面建筑物、边坡工程分析与评价内容是否齐全、评价是否合理，对于设计、施工和监测的措施和建议是否恰当。

(23)环境与工程的相互影响：对拟建工程周边环境影响分析是否全面、合理，对重要的环境影响提出的施工建议和防治措施是否恰当、可行。

(24)地质条件可能造成的风险：地质条件可能造成的风险类型分析内容是否全面、影响性评价是否合理。

(25)结论与建议：场地稳定性、适宜性、地基均匀性、场地和地基的地震效应、含水层类型及水位、土和水对建筑材料的腐蚀性、地基基础方案的建议、主要工程措施建议、地下水控制措施等主要结论内容是否齐全且正确，工程设计和施工应注意的岩土工程问题、遗留勘察工作的后续处理建议、施工勘察或专项勘察的建议是否合理。

(26)其他说明：有无说明遗留钻具、未完成勘察工作量、与原勘察有无重大结论偏差等情况，有无说明勘察成果使用的注意事项。

(27)附图、附表与附件：附表原始数据、汇总、统计分析、判别方法是否正确，附表组成及格式是否符合现行《房屋建筑和市政基础设施工程勘察文件编制深度规定》，勘察图件绘制是否满足现行勘察标准及设计提出的勘察技术要求，图件的图例、名称、比例尺及平面图方向标识是否正确,图件的内容有无错误;附件报告及材料是否齐全、是否为经校审后的正式报告或文件。

(28)勘察任务要求提供地质三维信息模型成果时,还应复核地质三维信息模型的内容与规格是否符合国家、行业标准及本项目提出的特别要求。

(29)复核有无正确落实设计方案评审、前阶段勘察成果评审时提出的勘察意见。

4.1.2 审核要点

对勘察报告的重点内容和重要结论应进行审核,重点审核现行《工程勘察通用规范》(GB 55017)及《房屋建筑与市政基础设施勘察文件编制深度规定》有关内容是否符合要求,同时对校核质量、校核意见执行情况进行审核。

1. 勘察纲要

(1)勘察纲要的内容组成是否完整。

(2)收集参考的资料是否满足质量、深度和时效性等要求。

(3)勘察纲要对勘察所需要解决的主要技术问题的分析与归纳是否正确。

(4)勘察等级、优先执行的规范与标准、勘探方法及种类、勘探线和勘探点间距、勘探孔深度要求等内容,是否满足规范要求及施工图阶段设计和施工需要。

(5)勘探点布置平面图、勘察工作量布置一览表内容是否存在明显错漏。

(6)项目应用和预期产生的知识、项目风险和机遇识别及应对措施内容是否得当。

(7)对校核质量及校核意见执行情况进行审核,包括校核意见是否满足校核要点深度要求、校核意见是否遗漏重要的成果问题、对于不执行意见或分歧意见的回复和处理是否得当。

2. 勘察记录表单

(1)是否落实校核意见。

(2)对于表单内容的修改和补充是否正确。

(3)记录表单的相关人员签署是否符合相关规定。

3. 岩土工程勘察报告

(1)是否严格执行现行《工程勘察通用规范》(GB 55017)及《房屋建筑与市政基础设施勘察文件编制深度规定》,是否有违反勘察强制条文的情况。

(2)报告是否落实校核人员意见且按要求回复。

(3)责任人签名是否齐全。

(4)选用的规范、规程是否适用于本工程,并且有效、齐全。

(5)勘察文件是否满足任务委托要求,深度是否满足勘察文件深度规定的要求。

(6)勘察工作的目的、任务、要求是否明确。

(7)原位测试勘探点布置的位置、数量或比例是否符合要求。

(8)勘探手段、方法及工艺是否适当。

(9)取样(土样、岩样、水样)的质量、数量、方法是否符合规范、标准要求。

(10)原位测试方法是否合理,地层描述是否符合规范要求。

(11)室内试验的指标种类、试验方法、试验数量是否满足规范、标准要求。

(12)地表水及地下水位的量测方法是否符合现行规范要求,勘察期间水位、地下水类型等阐述是否明确、合理。

(13)地下水的评价(浮托力、腐蚀性、水压力、抗浮设计水位等)及地下水控制措施建议是否符合实际情况,提供的地下水参数是否合理。

(14)是否符合现行《中国地震动参数区划图》(GB 18306)或相关行业抗震设计规范提供的地震动参数。

(15)建筑抗震地段、场地类别的划分与计算是否正确,选择的钻孔是否具有代表性。

(16)不良地质、特殊岩土、有害气体的评价方法、结论、处理措施是否符合现行规范、相关专用标准及勘察文件深度规定的要求,对工程影响的评价是否准确、全面。

(17)岩土物理、力学参数建议值的提出方法是否合理、全面。

(18)地基、地基土的均匀性、承载力及变形分析与评价是否正确。

(19)建议的地基基础方案是否合理、可行,岩土参数建议值是否合理。

(20)场地稳定性、适宜性评价是否准确、全面。

(21)围岩、边坡稳定性和变形分析评价是否准确。

(22)工法适应性及岩土工程问题分析评价是否准确。

(23)工程措施建议是否合理、是否有较强的针对性。

(24)特殊地质条件是否提出专项勘察建议。

(25)工程与环境的相互影响是否进行分析或分析是否准确、全面。

(26)地质条件可能造成的风险是否存在漏项。

(27)勘察工作遗留问题是否进行说明并提出处理措施建议。

(28)地质三维信息模型成果的提交是否满足勘察表达及设计使用要求。

(29)应对校核质量及校核意见执行情况进行审核(包括校核意见是否满足校核要点深度要求、是否遗漏重要的成果文件、对于不执行的意见或分歧意见的回复和处理是否得当)。

4.2 测绘

4.2.1 校核要点

1. 前期工作情况

(1)任务单是否有任务来源,任务下达流程是否有效,任务内容是否符合要求,签署是否齐全等。

(2)项目策划:是否进行项目策划,策划内容是否满足要求,策划是否经评审及审批情况等。

(3)项目分类:是否进行项目分类,如进行了项目分类其分类是否合理。

(4)资料收集及利用情况:资料收集是否齐全、分析是否充分,资料利用是否合理。

2. 资源配置情况

(1)仪器设备的数量、类型及规格是否满足项目要求,仪器是否在有效期内。

(2)人员的数量及资格是否满足要求。

3. 任务完成情况

(1)完成的工作是否符合策划的任务内容,如存在不符,是否进行了策划变更。

(2)项目的实施时间及工期是否与策划一致,如存在不一致,是否进行了策划变更。

(3)人员、仪器设备投入是否按策划执行,如有调整,是否进行了策划变更。
(4)完成的工作量是否与实际相符。

4. 成果资料情况
(1)原始资料中原始记录是否齐全,观测、记录及校对签署是否完整。
(2)使用的数据处理软件是否有效。
(3)计算方法及结果是否正确。
(4)成果数学精度(技术指标)是否满足规范要求。
(5)数据格式、数据结构、图面及图表的完整性及图面的整洁性等是否符合要求。

5. 质量检查情况
(1)检查、抽查的种类是否齐全。
(2)检查、抽查数量或比例是否符合要求。
(3)检查、抽查方法是否正确。
(4)质量问题的处理是否符合要求。

4.2.2 审核要点

1. 校核质量
(1)校核意见是否满足校核要点深度要求。
(2)校核意见是否遗漏重要的成果文件。

2. 测量技术设计书
(1)参考的收集资料是否满足要求。
(2)拟采用的软件或计算方法、计算结果是否正确。
(3)拟提交的成果是否完整、恰当。

3. 测量成果报告内容
1)概述
(1)项目来源、任务内容、工作量等。
(2)作业区域概况和已有资料利用情况。
(3)项目执行情况:生产任务安排及完成情况。
2)技术设计执行情况
(1)依据的技术性文件。
(2)技术设计的更改情况(如有)。
(3)技术问题及处理方法。
(4)特殊情况的处理及达到的效果等(如有)。
(5)新技术、新方法、新材料应用情况(如有)。
(6)知识积累(经验、教训)。
(7)遗留问题及建议。
(8)成果质量说明与评价。
3)成果质量情况
(1)达到的技术指标。

(2)质量问题的处理。
4)上交和归档测绘成果及资料清单
4. 质量检查情况
质量检查程序是否按照现行《测绘成果质量检查与验收》(GB/T 24356)执行。

4.3 物探测试检测

4.3.1 校核要点

1. 基础资料

(1)工程物探项目概况、资料收集是否齐全;工程物探应收集工程概况、测量、地质、地球物理及工程设计、施工和运营资料等。
(2)采用物探方法时现场干扰因素是否识别。
(3)是否对现场条件进行踏勘或调查,是否满足布置装置测线和开展探测工作条件。
(4)是否开展方法有效性和适应性试验,选择的物探方法是否合理。
(5)检测项目工程概况表、施工资料表、现场记录表是否完整,签署是否齐全。
(6)使用仪器名称、编号、状态是否满足项目要求,仪器是否在有效期内。
(7)工程物探测线、测点布置是否满足现行《城市工程地球物理探测标准》(CJJ/T 7)要求。
(8)测点放样精度是否满足现行《城市测量规范》(CJJ/T 8)要求。
(9)依据的规范、标准是否齐全、合理和有效。
(10)电子记录是否记录规范、完整,是否进行了备份。
(11)采集数据质量检查记录是否齐全,检查点分布及数量是否满足要求。
(12)是否编制探测技术设计书、工作方案或检测方案,是否完成审批和签署。

2. 报告目录

工程物探或检测成果报告目录是否满足现行《城市工程地球物理探测标准》(CJJ/T 7)中成果报告内容要求。

3. 成果内容

(1)工程概况内容是否准确、完整,探测目的及探测范围是否正确。
(2)场区地质及地球物理特征是否分析正确。
(3)工作方法有效性及适应性是否分析正确,选择的方法是否合理。
(4)工作方法的理解和原理是否表述准确和清楚,是否满足工作要求。
(5)工作布置及完成的工作量是否满足要求。
(6)数据采集质量及检查是否满足规范要求。
(7)数据处理软件是否适用,处理步骤是否正确。
(8)资料解释原则是否合适,解释成果及精度是否满足任务要求。
(9)成果分析、结论、评价、工程措施建议是否合理。
(10)报告附图、附表是否齐全,图件格式是否满足要求。
(11)检测抽样数量及原则是否满足规范要求。
(12)检测资料的分析判断及结论是否正确。

(13)工程质量评价与建议是否合理。

4.3.2 审核要点

主要对校核后技术设计书,探测方案或检测、测试方案,探测和检测、测试报告的重点内容和重要结论进行审核。

1. 校核质量
(1)校核意见是否满足校核要点深度要求。
(2)校核意见是否遗漏重要的成果文件。

2. 探测、检测及测试方案
(1)参考的收集资料是否满足要求。
(2)引用的结论是否准确。
(3)采用的探测及测试方法、手段是否能完全达到探测或检测目的。

3. 成果报告
(1)报告是否落实校核人员意见且按要求回复。
(2)报告及附件所需责任人签署是否齐全。
(3)开展方法及完成工作量是否满足探测任务目的要求。
(4)方法有效性、试验成果是否可靠,方法选择是否合理。
(5)数据质量检查是否具有代表性,是否满足规范、标准要求。
(6)数据处理方法及解释原则是否正确,解释成果是否有效。
(7)是否有验证内容,成果验证分析是否可靠。
(8)解释成果精度是否达到既定探测目标任务。
(9)检测及测试质量、数量、选用方法是否符合规范要求。
(10)检测及测试方法及设定参数是否合理,成果图、表是否准确。
(11)探测成果结论是否准确和全面。
(12)工程措施建议是否合理,对异常验证是否提出了相应建议。
(13)是否有分析方法、环境等影响因素可能引起的偏差,如有是否提出了相应处理措施建议。

第5章 前期专业

本书所指前期专业是指城市轨道交通工程在施工前开展的综合性规划与设计工作,主要包括运营组织、限界、线路、轨道、管线迁改(管线综合平衡)、交通疏解等专业。其目的是通过科学论证和协调确保方案的技术合理性、经济可行性及施工可操作性,为工程建设奠定基础。其核心作用是预判问题、优化资源配置,避免重大变更,保障项目高效实施和可持续运营。

5.1 运营组织

5.1.1 校核要点

1. 说明书

(1)设计依据、设计原则和主要技术标准是否阐述清楚。
(2)是否正确引用客流预测资料及相关规划资料,客流特征分析是否全面、合理。
(3)系统选型论述、特殊线路的运营模式分析是否全面、合理。
(4)交路方案是否经充分比选论证,是否给出备用方案。
(5)系统设计能力表是否完整,旅行速度取值是否合理,配属车计算是否正确。
(6)重点配线方案是否经充分比选,全线配线设置方案是否合理可行,配线能力计算结果是否合理。
(7)对全线系统功能要求是否全面、合理。
(8)运营管理是否贴合本线需求,组织机构定员指标是否合理。
(9)是否存在其他低级错误或笔误。

2. 牵引计算

(1)采用的车辆参数是否与本线系统选型一致,是否有更新的车辆参数。
(2)线路平面、纵断面、车站里程信息是否与线路专业开放资料一致。
(3)是否在线路开放资料里程信息的基础上考虑各个区间的断链数据,并将其正确处理转换为不带断链数据。
(4)牵引计算图纸图面是否有字体重叠、乱码等情况。
(5)牵引计算采用的牵引制动率参数取值是否合理。
(6)各曲线限速值设定是否满足规范要求。
(7)曲线地段速度-位移曲线(v-s曲线),取值是否合理。
(8)v-s曲线整体是否合理,最高巡航速度取值是否合理。

3. 运行图

(1)运行图是否与交路方案和全日行车计划匹配。
(2)运行图收发车数量是否与车辆基地规模相匹配。
(3)运行图上线列车数量是否与计算运用车相匹配。
(4)是否有间隔时间不合理、股道占用不合理的列车折返作业。
(5)是否有追踪间隔不满足要求的运行线。
(6)是否标注车辆基地位置。
(7)车次号编排是否正确。
(8)是否在图中标注高峰小时交路图、上线车数量、车辆基地停放列车数量等信息。

5.1.2 审核要点

(1)校核意见是否填写,填写是否正确,是否已执行。
(2)文件整体内容与组成是否满足相关设计阶段的深度要求。
(3)客流预测及分析关键项是否无遗漏,客流特征对运营组织设计的要求是否理解全面。
(4)系统选型和运营模式论述是否存在明显问题。
(5)各类工况下的交路方案是否满足运营需求,是否有需要补充的备用交路。
(6)配线方案有无明显问题。
(7)系统能力和功能要求是否全面。
(8)运营管理和机构定员是否针对本线特点有的放矢。
(9)牵引 v-s 曲线整体是否合理。
(10)运行图整体是否合理。
(11)方案有无落实审核重大意见,是否有进一步需要审核的方案内容。

5.2 限界

5.2.1 校核要点

1. 设计说明

(1)工程概述、设计依据、设计范围、设计原则、技术标准的描述是否完整、准确;工程概述中描述的施工工法是否与建筑限界图相对应。
(2)线路、轨道、供电、车辆、疏散平台等限界设计主要技术参数方案是否完整、准确。
(3)对建筑限界设计原则、加宽办法、设备布置原则的要求是否完整、准确。
(4)对需要说明问题的描述是否完整、合理,对限界检查相关注意事项的说明是否完整、合理。

2. 附图

(1)参考现行《城市轨道交通工程设计文件编制深度规定》,校核附图的完整性。
(2)车辆轮廓线、车辆限界、设备限界:是否包括隧道内、地面、高架(视工程实际情况而定)、曲线、停站开门等全部工程条件情况;控制点坐标是否满足相关规范或标准的要求;图纸说明中对计算条件的说明是否完整、准确。

(3)直线建筑限界:是否包括明挖、盾构、暗挖、高架、岛式站台、侧式站台(视工程实际情况而定)等全部工程条件情况;疏散平台高度、宽度、接触网安装高度、轨道道床结构高度、站台门限界、建筑限界尺寸是否满足相关接口专业、规范或标准的要求。

(4)曲线建筑限界:是否包括明挖、盾构、暗挖、高架(视工程实际情况而定)等全部工程条件情况;疏散平台高度、宽度、接触网安装高度、轨道道床结构高度、建筑限界尺寸是否满足相关接口专业、规范或标准的要求;曲线段建筑限界加宽或偏移是否准确,曲线地段中心线偏移计算公式及偏移方法示意图是否准确。

(5)特殊段建筑限界中的射流风机段、转辙机段、接触网隔离开关段、人防门段、车辆段建筑限界尺寸是否满足相关接口专业、规范或标准的要求。

(6)道岔区建筑限界加宽图是否准确,是否涵盖本工程涉及的全部道岔种类。

(7)曲线段设备限界及建筑限界加宽量表、站台加宽量示意图是否完整、准确。

5.2.2 审核要点

(1)对前阶段设计审查意见是否执行和回复,设计输入及设计评审是否完善。

(2)主要参数、设计标准、建筑限界关键尺寸是否阐述清楚、准确,特殊地段的建筑限界设计方案是否合理可行。

(3)曲线段设备限界及建筑限界加宽量表是否准确可行。

(4)校核意见及回复是否全面且正确落实。

5.3 线路

5.3.1 校核要点

1. 说明书

(1)设计依据、设计原则和主要技术标准是否阐述清楚。

(2)线路基本走向是否符合当地国土空间规划及城市快速轨道交通线网规划的要求。

(3)地形、道路红线、勘察、管线等基础资料来源和版本是否阐述清楚。

(4)车站分布是否经过多方案的比选,方案比选是否合理,是否遗漏更有价值的方案。

(5)线路平面及车站位置是否阐述清楚,是否得到当地规划部门的认可;线路平面是否遗漏必要的路由比较方案,采用最小曲线半径的依据是否阐述清楚。

(6)线路纵断面是否阐述清楚,是否做了多方案比选,是否采用了节能坡,敷设方式选择及采用最大坡度的理由是否阐述清楚。

(7)辅助线的设置是否满足行车组织、列车运营功能的要求,是否严格与行车专业提供的资料保持一致。

(8)与周边环境(城市道路规划红线、文物保护、既有与规划建筑物、地下管线等)是否协调。

(9)与轨道交通线网关系是否阐述清楚,规划换乘线路相邻区间是否进行了合理考虑,换乘形式是否经过比选。

(10)各种附表是否齐全,是否满足本阶段的设计要求。

2. 平面图

(1)中线里程、高程的计量单位是否符合国家法定计量单位;图中的里程、距离是否标注清楚。

(2)采用的坐标系统及高程系统是否正确,是否表述清楚。

(3)所依据的地形图其来源是否表述清楚,是否标注图纸比例,是否满足本阶段设计要求。

(4)图纸范围、起终点里程是否符合任务书的要求。

(5)是否绘制了规划红线,规划道路宽度与道路规划红线是否一致,车站与区间线路是否侵入规划红线,若侵入了规划红线是否已得到当地规划部门的认可。

(6)车站的线间距、有效站台中心里程、车站位置同建筑专业提供的资料是否一致,车站和区间线间距是否满足设置疏散平台、检修平台的要求。

(7)线路的曲线半径、缓和曲线、圆曲线与夹直线长度是否符合国家规范与本线技术标准的要求。

(8)曲线半径的选取是否满足行车速度的要求,曲线要素的选取、计算及标注是否正确。

(9)右线与左线的线间距是否满足工程地质及区间隧道施工方法的要求。

(10)相邻车站表达的同一区间站间距是否一致,如有断链是否标注正确。

(11)线路通过重要障碍物(市政工程与一般建筑物)的关系是否表现清晰,线路绕避重要障碍物(高层建筑与大型市政工程)的原因是否表述清楚。

(12)辅助线的位置与长度是否满足行车组织的要求。

(13)平面、纵断面有关数据是否相互一致。

(14)和其他地铁线路交叉、平行换乘的相互关系(如里程、交叉角度、坐标等)是否标注清楚。

(15)出入段(场)线接轨点和重叠(交叉)段是否表达完整、清楚。

(16)道岔号数和编号、车挡是否标注清楚、无误。

(17)车站和区间轮廓、联络通道及泵房标注是否与相关专业图纸一致。

(18)里程冠号使用是否准确、一致。

3. 纵断面

(1)中心里程、高程的计量单位是否符合国家法定计量单位,图中的里程、距离是否标注清楚。

(2)采用的高程系统是否正确,是否表述、标注清楚。

(3)所依据的地形图(平面图)的来源是否表述清楚,图纸的竖向与纵向比例是否标注清楚,是否满足本阶段设计要求。

(4)图纸范围、起终点里程是否符合任务书的要求。

(5)车站有效站台中心里程与高程同建筑专业提供的资料是否一致。

(6)各车站所在坡段的坡度、坡段长度是否符合技术标准的要求,各变坡点的轨面高程计算是否正确。

(7)图中最大坡度、最小坡度及最短的坡段长度是否符合国家规范、本线技术标准的要求。

(8)选用的竖曲线半径及竖曲线位置是否符合国家规范、本线技术标准的要求,竖曲线要素的数据计算是否正确。

(9)是否绘制了岩层分界线,岩层分界线同地质专业提供的地质柱状图等资料是否一致,图例是否标绘清楚。

(10)线间距、站间距、有效站台中心里程、地面高程、平面曲线起终点里程、平面曲线要素、断链位置与断链数据是否与平面一致。

(11)工程地质概况是否表述清楚,是否与地质专业提供的资料一致。

(12)线路纵坡设计是否满足排水的要求,区间隧道最低点位置的确定是否与结构、给排水专业进行协调。

(13)平、纵断面有关数据是否相互一致。

(14)反映和其他地铁线路交叉或平行换乘的位置相互关系(如里程、轨面高程)是否标注清楚。

5.3.2 审核要点

(1)对前(高)阶段设计审查意见是否执行和回复。

(2)设计依据、设计原则和主要技术标准是否阐述清楚。

(3)方案比选是否全面、必要,是否阐述清楚。

(4)采用最小曲线半径的依据是否阐述清楚。

(5)采用最大坡度的依据是否阐述清楚。

(6)各种附表是否齐全,是否满足本阶段的设计要求。

(7)右线与左线的线间距是否满足工程地质及区间隧道施工方法的要求。

(8)线路绕避重要障碍物(高层建筑与大型市政工程)的原因是否表述清楚。

(9)是否绘制了岩层分界线,岩层分界线同地质专业提供的地质柱状图等资料是否一致,图例是否标绘清楚。

(10)工程地质概况是否表述清楚,是否与地质专业提供的资料一致。

(11)线路纵坡设计是否满足排水的要求;区间隧道最低点位置的确定是否与结构、给排水专业进行协调。

(12)是否填写了校核意见,校核意见是否正确。

(13)相关专业是否已会签。

5.4 轨道

5.4.1 校核要点

1. 扣件

(1)核查全线采用的扣件类型,检查设计图纸是否有遗漏;扣件宜采用标准化成果。

(2)设计说明中扣件的适用地段是否说明;扣件的主要技术指标是否正确;组装疲劳试验要求是否合理;扣件配套接头夹板的说明是否遗漏;批量生产前与配套轨枕预组装以检查接口的要求是否遗漏;绝缘性能是否明确。

(3)组装图中零部件的材质是否符合要求;螺栓扭矩是否遗漏;无螺栓弹条的安装要求是

否遗漏;扣件的调高方式是否明确。

(4)各零部件设计图中图纸是否有遗漏,是否按1:1绘制;核查轨底坡通过铁垫板实现还是轨枕实现;关键尺寸(如Ⅲ型弹条铁座的过安装挡台及弹条插入端圆弧倒角)是否标注;检查套管表面是否采用斜螺纹。

(5)减振扣件的减振性能要求是否遗漏;减振扣件与普通扣件的零部件是否尽可能通用互换;减振扣件铺设图的零部件是否遗漏。

(6)减振扣件的专利情况说明是否遗漏。

(7)普通扣件及减振扣件螺栓孔与轨枕中心线的距离是否正确。

2. 轨枕

(1)核查全线采用的轨枕类型,检查设计图纸是否有遗漏。

(2)设计说明中各类型轨枕的适用地段是否说明;引用规范是否全面及正确;混凝土强度等级是否合理;预埋套管是否增加防护盖;原材料技术要求是否正确;保护层厚度是否合理;生产及运输要求是否遗漏;预应力轨枕的静载试验及疲劳试验要求是否遗漏;轨枕批量生产前与配套扣件的预组装要求是否遗漏。

(3)设计图纸:是否按1:1绘制;预埋套管的图名是否明确;工程数量表是否遗漏;预埋套管的钉孔距与配套扣件是否匹配;核实轨底坡是否通过轨枕实现;关键尺寸标注是否遗漏;核实与扣件组装是否匹配标准轨距。

3. 非岔区普通整体道床

(1)核查全线采用的非岔区普通道床类型(高架、地下、地面等敷设方式,矩形、圆形、马蹄形等隧道类型),检查设计图纸是否有遗漏。

(2)设计说明中引用规范是否全面、是否为现行版本;混凝土强度等级是否合理;原材料技术要求是否正确;保护层厚度是否合理;钢筋排流面积是否正确;与人防门门槛接口是否合理;矩形隧道断面是否要求回填到结构边墙、两线间无隔墙时回填要求是否遗漏;施工及施工注意事项是否遗漏;马蹄形隧道回填面顶及矩形隧道顶凿毛技术标准是否合理;道床浇筑前过轨管线、过轨沟槽是否预留确认;道床浇筑前要求铺轨承包商复核泵房预埋管管底高程是否复核;施工安全事项是否说明。

(3)设计图纸:是否按1:1绘制;隧道断面尺寸是否正确;曲线地段隧道加宽是否遗漏;工程数量表是否正确;结构底板上膨胀螺栓或预留钢筋是否增加电气绝缘;超高设置方式是否正确;道床面中心水沟盖板是否遗漏;道床排流钢筋网的焊接要求及连接端子是否遗漏;道床分块长度是否满足规范要求;高架道床与梁面止水台的接口是否遗漏,与梁端桥面排水孔是否做好顺接;排水管入口格栅是否遗漏。

4. 岔区普通整体道床

(1)核查全线采用的岔区普通道床类型(含钢轨伸缩调节器),检查设计图纸是否有遗漏。

(2)设计说明:引用规范是否全面、是否为现行版本;混凝土等级是否合理;原材料技术要求是否正确;保护层厚度是否合理;钢筋排流面积是否正确;轨行区回填要求是否遗漏;施工及施工注意事项是否遗漏;马蹄形隧道回填面顶及矩形隧道顶凿毛技术标准是否合理;道床浇筑前过轨管线、过轨沟槽是否预留确认;道床浇筑前要求铺轨承包商复核泵房预埋管管底高程是否复核;施工安全事项是否说明。

(3)设计图纸是否按1:1绘制;工程数量表是否正确;结构底板上膨胀螺栓或预留钢筋是否增加电气绝缘;道床排流钢筋网的焊接要求及连接端子是否遗漏;道床分块长度是否满足规范要求;高架与梁端止水台的接口是否遗漏,与梁端桥面排水孔是否做好顺接;转辙机基坑的尺寸是否正确,基坑的方向是否交待,基坑排水是否合理,基坑内部是否遗漏防渗水措施;排水管入口格栅是否遗漏。

5. 减振道床

(1)减振分段里程是否正确,长度是否漏记断链。
(2)Z振级减振性能要求是否遗漏。
(3)减振道床与相邻道床的刚度过渡是否合理。
(4)浮置板道床面两侧密封条防火等级是否遗漏。
(5)基底面施工精度要求是否合理。
(6)浮置板道床中心检查孔设置位置是否合理(宜避开过轨里程,接泵房预埋管里程处需增设)。
(7)排水顺接图是否正确。
(8)水沟顺接处理方式是否与标准图一致。
(9)浮置板道床的板型尺寸是否合理。
(10)梯形轨枕等预应力结构上不能钻孔的要求是否提资给对应系统专业。
(11)其余同"非岔区普通整体道床""岔区普通整体道床"相应(2)(3)条。

6. 预制道床

(1)与消防管、废水泵房、人防门门槛的接口是否合理。
(2)预制板的打孔安装限制条件是否满足其他系统专业要求。
(3)对土建施工偏差的适应性是否合理。
(4)排水设计是否合理。
(5)主体结构变形缝处是否设置了预制板板缝及基底伸缩缝。
(6)预制板的过轨要求是否遗漏(要求在板缝处过轨,原则上不宜在板面过轨)。
(7)其余同"非岔区普通整体道床""岔区普通整体道床""减振道床"相应条款。

7. 道岔

(1)核查全线采用的道岔类型,检查设计图纸是否有遗漏。
(2)前长、后长、通过速度、导曲线半径等主要技术参数是否正确。
(3)轨道电路设置方式是否经信号专业确认。
(4)锁闭方式是否经信号专业确认。
(5)导电销的设置方式是否经供电专业确认。
(6)扣件防腐要求是否明确。
(7)合成树脂枕(如采用)的尺寸是否明确,如涉及加宽,加宽枕的位置及尺寸是否标明。
(8)批量生产前,需预制一组道岔与岔枕、转辙机进行预组装,核实接口是否遗漏。

8. 线路及信号标志

(1)种类及数量是否正确、合理。
(2)反光等级是否合理。

(3)标志牌及螺栓的材质是否合理,钢件防腐要求是否遗漏。
(4)横向位置及距离设计轨面的高度是否合理。
(5)生产及安装前,需请运营总部确认及配合。
(6)安装位置是否注明"避开管片接缝、螺栓,不应被消防水管、支架等遮挡"等要求。

9. 过轨管线综合设计图
(1)过轨管材质、规格及尺寸是否尽量统一。
(2)数量、形式及设置里程是否经所有管线提资系统专业会签确认。
(3)宜分散过轨,道砟范围原则上不容许过轨。
(4)过轨管的防火要求,防堵塞要求是否遗漏。
(5)预制板的过轨要求是否遗漏(要求在板缝处过轨,原则上不宜在板面过轨)。

10. 正线综合铺轨图
(1)超高设置是否正确。
(2)钢轨最短长度要求是否遗漏。
(3)配线无缝线路的设置方式是否明确。
(4)无缝线路锁定轨温是否正确,位移观测桩、控制基标及加密基标的设置及做法是否遗漏。
(5)是否明确线路平纵断面数据以线路专业调线调坡图为准。

11. 场段综合设计图
(1)引用规范是否全面且正确(含验收规范),是否为现行版本;混凝土强度等级是否合理;原材料技术要求是否正确;保护层厚度是否合理;结构底板顶凿毛技术标准是否遗漏。
(2)与招标/初步设计方案对比说明是否遗漏。
(3)接头是否避开轨枕/扣件范围。
(4)预留的绝缘接头轨缝位置是否经信号专业会签确认。
(5)过轨管线接口是否落实(应请各系统专业在浇筑道床前自行预埋)。
(6)杂散电流排流设计方案是否经杂散专业会签确认。
(7)与工艺设备基坑的接口条件是否经工艺专业会签确认。
(8)钢轨钻孔与焊接接头的位置关系要求是否遗漏。
(9)轨道类型是否经工艺专业会签确认。
(10)道砟压实密实度要求、洼垄填砟是否遗漏。
(11)车挡类型及占用线路长度是否合理。
(12)试车线末端是否结合实际工况设置了挡墙。
(13)是否结合实际工况设置了挡砟块。
(14)道砟级配是否采用了标准化要求。

12. 轨道施工图设计说明
(1)引用规范(含验收规范)是否全面、正确;混凝土强度等级是否合理;原材料技术要求是否正确;保护层厚度是否合理;结构底板顶凿毛技术标准是否遗漏。
(2)设计范围(特别是联络线分界点、起终点铺轨里程)是否正确合理。
(3)初步设计专家审查意见执行情况是否遗漏。

(4)与招标/初步设计方案对比说明是否遗漏。

(5)与招标/初步设计方案的工程量对比表是否遗漏。

(6)设计变更情况是否遗漏。

(7)钢轨最短长度要求是否遗漏,"接头避开轨枕/扣件、人防门槛范围"的要求是否遗漏。

(8)钢轨钻孔与焊接接头的位置关系要求是否遗漏。

(9)车挡类型及占用线路长度是否合理。

(10)无缝线路锁定轨温是否正确,位移观测桩、控制基标及加密基标的设置及做法是否遗漏。

(11)与信号、杂散电流防护、人防、过轨管线、给排水、土建结构、工筹的接口是否合理,是否经相应专业会签确认。

(12)"施工安全"章节是否遗漏。

(13)高架段无缝线路检算书需作为附件,是否遗漏。

5.4.2 审核要点

1. 扣件

(1)组装疲劳试验要求是否合理。

(2)批量生产前与配套轨枕预组装以检查接口的要求是否遗漏。

(3)减振扣件的减振性能要求是否遗漏,减振扣件是否与普通扣件的零部件尽可能通用互换。

2. 轨枕

(1)预埋套管的钉孔距与配套扣件是否匹配。

(2)核实轨底坡是否通过轨枕实现。

(3)关键尺寸标注是否遗漏。

3. 整体道床

(1)道床分块长度是否满足规范要求。

(2)轨行区回填是否遗漏。

(3)结构底板上膨胀螺栓或预留钢筋是否增加电气绝缘。

(4)高架与梁端止水台的接口是否遗漏,与梁端桥面排水孔是否做好顺接。

(5)Z振级减振性能要求是否遗漏。

(6)排水顺接是否合理。

(7)预制板与消防管、废水泵房、人防门门槛的接口是否合理。

(8)浮置板及预制板道床的板型尺寸是否合理,对土建施工偏差的适应性是否合理。

4. 道岔

(1)轨道电路设置方式、锁闭方式是否经信号专业确认。

(2)批量生产前,需预制一组道岔与岔枕、转辙机进行预组装,核实接口是否遗漏。

(3)钢轨伸缩调节器的布置是否满足规范要求。

5. 线路及信号标志

(1)种类是否合理。

(2)反光等级是否合理。
(3)横向位置及距离设计轨面的高度是否合理。

6. 过轨管线综合设计图
(1)过轨管的材质、规格及尺寸是否尽量统一。
(2)数量、形式及设置里程是否经所有管线提资系统专业会签确认。

7. 正线综合铺轨图
(1)钢轨最短长度要求是否遗漏。
(2)配线无缝线路的设置方式是否明确。
(3)无缝线路锁定轨温是否正确;位移观测桩、控制基标及加密基标的设置及做法是否遗漏。

8. 场段综合设计图
(1)与招标/初步设计方案对比说明是否遗漏。
(2)杂散电流连接端子(如有)的设置形式是否合理。
(3)钢轨钻孔与焊接接头的位置关系要求是否遗漏。
(4)轨道类型是否经工艺专业会签确认。
(5)车挡类型及占用线路长度是否合理。
(6)试车线末端是否结合实际工况设置了挡墙。

9. 轨道施工图设计说明
(1)初步设计专家审查意见执行情况是否遗漏。
(2)与招标/初步设计方案对比说明是否遗漏。
(3)车挡类型及占用线路长度是否合理。
(4)无缝线路锁定轨温是否正确。
(5)与信号、杂散电流防护、人防、过轨管线、给排水、土建结构、工筹的接口是否合理。

5.5 管线迁改(管线综合平衡)

5.5.1 校核要点

1. 设计说明
(1)核实设计文件是否满足总体技术要求,是否满足单独成册的规定。
(2)核实工程概况相关描述是否属实。
(3)核实技术要求及设计依据是否满足现行规定和成果要求。
(4)核实迁改原则是否满足规范和规划要求。
(5)核实迁改方案描述是否完善、准确以及合理。
(6)核实建议措施是否合理、可行。

2. 管线综合平衡图
(1)封面是否满足编制规定。
(2)图纸目录是否与后续图纸名称、图号、图幅一致。
(3)图纸指北针的要素是否齐全,图例是否清晰及容易分辨,管线图例是否选择正确,图纸比例是否准确,图幅连接是否准确,是否满足图纸编制规定。

(4)地铁车站、段场或区间总平面是否清晰,周边既有及拟建建(构)筑物管线等是否在图纸标识清楚,围蔽范围是否清晰,现状管线是否清晰,迁改管线信息(包括迁改性质、管线类别、长度、埋深)是否标识清楚。

(5)与地铁车站、段场或区间总平面重要位置(如端头加固区域)临近管线是否标注距离,并核实是否合理。

(6)管线专业分类(一般分类为:给水、燃气、电力、通信、雨水、污水、热力、工业管道等)是否准确。

(7)分专业管线综合平衡图是否存在非本专业分类管线。

(8)永迁管线综合平衡图是否和总体迁改方案保持一致,为最终完成建设后的管线平衡方案。

(9)是否包含关键位置断面图。

(10)对于悬吊管线是否考虑异位悬吊。

5.5.2 审核要点

1. 设计说明

(1)核实技术要求及设计依据是否满足现行规定和成果要求。

(2)核实迁改方案描述是否完善、准确、合理。

(3)核实建议措施是否合理、可行。

2. 管线综合平衡图

(1)审核迁改方案是否合理。

(2)审核管线方案是否具有可实施性。

(3)与地铁车站、段场或区间总平面重要位置(如端头加固区域)临近管线是否标注距离,并核实是否合理。

(4)永迁管线综合平衡图是否和总体迁改方案保持一致(应为最终完成建设后的管线平衡方案)。

(5)管线保护位置是否与土建专业相关措施协调,是否具备可实施性。

5.6 交通疏解

5.6.1 校核要点

1. 设计说明

(1)核实设计文件是否满足总体技术要求,是否满足单独成册的规定。

(2)核实工程概况相关描述是否属实。

(3)核实技术要求及设计依据是否满足现行规定和成果要求。

(4)核实规范版本是否准确。

(5)核实疏解原则、主要技术标准是否满足规范和交警批复要求。

(6)核实疏解道路及附属路基、边坡方案、交通工程描述是否完善、准确以及合理。

(7)核实建议措施是否合理、可行。
(8)核实检测项目是否齐全,是否满足规范要求。
(9)核实是否包含风险章节,风险源识别是否正确,应对措施是否合理。
(10)核实主要工程数量是否合理。
(11)若为变更设计是否符合变更程序(包含变更原因、变更方案及批准文件)。

2. 平面设计图
(1)平面设计要素应齐全。
(2)地质钻孔应包含各阶段的完整钻孔数据。
(3)应标出相关图例并说明。
(4)围蔽方案应为最新方案。
(5)疏解方案应与交警批复方案一致。

3. 横断面设计图
(1)横断面设计要素应齐全。
(2)道路横断面需体现道路板块划分、断面宽度、车行方向及图纸比例,现状横断面与疏解横断面对比。
(3)疏解道路横断面需体现围蔽与道路的关系,疏解期间道路的断面重新划分组成情况,分期示意。
(4)行车道宽度标注需要体现各车道宽度及路缘带宽度,行车道及人非车道横坡方向及坡度。
(5)需体现行车道及人非车道横坡方向及坡度。
(6)需体现现有管线和规划管线埋设情况。

4. 纵断面设计图
(1)核实表头是否包含设计高程、地面高程、填完高程、坡度/坡长、直线及平曲线及桩号等要素。
(2)纵断面出图元素必须标明坡长、坡度及竖曲线参数。
(3)纵断面需注明设计起终点位置及桩号,纵断面控制点为基准高程。
(4)纵断面应插旗,标明地面线及设计线。

5. 路面结构大样图
(1)路面结构形式应结合施工空间、道路等级及交通等级综合考虑选择合理方案。
(2)核实混凝土基层是否有设缝。
(3)核实路面结构配筋是否满足计算要求。
(4)项目应核实道路恢复阶段路面结构是否满足现行《城市道路工程设计规范》(CJJ 37)。

6. 路基大样图
(1)路基填料应结合施工空间、道路等级、交通等级及压实标准综合考虑选择合理方案。
(2)核实是否涉及软基等特殊路基处理。
(3)核实路基排水方案是否合理。
(4)核实是否涉及泡水路基;泡水路基应选择合理填料,泡水面需设防护措施,高出水面以上部分应设置泄水孔。

(5)对半挖半填路基,挖方区为土质时,路床范围土质应挖除换填,填方区宜优先选用级配较好的砾类土、砂类土填筑,当挖方区为强度较高的石质时,也可酌情采用填石路堤。

(6)新旧路基搭接时,路基填料宜选用与既有路基相同且符合要求的填料,或较既有路基渗水性更强的填料。

(7)核实路基边坡是否满足稳定性要求;边坡应有护面措施,防止冲刷。

(8)核实路基边坡排水方案是否合理。

7. 管线保护大样图

(1)管线保护方案应结合施工空间、管线埋深、管材等要素综合考虑选择合理方案。

(2)如采用盖板、管沟等结构保护措施应核实结构配筋是否满足。

(3)配筋混凝土面层与相邻混凝土面层之间应设置含传力杆的缩缝。

8. 交通工程大样图

(1)核实标志标线设计方案是否满足现行《道路交通标志和标线 第2部分:道路交通标志》(GB 5768.2)、《道路交通标志和标线 第3部分:道路交通标线》(GB 5768.3)、《道路交通标志和标线 第4部分:作业区》(GB 5768.4)的要求。

(2)当已有标线与作业期间交通组织存在冲突时,应要求施工前对其全部铲除并清理干净,再施画交通疏解道路标线。

9. 计算书

(1)如涉及软基处理,应提供软基处理计算书,核实荷载、工况取值是否正确,各岩土参数输入是否有误,计算结果是否满足要求。

(2)如涉及边坡支护,应提供边坡支护计算书,核实荷载、工况取值是否正确,各岩土参数输入是否有误,计算结果是否满足要求。

5.6.2 审核要点

1. 图纸

(1)技术要求及设计依据是否满足现行规定和成果要求。

(2)疏解方案描述是否完善、准确以及合理。

(3)路基、路面主要设计参数是否齐全。

(4)相关施工要求建议措施是否合理、可行。

(5)路面及附属路基、边坡方案是否合理。

(6)交通工程方案是否合理。

2. 计算书

(1)原始数据(如荷载的选取、抗震设防烈度、岩土参数)是否正确。

(2)计算方法、计算模型的选择、计算项目是否齐全。

(3)边坡滑动面(如有)的选择是否合适。

(4)相关计算结果是否正确,是否满足规范要求。

第6章 建筑、结构与防水专业

6.1 车站建筑

6.1.1 校核要点

1. 图纸目录

(1)是否先列新绘制图纸,后列选用的标准图或重复利用图。
(2)图号、图名是否与图签的图号、图名一致。
(3)同一类的图名编制规则、排版是否一致[如X轴-X轴地下一层(站厅层)平面图]。
(4)图号为-XX.G或-XX.B的是否在备注中明确"原-XX图作废"。
(5)主体建筑补充、变更图,或者附属建筑分册出图,应编制完整目录,明确"*"为本图册内容。

2. 首页(包括设计说明)

1)图纸设计深度执行情况

设计说明条文是否满足现行《城市轨道交通工程设计文件编制深度规定》的要求,内容是否齐全完整。

2)规范规程执行情况

是否满足总平面、平面、剖面内有关的规范规程条文。

3)标准化执行情况

是否按照统一的说明模板编写。

4)其他

(1)说明的范围、设计内容及数据是否与设计图纸一致。
(2)各阶段是否有报建批复意见及回复。
(3)各专项是否有设计专家意见及回复,初步设计、消防专项、人防专项。
(4)除(2)(3)之外的原因引起的车站重大方案变更情况说明是否到位。
(5)设计所依据的规范是否最新有效。
(6)设计规模、主要设备、功能需求(防淹、防火、人防、抗震、无障碍、文物保护、树木保护)是否齐全。
(7)材料及构造做法是否合理。
(8)补充内容(换乘站、衔接及改造、明暗挖内容等)是否完善。

3. 总平面图

1)图纸设计深度执行情况

(1)设计图比例是否符合现行《城市轨道交通工程设计文件编制深度规定》要求。

(2)规划及周边环境是否满足要求,是否包含以下内容。
①风玫瑰图。
②场地周边原有及规划道路的红线位置以及红线宽度。
③车站周边相关道路名称、规划道路变线标识、规划道路宽度标注。
④车站周边四象限建(构)筑物名称、层数、建筑等级。
⑤车站周边控制性建(构)筑物、地下室外轮廓、埋深、层数、拆迁范围等。
⑥站位主要控制性管线及相关尺寸(管径、埋深等)标注以及车站风亭之间距离,风口与出入口之间距离。
⑦重要市政设施(隧道、高架、过街通道等)。
⑧换乘车站定位及相互接口关系。
(3)车站总平面是否包含下列内容(地下部分粗虚线,地面部分粗实线)。
①标注车站总长、总宽。
②标注车站局部加宽段长、宽。
③标注车站前后区间工法。
④标注车站出入口、风亭编号以及与周边建筑结合形式(出入口、风亭编码与总体要求一致)。
⑤车站出入口中心线长度、口部尺寸(含踏步平台)、红线退缩距离、与周边建筑物间距、口部周围地面高程、口部高程、地面残疾人电梯及口部无障碍坡道尺寸标注。
⑥车站风亭类型、口部尺寸、风亭形式(若为高风亭需表达口部气流组织方向,若为低矮风亭需表达风口净距及周边绿化范围示意与标注)、风亭与道路红线、出入口及周边建筑物间距、冷却塔布置形式、车站风亭之间距离,风口与出入口之间距离等。
⑦出入口及风道人防封堵标注及型号、战时人员出入口标识、区间人防隔断门(如有)、预留人防连通口(如有)等。
⑧暗挖竖井尺寸标注,暗挖隧道、风道、横通道定位及尺寸标注等。
⑨换乘接口关系及节点标识。
⑩站前、站后下一站站名标识。
(4)线路控制要素是否包含下列内容。
①线路要素表。
②线路方位角。
③前后站名、站间距。
④有效站台中心、有效站台起终点、车站设计(分界)起终点里程。
⑤标注左右线之线路中心线。
⑥标注车站中心线、车站设计起点、终点与左右线交点的定位坐标(保留至小数点后四位)。
(5)车站主要特征表。
①总建筑面积(含围护及不含围护两个数据)。
②主体建筑面积(含围护及不含围护两个数据)。
③附属建筑面积(含围护及不含围护两个数据)。
④站内预留空间面积。

⑤车站外包总长。
⑥标准段宽度。
⑦车站中心覆土厚度。
⑧车站中心轨面高程(埋深)。
⑨车站中心顶板板面高程。
⑩车站中心底板底面高程。
⑪车站出入口数量(地铁出入口及预留空间出入口分开)。
⑫车站风亭数量(地铁风亭及预留空间风亭分开)。
(6)图纸说明。
①设计范围。
②图例。
③文件比例。
2)其他
(1)所用的坐标及高程是否符合规划要求。
(2)与敞口风亭成组的紧急疏散口可采用敞口形式和有盖形式,冷却塔可采用地面、下沉形式或者合建上置。
(3)出入口开口长度是否统一。
(4)出入口楼扶梯组合方式是否一致,是否与总体要求一致。
(5)长通道出入口扶梯是否按上行靠右的原则布置。
(6)短通道的扶梯布置应跟站内客流疏散方向一致。
(7)人防门是否靠口部设置。
(8)有分叉的出入口通道,分叉接口应设置在通道的非人防段。
(9)设在城市主干道交叉路口的出入口,其开口不宜朝向道路交叉口。
(10)是否按总体要求设置无障碍电梯。
(11)设在主干道交叉路口的高风亭需核实是否遮挡行车视线。
(12)附属人防设置是否符合总体要求战时人防个数、人防门型号、人防连通口。
(13)换乘车站是否表达分期实施的情况。
(14)是否正确运用和表达图例,合理设置线型比例。
(15)是否合理设置出入口与风亭的相对位置;出入口前广场应满足乘客的集聚和疏散。

4. 平面图

1)图纸设计深度执行情况

(1)车站顶板平面图、站厅层、站台层、设备层、站台板下墙沟平面全图(含防火分区示意图)是否完整,是否符合现行《城市轨道交通工程设计文件编制深度规定》要求;设计图纸深度是否达到设计要求。

(2)车站顶板图、站厅层、站台层、设备层、站台板下墙沟平面全图的分段平面图(应含分段位置示意图)设计是否完整,设计深度达到可施工的要求。

(3)车站建筑车站主体与附属接口应准确,车站建筑与相关其他系统专业各种接口应统一协调。

(4)预埋件、预留孔洞及各种详图索引是否齐全。
(5)图纸签署是否符合设计单位统一编制规定的各项要求。
(6)站厅层公共区表达深度是否满足要求,其应包含下列内容。
①通道名称、宽度标注、通道中心线标高标识。
②变形缝位置、尺寸标识及索引。
③通道口部横截沟示意。
④公共区离壁墙设置范围示意及宽度标识。
⑤顶纵梁全部/部分上反范围标识。
⑥售、检票机设备名称与数量标识、远期预留位置示意。
⑦售、检票机设备尺寸与间距标注。
⑧售、检票设备与出入口、通道侧墙(装修完成面)控制间距的标注。
⑨付费区、非付费区分隔栏杆定位,开门位置标识。
⑩电、扶梯编号及电梯、楼扶梯开孔尺寸标注与定位。
⑪扶梯上、下行方向标识。
⑫楼梯踏步第一级台阶至扶梯工作点控制距离标注。
⑬与其他线路换乘通道、配线空间需与车站主体做防火分隔,合理设置人防设施。
⑭便民设施或者商铺的布置不影响乘客疏散,总面积和每间商铺的面积满足规范要求,商铺与站厅公共区做防火分隔。
⑮车站与其他商业空间接口及防火分隔。
⑯安检设备名称、与站厅、通道侧墙(装修完成面)控制间距的标注。
(7)站厅层设备区表达深度是否满足要求,其应包含下列内容。
①房间名称、房间面积标注。
②房间开门及门扇开启方向。
③设静电地板房间的相对标高标注。
④隔墙开间、进深、墙厚、消火栓箱和设备箱暗装标注。
⑤主要管理房间内部布置示意(车控室、综合监控室、盥洗室等)。
⑥变电所及通风空调电控室设备布置以及设备周边净距标注。
⑦顶纵梁全部/部分上反范围标识。
⑧设备区离壁墙设置范围及宽度标识。
⑨孔洞尺寸、名称及定位标注。
⑩风孔名称类型及尺寸定位标注。
⑪风道名称及风阀安装形式标识。
⑫风道、风阀检修门设置。
⑬设备运输通道标识。
⑭通风空调机房内部主要设备布置。
⑮夹层风道、夹层房间、电缆夹层及进入路径和标高、范围表达。
⑯设备区紧急疏散通道标识及宽度标注。
⑰图纸说明应包括图例和出图范围等。

(8)站厅层尺寸及标注表达深度是否满足要求,其应包含下列内容。
①轴线、轴号标注。
②车站总长、总宽标注。
③车站加宽段尺寸标注。
④有效站台中心线出站厅层绝对标高、相对标高标注。
⑤站厅层防火分区设置示意图(分区编号、分区面积、分区定位轴线标识等)。
⑥纵、横剖面剖切位置示意(以有效站台中心线处横剖面为 A—A 剖面,其余横剖面自左向右依次排序)。
⑦挡烟垂壁设置范围的标示示意。
⑧纵、横剖切号处标识相应剖面图所在图号。
⑨车站有效站台中心、车站设计分界起终点里程标识。
⑩结构构件尺寸的对应一致(梁、环框梁、腋角、柱网、柱距、数量、规格)。
⑪非标准柱网的附加结构柱补充定位轴。
⑫外挂车站主体补充附加定位轴。
⑬公共区和设备区疏散楼梯满足规范要求。
(9)站台层公共区表达深度是否满足要求,其应包含下列内容。
①站台门设置范围示意。
②电、扶梯编号及电梯、楼扶梯底坑开孔尺寸标注与站厅层对应并定位。
③扶梯上、下行方向标识。
④公共厕所房间名称、洁具布置标识。
⑤公共厕所标高标识。
⑥扶梯下部空间满足防火规范要求与其他空间做防火分隔。
⑦站台公共区楼、扶梯处和站台两端侧站台宽度满足规范要求。
⑧站台公共区楼、扶梯处结构柱和进入板下人孔。
(10)站台轨行区表达深度是否满足要求,其应包含下列内容。
①线路左右线中心线标识。
②轨顶风道风口标识及轨顶风道范围示意。
③区间人防隔断门设置示意及开启方向、设备型号标注。
④车站前后区间工法标识。
⑤有效站台中心线、车站设计(分界)起终点与左右线交点坐标(保留至小数点后四位)。
⑥站台至轨行区的工作梯宽度满足规范要求。
(11)站台设备区表达深度是否满足要求,其应包含下列内容。
①房间名称、房间面积标注。
②隔墙开间、进深、墙厚标注。
③房间开门及门扇开启方向。
④变电所临时运输门洞范围及位置标注。
⑤变电所设备布置以及设备周边净距标注。
⑥污水泵房及废水泵房下部水池范围示意。

⑦孔洞及电缆井尺寸、名称及定位标注。
⑧设备吊装孔标识(禁止设置于轨行区上部)。
⑨轨行区无走廊的设备用房墙体应为钢混凝土墙体。
⑩设置配线车站核实轨行区限界。
⑪车站站台层设备区走道应与区间疏散平台相连。
(12)尺寸及标注表达深度是否满足要求,其应包含下列内容。
①轴线、轴号标注。
②车站总长、总宽标注。
③车站加宽段尺寸标注。
④车站有效站台中心、有效站台起终点、设计(分界)起终点里程标注。
⑤有效站台中心线处站台板下层绝对标高、相对标高标注。
⑥板下层梁、柱纵向定位尺寸、标高标注。
⑦车站纵坡方向及坡度标注。
⑧纵、横剖面剖切位置示意(以有效站台中心线处横剖面为A—A剖面,其余横剖面自左向右依次排序)。
⑨纵、横剖切号处标识相应剖面图所在图号。
⑩非标准柱网的附加结构柱补充定位轴。
2)标准化执行情况
总体项目平面的布置是否按总体下发标准图设计。
3)其他
(1)公共区。
①车站客流疏散流线应与站客流特征相吻合:下车客流明显的一侧站台应布置上行扶梯,反之,上车客流偏大的一侧站台应布置下行扶梯。
②地上车站站台宜设置空调候车室,按50~60 m²考虑,可分2~4个点设置。
③新线市区内一般车站或郊区有大型规划小区附近的车站闸机至少按10进12出2双向通道考虑,郊区车站至少按8进8通道考虑,售票机数量按10台考虑。
④站台设备房尽量不突入有效站台范围,伸入超过半节车厢时宜增加不小于2.50 m的横通道连接两个侧站台,伸入部分的侧站台宽度不得小于3.20 m。
⑤下轨楼梯内侧应预留0.50 m以上电缆通过空间。
⑥采用分离岛式站台时,应在有效站台范围设置至少两个净宽不小于3 m的横向联络通道,站台任一点至通道口距离不应大于50 m。
⑦站台板上应设检修人孔,沿站台纵向宜不大于50 m设一个。
(2)设备区。
①轨行区需采用混凝土墙的墙体:导流墙,站台层靠近轨行区一侧且无过道的隔墙,轨行区站台上一层孔洞周边设备房隔墙。
②设备区横通道之间距离宜控制在30 m内。
③有人房间尽量集中在一个防火分区设置。
④变电所、配电室等电气用房的上方楼板开洞处周围应做C20的防水挡台,挡台高出地面

不应小于200 mm。
⑤气瓶室原则上车站两端均设置，每端不应分设二处。
⑥工务用房尽量设在站台靠近道岔和配线一侧。
⑦当采用接触网供电时，吊装孔应避开轨行区。
⑧站厅小端设备区需考虑两个安全出口（其中一个可通过环控机房开门到站厅）。
⑨售票机前应留有不小于2.50 m的排队空间。

(3) 交通部分。
①公共区扶梯开口长为12000 mm，楼梯开口长度为8000 mm。
②电梯尽量避免面向轨行区开门。
③楼扶梯按两列车对应一组楼扶梯布置。
④自动扶梯吊钩的弯曲方向应与自动扶梯的运行方向一致。
⑤电梯井内不应穿越与电梯无关的管线和孔洞。

(4) 出入口。
①地下车站出入口通道应与人防设计配合，人防门宜尽量靠站外设置。
②出入口通道不宜设在站厅非付费区连通道的进站闸机处，无法避免时，应采取扩大节点空间等方法。
③提升高度6~8 m应设置1台上行扶梯，8~12 m应设置上、下行扶梯各1台，有条件的出入口尽量设置双向扶梯。
④出入口通道与相邻地块地下室连接时，出入口通道地面应向相邻地下室找坡，并应在连接口部设截水沟截水。
⑤车站出入口与相邻建筑接入时应满足地铁设计防火规范要求设置相应的防火和防盗设施。
⑥出入口通道配合安防的要求应设置安检空间。

(5) 风亭、冷却塔。
①道路中间绿化隔离带宽度超过8 m时，宜采用敞口低风亭并征得当地规划、交通部门同意。
②排风亭、新风亭以及出入口的布置应符合城市的主导风向，进风亭的风口和出入口地面亭宜设在排风亭的下风侧。
③风亭与地块建筑结合时，风亭宜设置在建筑物的顶层或转角处，风亭的井道与结合建筑应用耐火极限不低于2 h的实体墙分隔。建筑物外墙在车站风口四周5 m以内不得开设门、窗洞口，必须开设时，外墙应设固定的乙级防火窗。
④风井应设上地面的检修爬梯。
⑤采用高风亭时，冷却塔建议设置在风亭顶部并考虑检修路径；采用敞口风亭时，冷却塔建议按下沉式处理。
⑥冷却塔距新风口及出入口不宜小于10 m，冷却塔与排风亭没有距离要求。

(6) 换乘设计。
①换乘车站站台宽度不宜小于14 m，通道换乘可适当减少。
②同站台换乘车站的换乘区域面积应满足远期高峰小时2列列车同时到达时的客流聚集量要求。

③同站台平行换乘车站,侧站台除需考虑乘客等候及通行宽度外,当站台两侧线路行车对数不等时,侧站台应以列车间隔行车密度低的换乘客流量以及进出站客流量之和进行验算。

④对于T形或L形换乘车站,台-台的换乘楼扶梯应尽量做宽,总宽度不宜小于7 m,且楼扶梯起步位置距站台门的距离不宜小于7 m。

⑤换乘总高度超过6 m时尽量设置上下行自动扶梯。

⑥站厅预留换乘节接口需考虑远期实施时的围蔽空间。

⑦通道换乘单向换乘通道装修完成后的最小宽度不宜小于6 m,双向换乘通道不宜小于10 m。

⑧通道换乘的车站应结合车站的消防设计满足疏散距离和疏散宽度的要求。

5. 剖面图

1)图纸设计深度执行情况

(1)设计图比例是否符合现行《城市轨道交通工程设计文件编制深度规定》的要求。

(2)图纸内容是否完整,设计深度是否达到施工要求。

(3)车站埋深、车站的有效站台中心里程、起点里程、终点里程等、各层及控制点的标高是否齐全,是否与各层建筑平面图及结构设计图相符。

(4)各层的装修高度及楼扶梯净高、电缆通道、轨底排热风道等是否符合设计要求。

(5)应完整标注预留孔洞及预埋件、各层楼板及线路的排水设计。

(6)车站纵剖面表达深度是否满足要求,其应包含下列内容。

①站厅层、站台层相应房间开间尺寸标注及房间名称。

②设静电地板房间标高标注。

③楼扶梯开孔、电梯井道、风孔及电缆井道的剖断尺寸标识。

④公共区扶梯吊钩定位示意。

⑤公共区楼、扶梯踏步、楼梯平台与吊顶之间高度控制尺寸。

⑥公共区站厅层楼梯踏步点起步至扶梯上工作点控制距离标注。

⑦公共区楼梯台阶踏步尺寸。

⑧扶梯底坑尺寸定位。

⑨电缆夹层净高尺寸标注。

⑩轨行区混凝土回填高度及范围标识。

⑪污水泵房、废水泵房、尺寸定位与标识。

⑫公共区可视售、检票设备、闸机、栏杆及票亭看线示意。

⑬梁柱看线、公共区吊顶看线、上反顶纵梁、下反底纵梁位置标识。

⑭表达与相邻区间工法、车站覆土厚度、相邻或合建建筑物、市政管线、换乘车站。

⑮公共区楼、扶梯的提升高度应根据车站的顺向或者逆向坡度有差异。

⑯楼、扶梯洞口、吊装口等口部挡水坎应表达并做索引。

⑰房间分隔墙应落至结构板不应被装修层打断,楼扶梯结构柱应落至底板。

(7)车站纵剖面尺寸及标注深度是否满足要求,其应包含下列内容。

①轴线、轴号标注。

②车站总长、总宽标注。
③车站纵向高程变化处尺寸标注。
④装修有效净高标注。
⑤车站有效站台中心、车站设计(分界)起终点处覆土厚度标识。
⑥车站有效站台中心、站台门/安全门起终点、有效站台起终点、设计(分界)起终点里程标注。
⑦有效站台中心线、车站设计起终点处各层标高、顶(底)板面、轨面处绝对高程、相对高程标注。

(8)车站横剖面表达深度是否满足要求,其应包含下列内容。
①站厅层、站台层相应房间及走廊尺寸标注及房间名称。
②设静电地板房间高程标注。
③楼扶梯开孔、电梯井道、风孔、电缆井道、孔洞边挡水坎、侧墙处挡水坎的剖断尺寸标识。
④结构梁、柱、腋角的尺寸标注。
⑤轨顶、轨底排热风道、站台门顶箱梁尺寸标注。
⑥电缆夹层、风道夹层等净高尺寸标注。
⑦扶梯底坑尺寸定位以及与底纵梁关系示意。
⑧轨行区混凝土回填高度及范围标识。
⑨底纵梁上反、下反尺寸标注。
⑩污水泵房、废水泵房、尺寸定位与标识。
⑪公共区可视售、检票设备及票亭看线示意。
⑫梁柱看线、公共区吊顶看线。
⑬相邻或合建建(构)筑物、市政管线、换乘车站标注。

(9)车站横剖面尺寸及标注深度是否满足要求,其应包含下列内容。
①轴线、轴号标注。
②本图剖面所处里程标注。
③车站各处宽度及总宽标注。
④横剖面处覆土厚度标识。
⑤站位控制性管线相对位置标注及标识。
⑥车站各层高程、轨面处绝对高程、相对高程标注。

2)其他

(1)站台变电所下夹层净高不小于1.7 m。
(2)轨顶风道跟结构外墙间留出600 mm的管线位置。
(3)站厅公共区两端第一跨顶纵梁宜设置为上反梁。
(4)扶梯底坑的净高需考虑反梁及掖角等对底坑高度的影响,同时核实中板梁与底板纵梁宽度一致。

6. 详图

对于上列图纸中未能清楚表示的一些局部构造、装饰处理,是否专门绘制详图,并应校核下列内容。

(1)同平、立、剖面图中相应位置是否相符,轴线是否标注,高程、尺寸是否齐全无误。

(2)建筑构造、材料规格、施工安装要求及与之相关的结构配件、埋件是否标绘明确,是否正确合理。

(3)图例、索引、比例是否标绘正确清楚。

7. 计算书

有关安全疏散等计算是否正确合理。

6.1.2 审核要点

1. 总则

(1)设计中如有超标准、超面积、超投资等问题,审核是否通过变更。

(2)设计是否满足现行《地铁设计规范》(GB 50157)、《地铁设计防火标准》(GB 51298)。

(3)审查建筑消防设计是否满足相关规范。

2. 总平面

(1)总体布局、经济技术指标等是否符合初步设计及初步设计批复。

(2)防洪防涝是否表达清楚并符合实际情况。

(3)总平面的交通组织是否满足规划及交警部门的要求:建筑场地出入口数量、道路宽度、机动车出入口距城市道路交叉口距离;室外道路设计宽度、转弯半径、高程;停车场、地下车库出入口位置、宽度是否影响地面交通、步行人员安全。

(4)总平面布置是否满足消防规范要求:地面附属建筑与周边建筑防火间距,附属建筑与附属建筑的间距。

(5)总平面布置是否满足环评要求。

(6)总平面布置是否满足规划要求,是否已通过规划报批程序。

(7)地下室为人民防空地下室时,其设防等级、人防面积是否符合人防办公室的要求;其平面布局(含消洗程序)、辅助房间、口部及相关构造等,是否符合人防设计规范的要求。

3. 平、立、剖面图

(1)公共区布置是否符合客流流线的特征。

(2)设备区的布置是否符合标准化,满足运营的需求。

(3)各层高程、层高是否符合规定。各层平面的防火分区、防烟分区面积是否符合规定。

(4)各层平面疏散出入口数量、安全疏散距离、袋形走道长度及走廊、楼梯及门的宽度,是否按要求设置防火门。内走廊有无采光通风、长度是否满足要求。

(5)大站厅、换乘站按规范要求确定是否进行防火分隔,防火分隔后每个区域满足疏散距离的要求和疏散口不少于2个出入口。

(6)是否按规范设置封闭楼梯间或防烟楼梯间;是否按要求设置消防专用通道。

(7)站厅到站台是否设置无障碍电梯。

(8)公共区楼扶梯布置是否合理并满足消防要求。

4. 其他

建筑施工图和结构、水、电、空调等专业的施工图、管线综合图有无矛盾。

6.2 地铁装修

地铁装修专业图纸主要分为室内及室外两部分,室内部分的主要有:地铁公共区装修(天花、地面、墙面、不锈钢制品)、设备区装修、公共区导向、公共区卫生间及母婴室专册四个分册;室外部分的主要有:地面附属建筑装饰分册、地面恢复及绿化景观分册、高架站外装分册等。其他装修分册如公安室内及外立面装修、区间风井、变电所室内外装修等参照执行。

6.2.1 校核要点

1. 车站设备区装修分册

1)图纸目录

(1)是否先列新绘制图纸,后列选用的标准图或重复利用图。

(2)图号、图名与图签的图号、图名一致。

(3)同一类的图名编制规则、排版一致[如X轴-X轴地下一层(站厅层)地面平面图、X轴-X轴地下一层(站厅层)设备区天花平面图等]。

(4)变更图、补充图中图号为-XX.G或-XX.B的在备注中明确"原-XX图作废"。

(5)补充、变更图,或者附属建筑不稳定的分册出图,应编制完整目录,明确"*"为本图册内容。

(6)是否有各专业、系统设备与装修接口关系说明。

2)设计说明

(1)图纸设计深度执行情况:设计说明条文是否满足现行《城市轨道交通工程设计文件编制深度规定》的要求,内容是否齐全完整。

(2)规范规程执行情况:是否满足装修有关的规范规程条文。

(3)标准化执行情况:是否按照统一的说明模板编写。

(4)其他(如有)。

①说明的内容及数据是否与设计图纸一致。

②各阶段应报建批复意见及回复。

③各专项设计专家意见及回复、初步设计、消防专项、人防专项。

④除上面②③之外的原因引起的车站重大方案变更情况说明。

⑤设计所依据的规范最新及有效,是否有作废规范。

⑥高程系统的制定,建议±0.000与建筑图表述一致。

3)建筑装饰构造做法

(1)核查做法满足规范情况

核查材料是否满足现行《地铁设计防火标准》(GB 51298)中材料A级的相关要求。

(2)构造做法核查。

①构造厚度是否与建筑剖面一致。

②构造做法与图纸平面标注的名称一致。

③构造做法表是否所有房间齐全。

4)总平面图

图纸设计深度执行情况:公共区装修总平面图、附属总平面图的校核要求参照建筑专业要求。

5) 各装修平面图

(1) 图纸设计深度执行情况（含综合平面、地面平面、天花平面、重要房间平面图等）。

①设计说明条文是否满足现行《城市轨道交通工程设计文件编制深度规定》的要求，内容是否齐全完整。

②各层平面中标高，有变化的标高需特别注明。

③相关的定位尺寸是否齐全，是否与轴线相关。

④综合平面图中是否有天地墙材料的做法标注（如材料、厚度、尺寸等）。

⑤房间面积是否齐全。

⑥设备区基础是否表达准确。

⑦离壁沟及离壁沟厚度等。

⑧有夹层的夹层净空是否表达准确。

⑨各专业设备末端安装及相关图例的表达是否齐全。

⑩变形缝接水槽装修做法是否表达准确。

⑪各种预埋件是否齐全。

⑫地面装修应标注平面图铺地开启线，地砖余量应大于半砖尺寸；应补充门槛的装修做法（特别是无铺贴砖的门槛，不应遗漏）。

⑬天花装修平面图应标注天花标高，并准确表达包括灯具、送排风口的布置（灯具、送排风口不应布置在设备上方）。

⑭设备末端应保证横平竖直，特别是天花平面图中，应把各类末端对齐。

⑮各种末端应在与天花、地面材料相匹配并在板中设置，以减少天花、地面的损耗率。

⑯车控室、站长室等平面布置应符合各专业的工艺布置要求，并进行各专业的整合，采用气体灭火设架空静电地板的房间，静电地板应设部分孔隙板。

⑰各大样是否索引到相关部位。

⑱装修范围（如设备区与公共区装修范围、设备区与紧急出入口之间的实施范围等）应准确表达（不在本册范围的应采用填充表达）。

⑲核查对其他专业管线颜色、排布等要求是否落实。

(2) 标准化执行情况。

各层相关的设计说明应按照统一的说明模板编写，并应表达装修专业的相关信息。

(3) 其他（如有）。

①核查是否有分段区域分区图等内容。

②设备区与公共区的接口分界是否完善。

③变配电房地面应水平，不随车站做纵向坡度。

6) 立面图

图纸设计深度执行情况：

(1) 设计说明条文是否满足现行《城市轨道交通工程设计文件编制深度规定》的要求，内容是否齐全完整。

(2) 各层立面中标高是否完善，有变化的标高需特别注明。

(3)各立面图中是否有墙身做法标注、门标号的重要信息。
(4)设备末端(如空调面板、插座)等应有相关的定位尺寸。

7)剖面图

图纸设计深度执行情况：

(1)设计说明条文是否满足现行《城市轨道交通工程设计文件编制深度规定》的要求,内容是否齐全完整。
(2)各层剖面中标高是否完善,有变化的标高需特别注明。
(3)各剖面中是否有装修材料的重要信息。
(4)一些在立面图中无法表现的立面信息,可以在剖面中表达。
(5)栏杆应准确表达,并有相关的索引信息。
(6)核查机电设备控制箱体是否集中嵌墙设置。

8)大样图

图纸设计深度执行情况：

(1)设计说明条文是否满足现行《城市轨道交通工程设计文件编制深度规定》的要求,内容是否齐全完整。
(2)是否为最新的适合本工程的大样。
(3)本工程未用到的大样应删除。

2. 车站公共区装修分册

1)图纸目录

(1)是否先列新绘制图纸,后列选用的标准图或重复利用图。
(2)图号、图名与图签的图号、图名一致。
(3)同一类的图名编制规则、排版一致[如X轴-X轴地下一层(站厅层)地面平面图、X轴-X轴地下一层(站厅层)天花平面图等]。
(4)变更图、补充图中图号为-XX.G或-XX.B的在备注中明确"原-XX图作废"。
(5)补充变更图,或者附属建筑分册出图,应编制完整目录,明确"*"为本图册内容。
(6)是否有各专业、系统设备与装修接口关系说明。

2)设计说明

(1)图纸设计深度执行情况

设计说明条文是否满足现行《城市轨道交通工程设计文件编制深度规定》的要求,内容是否齐全完整。

(2)规范规程执行情况:是否满足装修的有关的规范规程条文。
(3)标准化执行情况:是否按照统一的说明模板编写。
(4)涉及安全因素的受力要求(拉拔力要求,螺栓、吊杆、吊件、龙骨及配件的具体参数要求)。
(5)其他(如有)。
①说明的内容及数据是否与设计图纸一致。
②各阶段报建批复意见及回复。
③各专项设计专家意见及回复,初步设计、消防专项、人防专项。
④除②③之外的原因引起的车站重大方案变更情况说明。

⑤设计所依据的规范是否最新且有效。
⑥标高系统的制定,建议±0.000与建筑图表述一致。
3)建筑装饰构造做法
(1)核查做法满足规范情况:核查材料是否满足现行《地铁设计防火标准》(GB 51298)中材料A级的相关要求。
(2)构造做法核查。
①构造厚度是否与建筑剖面一致。
②构造做法与图纸平面标注的名称一致。
③构造做法表是否所有房间齐全。
4)总平面图
图纸设计深度执行情况:公共区装修总平面图、附属总平面图的校核要求参照建筑专业要求。
5)各装修平面图
(1)图纸设计深度执行情况(含综合平面、天花平面等、地面平面图等)。
①设计说明条文是否满足现行《城市轨道交通工程设计文件编制深度规定》的要求,内容是否齐全完整。
②各层平面中标高,标高有变化的需特别注明。
③相关的定位尺寸是否齐全,并与轴线有联系。
④标注的尺寸线应为装修完成面尺寸。
⑤综合平面图中是否有天花材料的重要信息(如材料、厚度、尺寸等)。
⑥各专业设备末端图例表达是否齐全。
⑦天花装修平面图应标注天花标高,并反映相关的设备末端,相应灯具定位尺寸应标注。
⑧设备末端应保证横平竖直,特别是天花平面图中,应把各类末端对齐。
⑨各种末端应在与天花、地面材料相匹配并在板中设置,以减少天花、地面的损耗率。
⑩各大样是否索引到相关的部位。
⑪公共区站厅到站台、出入口等的斜段天花平面图,需有展开平面图。
⑫地面的末端如自动售检票系统(Automatic Fare Collection,AFC)设备的是否有并布置合理,导盲带与AFC是否有冲突。
⑬墙面的设备门(含电箱、消防箱等箱门)是否与AFC设备冲突,建议补充设备门可开启线。根据消防规范消火栓箱门的可开启范围应160°以上,普通设备箱门为90°。
⑭各楼梯栏杆的标注应标注到栏杆中线,并核查相关的标注是否复核建筑疏散宽度的要求。
⑮综合平面图中,应对资源、AFC售检票设备等末端进行整合,减少对装修效果的影响。
⑯装修范围的表达(不在本册范围的应采用填充表达),如:设备区与公共区装修范围、公共区与公共区卫生间装修之间等。
⑰设备区图纸的车控室位置与公共区图纸的车控室位置是否符合。
⑱核查盲道路线是否设置合理,是否通过一体化门。需满足盲道布置要求,且不应与其他设备冲突。

⑲地面各设备末端包括地面疏散指示在地面石材的应居中或靠边布置,严禁横跨两块砖布置情况发生。
⑳核查平面各设备定位与立面图是否对应。
㉑栏杆布置是否完整与合理,栏杆基础定位与地面砖分缝是否对应。栏杆与设备间隙是否满足要求。
㉒关注地面坡道坡率,坡率大于2%需与总体商定方案。
㉓人防门槛高度与地面高度需一致。
(2)标准化执行情况。
各层相关的设计说明按照统一的说明模板编写,并应表达装修专业的相关信息。
(3)其他(如有)。
①分段区域分区图是否有相关的内容。
②各部位的接口处理,如:设备区与公共区装修范围、公共区与公共区卫生间装修接口及收口。

6)立面展开图
(1)图纸设计深度执行情况。
①设计说明条文是否满足现行《城市轨道交通工程设计文件编制深度规定》的要求,内容是否齐全完整。
②各层立面展开图中标高是否完善,有变化的标高需特别注明。
③相关的定位尺寸是否齐全,并与轴线有联系。
④立面展开图中,是否有与天花的高度关系,立面展开图应高出天花一定的高度,以完成收口。
⑤各立面中是否有装修材料的重要信息(如材料、厚度、尺寸等)。
⑥各种设备末端是否齐全,布置是否合理、末端是否置于材料中部。
⑦立面展开面信息是否与平面相对应。
⑧立面展开面的阴、阳角是否表达,并应与平面一致。
(2)标准化执行情况。
各层相关的设计说明按照统一的说明模板编写,并应表达装修专业的相关信息。
(3)其他(如有)。
核查是否有分段区域分区图等内容。

7)剖面图
(1)图纸设计深度执行情况。
①设计说明条文是否满足现行《城市轨道交通工程设计文件编制深度规定》的要求,内容是否齐全完整。
②各层剖面中标高是否完善,有变化的标高需特别注明。
③各剖面中是否有装修材料的重要信息(如材料、厚度、尺寸等)。
④天花剖面图应备注好天花吊挂系统龙骨、螺栓、吊杆吊件、龙骨配件等的具体材质型号。
⑤楼扶梯洞口高度是否满足消防验收高度及民用建筑设计统一标准。

(2)标准化执行情况。
各层相关的设计说明按照统一的说明模板编写,并应表达装修专业的相关信息。
(3)其他(如有)。
分段区域分区图是否有相关的内容。
8)计算书
(1)有关天花吊顶的龙骨、吊杆等相关受力分析,应有相关计算书。
(2)有关墙面龙骨等相关受力分析,应有相关计算书。

3. 公共区卫生间及母婴室专册
1)图纸目录
(1)是否先列新绘制图纸,后列选用的标准图或重复利用图。
(2)图号、图名与图签的图号、图名一致。
(3)同一类的图名编制规则、排版一致[如X轴-X轴地下一层(站厅层)地面平面图、X轴-X轴地下一层(站厅层)天花平面图等]。
(4)变更图、补充图中图号为-XX.G或-XX.B的在备注中明确"原-XX图作废"。
(5)补充变更图,或者附属建筑分册出图,应编制完整目录,明确"*"为本图册内容。
(6)是否有各专业、系统设备与装修接口关系说明。
2)设计说明
(1)图纸设计深度执行情况:设计说明条文是否满足现行《城市轨道交通工程设计文件编制深度规定》的要求,内容是否齐全完整。
(2)规范规程执行情况:汇总装修的有关的规范规程条文。
(3)标准化执行情况:按照统一的说明模板编写。
(4)其他(如有)。
①说明的内容及数据与设计图纸一致。
②各阶段报建批复意见及回复。
③各专项设计专家意见及回复,初步设计、消防专项、人防专项。
④除②③之外的原因引起的车站重大方案变更情况说明。
⑤设计所依据的规范最新及有效,是否有作废规范。
⑥标高系统的制定,建议±0.000与建筑图表述一致。
3)建筑装饰构造做法
(1)核查做法满足规范情况:核查材料是否满足现行《地铁设计防火标准》(GB 51298)中材料A级的相关要求。
(2)构造做法核查。
①构造厚度是否与建筑剖面一致。
②构造做法与图纸平面标注的名称一致。
③构造做法表是否所有房间齐全。
④卫生间防水构造做法。
⑤公共区顶板天花的喷黑范围。
⑥重要设备用房设置防鼠板。

⑦架空静电地板做法。
⑧设备用房离壁墙的选用和构造做法。
4)总平面图
图纸设计深度执行情况：公共区装修总平面图、附属总平面图的校核要求参照建筑专业要求。
5)各装修平面图
(1)图纸设计深度执行情况(含综合平面、天花平面等、地面平面图等)。
①设计说明条文是否满足现行《城市轨道交通工程设计文件编制深度规定》的要求，内容是否齐全完整。
②各层平面中标高，标高有变化的需特别注明。
③相关的定位尺寸是否齐全，并与轴线有联系。
④综合平面图中是否有天花材料的重要信息(如材料、厚度、尺寸等)。
⑤各专业设备末端图例表达是否齐全。
⑥标注的尺寸线应为装修完成面尺寸。
⑦天花装修平面图应标注天花标高，并反映相关的设备末端，相应灯具定位尺寸应标注。
⑧设备末端(特别是智能化卫生间的末端)应保证横平竖直，特别是天花平面图中，应把各类末端对齐。
⑨各种末端应在与天花、地面材料相匹配并在板中设置，以减少天花、地面的损耗率。
⑩各大样是否索引到相关的部位。
⑪公共区站厅到站台、出入口等的斜段天花平面图，需有展开平面图。
⑫地面的末端如AFC设备的是否有并布置合理，导盲带与AFC是否有冲突。
⑬墙面的设备门(含电箱、消防箱等箱门)是否与AFC设备冲突，建议补充设备门可开启线，根据消防规范消火栓箱门的可开启范围应160°以上，普通设备箱门为90°。
⑭装修范围的表达(不在本册范围的应采用填充表达)，如：设备区与公共区装修范围、公共区与公共区卫生间装修之间等。
(2)标准化执行情况。
各层相关的设计说明按照统一的说明模板编写，并应表达装修专业的相关信息。
(3)其他(如有)。
①分段区域分区图是否有相关的内容。
②各部位的接口处理，公共区与公共区卫生间装修接口及收口。
6)立面展开图
(1)图纸设计深度执行情况。
①设计说明条文是否满足现行《城市轨道交通工程设计文件编制深度规定》的要求，内容是否齐全完整。
②各层立面展开图中标高是否完善，有变化的标高需特别注明。
③相关的定位尺寸是否齐全，并与轴线有联系。
④立面展开图中，是否有与天花的高度关系，立面展开图应高出天花一定的高度，以完成收口。
⑤各立面中是否有装修材料的重要信息(如材料、厚度、尺寸等)。

⑥各种设备末端(含机电末端设备、卫生间设备)是否齐全,布置是否合理、末端是否置于材料中部或边缘。

⑦立面展开面信息是否与平面相对应。

(2)标准化执行情况。

各层相关的设计说明按照统一的说明模板编写,并应表达装修专业的相关信息。

(3)其他(如有)。

公共区卫生间的区域所在,应标注清楚。

7)剖面图

(1)图纸设计深度执行情况。

①设计说明条文是否满足现行《城市轨道交通工程设计文件编制深度规定》的要求,内容是否齐全、完整。

②各层剖面中标高是否完善(有变化的标高需特别注明)。

③各剖面中是否有装修材料的重要信息(如材料、厚度、尺寸等)。

(2)标准化执行情况。

各层相关的设计说明按照统一的说明模板编写,并应表达装修专业的相关信息。

(3)其他(如有)。

分段区域分区图是否有相关的内容。

4. 公共区导向系统分册

1)图纸目录

(1)是否先列新绘制图纸,后列选用的标准图或重复利用图。

(2)图号、图名与图签的图号、图名应一致。

(3)同一类的图名编制规则、排版应一致[如X轴-X轴地下一层(站厅层)平面导向系统布置图]。

(4)图号为-XX.G或-XX.B的应在备注中明确"原-XX图作废"。

(5)导向专业补充、变更图,或者附属导向分册出图,应编制完整目录,明确"*"为本图册内容。

(6)是否有各专业、系统设备与装修接口关系说明。

2)首页(包括设计说明)

(1)图纸设计深度执行情况。

设计说明条文是否满足现行《城市轨道交通工程设计文件编制深度规定》的要求,内容是否齐全、完整。

(2)规范规程执行情况。

汇总总平面、平面、立面内有关的规范规程条文。

(3)标准化执行情况。

应按照统一的说明模板编写。

(4)其他。

①说明的内容及数据应与设计图纸一致。

②各阶段主体建筑图的提资与相关依据。

③各相关专业的互提与要求对接等。

④除②③之外的原因引起的导向重大方案变更情况说明。
⑤设计所依据的规范最新有效。
3)站外500 m路引平面布置图
(1)图纸设计深度执行情况。
①设计图比例是否符合现行《城市轨道交通工程设计文件编制深度规定》要求。
②规划及周边环境。
③车站总平面(以建筑专业提资为准)。
④车站(站厅层、站台层、出入口通道)导向系统平面布置图：
a)客流进出流线分析图。
b)导向系统指引布置图。
c)导向系统牌体定位图。
d)图纸保留建筑图有效站台中心、有效站台起终点、车站设计(分界)起终点里程。标注左右线之线路中心线。标注车站中心线、车站设计起点、终点与左右线交点的定位坐标(保留至小数点后四位)。
⑤车站导向系统分类汇总表：
a)牌体类型、编号、配电分类等。
b)其他特殊情况说明等。
⑥图纸说明。
(2)其他。
①特殊需求说明等。
②换乘导向系统设计关系说明。
4)平面图
(1)图纸设计深度执行情况。
①车站站厅层、站台层、设备层导向系统布置图是否完整,是否符合现行《城市轨道交通工程设计文件编制深度规定》要求,设计图纸深度是否达到设计要求。
②车站站厅层、站台层、设备层导向系统平面全图的分段平面图(应含分段位置示意图)设计是否完整,设计深度达到可施工的要求。
③车站导向系统与相关其他系统专业各种接口是否统一协调。
④牌体信息图、预留点位及各种详图索引是否齐全。
⑤图纸签署是否符合设计单位统一编制规定的各项要求。
⑥站厅、站台层公共区导向系统布置图表达深度：
a)主体建筑图基本尺寸标注。
b)主体建筑平面布置完整性。
c)导向牌体分类清晰、布置按规范要求设置。
d)布置点位与牌体编号对应统一。
e)平面建筑方案相关设备、分区的标注等。
⑦站厅、站台层设备区导向系统布置表达深度：
a)在建筑图基础上保留房间名称、房间面积标注、房间开门及门扇开启方向等需求的

标注。
　　b)门牌布置点位。
　　c)门牌设置的大小、高度、信息。
⑧站厅、站台层尺寸及标注表达深度：
　　a)轴线、轴号标注。
　　b)车站总长、总宽标注。
　　c)车站加宽段尺寸标注。
　　d)有效站台中心线出站厅层绝对标高、相对标高标注。
　　e)车站有效站台中心、车站设计分界起终点里程标识。
　　f)图例说明及图名、比例等。
⑨站厅、站台层公共区表达深度：
　　a)轴线、轴号标注。
　　b)车站总长、总宽标注。
　　c)车站加宽段尺寸标注。
　　d)有效站台中心线出站厅层绝对标高、相对标高标注。
　　e)车站有效站台中心、车站设计分界起终点里程标识。
　　f)图例说明及图名、比例等。
　　g)站台门设置范围示意；公共厕所房间名称、洁具布置标识、标高等。
(2)标准化执行情况。
总体项目平面的布置是否按总体下发标准图设计。
(3)其他。
①公共区。
　　a)导向系统基础图以建筑图为准。
　　b)布置设计需考虑现场勘查结合。
　　c)配电设计分正常和紧急疏散两类。
　　d)换乘车站对原有线路和车站导向系统的改造。
②设备区。
以导则设计为准，主要为门牌设计。
③交通部分。
导向系统设计与交通接驳的信息接口对接预留。
④地面附属部分。
导向与市政接驳或城际、国铁信息预留对接等。
5)详图
对于上列图纸中未能清楚表示的一些局部构造、装饰处理，是否专门绘制详图，并应校核：
(1)同平、立面图中相应位置是否相符，轴线是否标注，标高、尺寸是否齐全无误。
(2)牌体构造、材料规格、施工安装要求及与之相关的结构配件、埋件是否标绘明确，是否正确合理。

(3)图例、索引、比例是否标绘正确清楚。
6)计算书
有关牌体结构计算是否正确合理。

5. 地面附属建筑分册
1)图纸目录
(1)是否先列新绘制图纸,后列选用的标准图或重复利用图。
(2)图号、图名应与图签的图号、图名一致。
(3)同一类的图名编制规则、排版应一致[如X轴-X轴地下一层(站厅层)地面平面图、X轴-X轴地下一层(站厅层)设备区天花平面图等]。
(4)变更图、补充图中图号为-XX.G或-XX.B的图在备注中应明确"原-XX图作废"。
(5)补充图、变更图以及附属建筑不稳定的分册出图,应编制完整目录,明确"*"为本图册内容。
(6)地面附属建筑装饰应包含出入口、紧急出入口、冷却塔、风亭组、残疾人专用电梯等。
(7)是否有各专业、系统设备与装修接口关系说明。
2)设计说明
(1)图纸设计深度执行情况。
设计说明条文是否满足现行《城市轨道交通工程设计文件编制深度规定》的要求,内容是否齐全、完整。
(2)规范规程执行情况:汇总装修的有关的规范规程条文。
(3)标准化执行情况:按照统一的说明模板编写。
(4)其他(如有)。
①说明的内容及数据与设计图纸一致。
②各阶段报建批复意见及回复。
③各专项设计专家意见及回复,初步设计、消防专项、人防专项。
④除②③之外的原因引起的车站重大方案变更情况说明。
⑤设计所依据的规范最新及有效,是否有作废规范。
⑥标高系统的制定,建议±0.000与建筑图表述一致。
3)总平面图图纸设计深度执行情况
(1)附属出入口总平面图、附属总平面图的校核要求参照建筑专业要求。
(2)出入口应明确表示,是否为有盖出入口,出入口编号是否与后续的平面图对应。
(3)总平面上标注的尺寸,应为装修完成面尺寸定位尺寸。
4)各装修平面图
(1)图纸设计深度执行情况。
设计说明条文是否满足现行《城市轨道交通工程设计文件编制深度规定》的要求,内容是否齐全完整。
①各层平面中标高,有变化的标高需特别注明。
②相关的定位尺寸是否齐全,并与轴线有联系。
③各部位做法标注重要信息是否齐全(如材料、厚度、尺寸等)。

④核查出入口尺寸与总体通用图的尺寸是否一致。
⑤装修完成面防洪标高是否与建筑提资的一致。
⑥是否设置了防洪挡板。
⑦各平面应标注为装修完成面尺寸,装修厚度尺寸等。
⑧设备末端是否已整合(如摄像头、导向牌等)。
(2)标准化执行情况:各层相关的设计说明按照统一的说明模板编写,并应表达装修专业的相关信息。
(3)其他(如有)。
①核查是否有区域分区图等内容。
②出入口与通道的接口分界是否完善。
5)立面图
图纸设计深度执行情况:
(1)设计说明条文是否满足现行《城市轨道交通工程设计文件编制深度规定》的要求,内容是否齐全完整。
(2)各层立面中标高是否完善,有变化的标高需特别注明。
(3)各立面图中是否有各部位做法标注的重要信息(如材料、厚度、尺寸等)。
6)剖面图
图纸设计深度执行情况:
(1)设计说明条文是否满足现行《城市轨道交通工程设计文件编制深度规定》的要求,内容是否齐全完整。
(2)各层剖面中标高是否完善,有变化的高程需特别注明。
(3)各剖面中是否有装修材料的重要信息。
(4)一些在立面图中,无法表现的立面信息,可以在剖面中表达。
(5)栏杆应有表达,并有相关的索引信息。
7)大样图
图纸设计深度执行情况:
(1)设计说明条文是否满足现行《城市轨道交通工程设计文件编制深度规定》的要求,内容是否齐全完整。
(2)是否为最新的适合本工程的大样。
(3)本工程无用到的大样,应删除。
8)计算书
出入口雨棚应有相关受力计算书。

6. 地面恢复及绿化景观分册

1)图纸目录
(1)是否先列新绘制图纸,后列选用的标准图或重复利用图。
(2)图号、图名与图签的图号、图名一致。
(3)同一类的图名编制规则、排版应一致[如X轴-X轴地下一层(站厅层)地面平面图、X轴-X轴地下一层(站厅层)设备区天花平面图等]。

(4)变更图、补充图中图号为-XX.G或-XX.B的应在备注中明确"原-XX图作废"。

(5)补充、变更图,附属建筑不稳定的分册出图,应编制完整目录,明确"*"为本图册内容。

(6)地面恢复建分册主要包含的内容:出入口雨棚、紧急出入口、冷却塔、风亭组、残疾人专用电梯等周边地面恢复及景观绿化的相关内容。

(7)是否有各专业、系统设备与装修接口关系说明。

2)设计说明

(1)图纸设计深度执行情况:设计说明条文是否满足现行《城市轨道交通工程设计文件编制深度规定》的要求,内容是否齐全完整。

(2)规范规程执行情况:汇总装修的有关的规范规程条文。

(3)标准化执行情况:按照统一的说明模板编写。

(4)其他(如有)。

①说明的内容及数据是否与设计图纸一致。

②各阶段报建批复意见及回复。

③各专项设计专家意见及回复,初步设计、消防专项、人防专项。

④除②③之外的原因引起的车站重大方案变更情况说明。

⑤设计所依据的规范最新及有效,是否有作废规范。

⑥标高系统的制定,建议±0.000与建筑图表述一致。

3)总平面图

(1)图纸设计深度执行情况。

①总平面图、附属总平面图应标注清楚各类出地面设施(例如灯具、消火栓、水泵接合器、消防水池排气孔、消防水池等的具体位置)。

②各出入口应明确表示,是否为有盖出入口,出入口编号是否与后续的平面图对应。

③总平面上标注的附属建筑尺寸,应为装修完成面尺寸定位尺寸。

(2)与周边地块衔接情况:与周边地块的衔接的标高,通过坡接、台阶链接等形式减少高差,场地排水坡度不易超过0.3%,市政人行坡度不应超过4%。

4)各装修平面图(含各附属场地布置及绿化景观布置平面)

(1)图纸设计深度执行情况。

设计说明条文是否满足现行《城市轨道交通工程设计文件编制深度规定》的要求,内容是否齐全完整。

①各层平面中标高,有变化的标高需特别注明。

②相关的定位尺寸是否齐全,并与轴线有联系。

③各部位做法标注重要信息是否齐全(如材料、厚度、尺寸等)。

④核查出入口尺寸与总体通用图的尺寸是否一致。

⑤装修完成面防洪标高是否与建筑提资的一致。

⑥各附属建筑是否设置了防洪挡板。

⑦各平面应标注为装修完成面尺寸、装修厚度尺寸。

⑧周边有高差的是否采用了有效的装饰措施。

⑨景观绿化布置检查植物配置是否合理,是否达到四季开花,高矮搭配、造型合理、植株

高度是否能遮挡附属,还包括以下内容:
  a. 植株布置疏密程度。
  b. 植株冠幅、定位尺寸是否齐全。
  c. 植株覆土是否对地下主体建筑有影响。
  d. 植株布置是否与周边协调。
  e. 植株等与景观灯是否协调。
 ⑩是否合理布置车止石,有高差设置了台阶的周边附属建筑,可不设置车止石,如有设置:
  a. 车止石的设置高度是否与周边协调。
  b. 车止石的设置疏密是否合理、是否与周边协调。
 ⑪专用电梯前坡度是否足够,保障没有水倒灌到电梯井内。
 ⑫地面景观一张图统筹,对消火栓、水泵结合器、消防水池排气孔、消防水池等进行景观整体统筹。
 ⑬有花池、绿化景观的地面附属,应尽可能设置户外取水点,便于绿化维护。
 (2)标准化执行情况:相关的设计说明按照统一的说明模板编写,并应表达装修专业的相关信息。
 (3)其他(如有):各附属与地下部分的接口分界是否完善。
 5)立面图:图纸设计深度执行情况
 (1)设计说明条文是否满足现行《城市轨道交通工程设计文件编制深度规定》的要求,内容是否齐全完整。
 (2)各层立面中标高是否完善,有变化的标高需特别注明。
 (3)立面的信息应与平面图信息一致。
 (4)各立面图中是否有各部位做法标注的重要信息(如材料、厚度、尺寸等)。
 6)剖面图:图纸设计深度执行情况
 (1)设计说明条文是否满足现行《城市轨道交通工程设计文件编制深度规定》的要求,内容是否齐全完整。
 (2)各层剖面中标高是否完善,有变化的标高需特别注明。
 (3)各剖面中是否有装修材料的重要信息(如材料、厚度、尺寸等)。
 (4)一些在立面图中,无法表现的立面信息,可以在剖面中表达。
 7)大样图:图纸设计深度执行情况
 (1)设计说明条文是否满足现行《城市轨道交通工程设计文件编制深度规定》的要求,内容是否齐全完整。
 (2)是否为最新的适合本工程的大样。
 (3)本工程无用到的大样,应删除。
 7. 高架站外装分册
 1)图纸目录
 (1)是否先列新绘制图纸,后列选用的标准图或重复利用图。
 (2)图号、图名与图签的图号、图名一致。
 (3)同一类的图名编制规则、排版应一致[如X轴-X轴地下一层(站厅层)地面平面图、X轴-

X轴地下一层(站厅层)设备区天花平面图等]。

(4)变更图、补充图中图号为-XX.G 或-XX.B 的应在备注中明确"原-XX图作废"。

(5)补充变更图,附属建筑不稳定的分册出图,应编制完整目录,明确"*"为本图册内容。

(6)是否有各专业、系统设备与装修接口关系说明。

2)设计说明

(1)图纸设计深度执行情况:设计说明条文是否满足现行《城市轨道交通工程设计文件编制深度规定》的要求,内容是否齐全完整。

(2)规范规程执行情况:汇总装修的有关的规范规程条文。

(3)标准化执行情况:按照统一的说明模板编写。

(4)其他(如有)。

①说明的内容及数据与设计图纸一致。

②各阶段报建批复意见及回复。

③各专项设计专家意见及回复,初步设计、消防专项、人防专项。

④除②③之外的原因引起的车站重大方案变更情况说明。

⑤设计所依据的规范最新及有效,是否有作废规范。

⑥标高系统的制定,建议±0.000 与建筑图表述一致。

3)总平面图:图纸设计深度执行情况

(1)总平面图、附属总平面图的校核要求参照建筑专业要求。

(2)各出入口应明确表示,是否为有盖出入口,出入口编号是否与后续的平面图对应。

(3)总平面上标注的附属建筑尺寸,应为装修完成面尺寸定位尺寸。

4)各装修平面图(含各附属场地布置及绿化景观布置平面)

(1)图纸设计深度执行情况。

设计说明条文是否满足现行《城市轨道交通工程设计文件编制深度规定》的要求,内容是否齐全完整。

①各层平面中标高,有变化的标高需特别注明。

②相关的定位尺寸是否齐全,并与轴线有联系。

③各部位做法标注重要信息是否齐全(如材料、厚度、尺寸等)。

④装修完成面防洪标高是否与建筑提资的一致。

⑤各附属建筑是否设置了防洪挡板。

⑥各平面应标注为装修完成面尺寸、装修厚度尺寸。

⑦各部位的大样,需与大样匹配,并标注到位。

(2)标准化执行情况:相关的设计说明按照统一的说明模板编写,并应表达装修专业的相关信息。

(3)其他(如有):如分期出图的各部位分界接口是否合理。

5)立面图:图纸设计深度执行情况

(1)设计说明条文是否满足现行《城市轨道交通工程设计文件编制深度规定》的要求,内容是否齐全完整。

(2)各层立面中标高是否完善,有变化的标高需特别注明。

(3)立面的信息应与平面图信息一致。
(4)各立面图中是否有各部位做法标注的重要信息(如材料、厚度、尺寸等)。
(5)所有立面是否绘制齐全,不应遗漏某些隐藏立面。
(6)各部分材料是否搭配合理。
(7)立面设计是否与周边环境相协调。
(8)消防登高面是否与建筑专业一致。
(9)立面的开孔,设备的开孔是否整合,应避免影响立面的美观性。
(10)立面施工图应考虑完整的外立面安装及检修路径。
(11)车站高架雨棚轨行区上方不布置需要大量检修安装的灯具、管线或其他设备。

6)剖面图:图纸设计深度执行情况
(1)设计说明条文是否满足现行《城市轨道交通工程设计文件编制深度规定》的要求,内容是否齐全完整。
(2)各层剖面中标高是否完善,有变化的标高需特别注明。
(3)各剖面中是否有装修材料的重要信息(如材料、厚度、尺寸等)。
(4)一些在立面图中,无法表现的立面信息,可以在剖面中表达。

7)大样图:图纸设计深度执行情况
(1)设计说明条文是否满足现行《城市轨道交通工程设计文件编制深度规定》的要求,内容是否齐全完整。
(2)是否为最新的适合本工程的大样。
(3)本工程无用到的大样,应删除。
(4)大样图中特别是屋顶与钢结构结合的位置,容易漏水的接口处理是否完善。
(5)检修钢爬梯的设置是否合理,应充分考虑运营检修需求,是否与立面结合。

8)计算书
(1)立面材料、构件等需有相关的受力分析技术书,是否满足各地区风荷载。
(2)外立面材料应符合节能计算的相关计算。

6.2.2 审核要点

1. 总则
(1)设计中如有超标准、超投资等问题,审核是否通过变更。
(2)设计是否满足现行设计基本规定《地铁设计规范》(GB 50157)、《地铁设计防火标准》(GB 51298)、《建筑内部装修设计防火规范》(GB 50222)、《建筑装饰装修工程质量验收标准》(GB 50210)。
(3)审查装修消防设计是否满足相关规范。

2. 总平面
(1)总体布局、经济技术指标等是否符合初步设计及初步设计批复。
(2)防洪防涝是否表达清楚并符合实际情况。
(3)以建筑图提资为准,相关出图规范是否标准完整。
(4)总平面的表达应满足建筑审核要点且表达清晰、完整;复核装修完成面是否满足建筑规范的相关规定。

(5)总平面布置是否与周边协调。
(6)其他参照平面图是否规范、标准、完整。
(7)导向的总平面图应复核500 m导向内布置是否合理。

3. 平、立、剖面图
(1)公共区布置是否符合客流流线的特征。
(2)设备区装修的布置是否符合标准化,满足运营的需求。
(3)各装修图图册的接口、流线等是否合理,是否需调整建筑平面,提出建筑优化意见等。
(4)各部分的材料、绿化景观搭配,是否合理,美观性的相关复核。
(5)各专业末端是否完全整合,整合后是否合理,是否美观。
(6)各材料的运用,是否满足防火规范的要求。
(7)导向各牌体版面信息是否符合规定、各层平面的布置是否符合规定。
(8)各层平面牌体点位数量是否满足客流、规范要求。
(9)导向是否设置其他专用牌体需求。

4. 其他
(1)各分册施工图和建筑、装修、水、电、空调等专业的施工图、管线综合图有无矛盾。
(2)各分册施工图是否为总体下发的最新大样,并运用得当。
(3)导向施工图基础平面、立面资料与相关设备或专业有无矛盾。

6.3 高架车站结构

6.3.1 校核细则

1. 图纸目录
(1)建设单位、工程名称、项目名称、业务号、日期、责任人是否正确签署齐全。
(2)目录中所列工程名称、图纸名称和编号是否正确。
(3)是否先列出新绘制图纸,后列出选用的标准图或重复利用图。
(4)目录中图号、图名与图册中的设计图是否一致。
(5)按照文件组成要求检查图纸是否齐全,有无错漏。
(6)图号为-XX.G或-XX.B的应在备注中是否明确"原-XX图作废"。
(7)结构补充图及变更图应编制完整目录,并明确"*"为本图册内容。

2. 设计总说明
(1)是否说明了主体工程合理使用年限。
(2)是否正确说明了建筑结构安全等级、抗震设防烈度、防水等级、裂缝控制要求。
(3)地基概况说明是否与勘察报告一致;对不良地基的处理措施和对基础施工的要求是否作了正确的说明;有抗震设防要求时,对地基抗震性能是否作了进一步的正确阐述。
(4)荷载计算及标准取值是否正确,荷载规范中没有明确规定或与规范取值不同的设计荷载、设备荷载,是否作了正确说明。
(5)所选用结构材料的品种、规格、型号、强度等级等(如混凝土强度等级,钢筋种类与级别,受力筋保护层厚度,焊条型号,预应力混凝土构件的锚具种类、型号、预留孔做法,钢筋的锚固与搭接、施工制作要求及锚具防腐措施等)是否作了正确说明。

(6)是否明确了结构耐久性指标、施工、养护及检测相关要求。

(7)对于所采用的标准构件图集是否有说明;对于需作结构性能检验的特殊构件,进行检验的方法和要求是否进行了正确说明。

(8)结构构造及施工注意事项(如施工缝,后浇带的设置,后浇时间及所用材料强度等级,楼板开洞构造做法,钢筋接头位置的确定等)是否作了正确说明。

(9)是否明确桩基的类型、承载能力要求、桩基检测要求及嵌岩要求。

(10)是否对结构施工自身风险及环境风险管理及控制进行详细分析说明并提出防范措施,是否对涉及施工安全的重点部位、环节进行详细论述并提出应急预案。

(11)对初步设计审批意见中有关结构专业部分,设计执行情况是否作了正确的说明。

(12)施工图阶段设计总说明是否正确表达与初步设计、招标设计(如有)的异同。

(13)是否完成出图前置流程或手续(如变更流程、报批报审程序等)。

3. 车站结构总平面

(1)是否正确表达最新地形、道路资料、地质钻孔,车站结构与周边重要建构筑物、重要管线的平面关系及指北针信息。

(2)是否正确表达车站起点及终点里程、有效站台中心里程(明确用起终点还是起讫点)。

(3)是否正确表达线间距、左右线线路标注、线路控制点坐标、平面曲线要素、车站轮廓尺寸标注。

(4)附注中是否正确说明本工程采用的高程及坐标系统、线路版本。

(5)车站里程、轮廓尺寸是否与建筑总平面图一致,是否与结构纵剖面、横断面图对应。

4. 车站纵剖面图

(1)里程、长度与总图、平面图是否对应。

(2)是否完整表达地面线、规划标高线、结构线、轨面线、轨面坡度,车站轴号是否与平面图一致。

(3)是否正确表达地质连线、钻孔层位、土层名称,地质图例,钻孔与车站相对位置是否准确。

5. 基础详图

(1)是否绘出承台梁或承台板的钢筋混凝土结构图,是否绘出桩详图、桩插入承台的构造等。

(2)是否按钢筋混凝土构件详图要求正确表示基础梁。

(3)附注中是否正确说明基础材料、垫层材料对回填土的技术要求,地面以下的钢筋混凝土构件的钢筋保护层厚度要求及其他对施工的要求。

6. 各层结构平面布置图

是否正确绘制各层结构平面布置图,其具体校核内容如下:

(1)轴网及梁、柱、承重砌体墙、框架、剪力墙等位置是否与建筑图一致,是否正确注明编号。

(2)是否正确注明现浇板的板号、板厚;板顶标高是否正确注出;标高有变化处是否正确绘出局部剖面;是否正确绘出配筋。

(3)直径≥300 mm预留洞的大小和位置是否正确绘出,洞边加强配筋是否正确表示。

(4)是否绘出楼梯间及电梯间斜线并注明其编号。

(5)各层楼板是否正确表达后浇带位置、变形缝位置。

7. 结构纵剖面图

(1)轴号、里程、车站长度与平面图是否对应,竖向尺寸、标高与横剖面图是否对应。

(2)梁柱位置和开孔位置应与结构平面图一致,是否正确表达梁上翻。

(3)是否准确表达各构件截面尺寸、定位尺寸及各层板面标高。

(4)楼扶梯开孔、电梯井道开孔是否正确表达,与平面、横剖面是否对应。

8. 结构横剖面图

(1)轴号、横向尺寸和竖向尺寸与平纵断面图是否对应一致。

(2)主体结构梁柱布置、截面尺寸、腋角尺寸与平纵断面图是否对应一致。

(3)横剖面位置与平面图是否对应一致。

9. 钢筋混凝土构件配筋图[含现浇梁(含暗梁)、板、柱(含暗柱)、剪力墙等详图]

(1)是否正确绘出纵剖面、长度、轴线号、标高及配筋情况,梁和板的支座情况;整体浇捣的预应力混凝土构件是否正确绘出曲线筋位置及锚固详图。

(2)是否正确绘出横剖面、轴线号、断面尺寸、配筋;预应力混凝土构件是否正确绘出预应力筋的定位尺寸。

(3)钢筋混凝土墙是否视不同情况正确增绘立面。

(4)钢筋布置复杂不易表示清楚时,是否将钢筋分离出正确绘制。

(5)若有预留洞、预埋件时,是否正确注明位置、尺寸、洞边配筋及预埋件编号。

(6)附注中是否正确说明结构总说明未叙述的需特别注明的内容。

(7)有抗震设防要求时,框架、剪力墙等抗侧力构件是否准确根据不同的抗震等级要求,按现行规范规定设置主筋、箍筋(包括加密区箍筋)、节点核心区内配筋、锚拉筋等。

(8)用列表方法、平面整体表示方法等绘制的钢筋混凝土构件图,是否满足设计深度,是否满足施工要求。

10. 其他图纸

(1)楼梯结构平面布置及剖面图、楼梯与梯梁详图是否正确绘出。

(2)水池、集水井、挡土墙等详图是否分别单独正确绘制。

(3)大型工程(如钢屋架等)的预埋件详图是否集中绘制,其平面、剖面、钢材种类、焊缝要求等是否正确绘出并标注。

(4)钢结构构件详图(如钢屋架的构件详图)是否单独正确绘制。

(5)含地下室的高架车站围护结构校核细则应参考地下车站结构专业施工图设计校核细则。

11. 结构计算

(1)平面布置简图和计算简图是否与图纸一致,是否正确、合理。

(2)构件编号是否与图纸一致。

(3)荷载取值是否正确合理,计算参数是否正确、合理。

(4)计算方法、使用公式及计算结果是否正确、合理。

(5)计算模型是否综合考虑现场施工工艺、施工顺序、不同施工工况进行包容性设计。

(6)直接承受列车荷载的楼板等构件,其计算及构造是否按照现行《铁路桥涵混凝土结构设计规范》(TB 10092)的相关要求进行复核计算。

(7)结构正常使用极限状态、钢筋混凝土构件、预应力混凝土构件是否分别按荷载的准永久组合并考虑长期作用的影响或标准组合并考虑长期作用的影响,进行裂缝宽度(或拉应力)及挠度的验算。

(8)计算结果(确定的截面、配筋)是否与图纸一致。

(9)采用计算机计算时:

①在计算书中是否注明所采用的计算机软件名称及代号、版本号。

②计算机软件是否经过权威部门审定或鉴定。

③计算简图是否正确合理。

④输入的原始数据是否正确。

⑤输出的结果是否符合规范的要求。

(10)采用标准图时,是否根据图集的说明进行了必要的选用计算。

(11)采用重复利用图时,是否结合工程具体情况进行了必要的核算和符合当地实际情况的修改。

6.3.2 高架车站审核细则

(1)所采用的现行设计规范及相关规定是否齐全,规范、规程是否为有效版本。

(2)是否按照法律法规、规范性文件工程建设强制性标准进行设计。

(3)是否按照规范性文件要求进行设计。

(4)设计文件是否符合国家、地方规定的设计深度要求。

(5)结构文件安全等级、结构重要性系数、结构使用年限及耐久性、抗震设防类别和抗震等级等要求是否缺失或不符合设计规范规定。

(6)是否对涉及施工安全的重点部位和环节在设计文件中注明,是否提出保证工程安全质量的处理措施。

(7)采用新技术、新材料和新工艺时,是否在设计中要求按相关规定进行报批、认证等程序,是否提出预防安全事故的措施建议。

(8)设计文件是否标明所采用的建筑材料、建筑构配件和设备的规格、性能等技术指标。

(9)结构体系、平面及竖向布置、荷载取值、结构计算及特殊部位(构件)的结构处理等是否符合已审批的初步设计文件;设计技术条件编写是否正确、全面。

(10)抗震设防区的工程是否标明:建筑抗震设防分类、抗震设防烈度、近震与远震、场地土类型及场地类别、结构抗震等级;是否按规定进行建设场地地震安全性评价并取得省级地震部门核发的审核意见书。

(11)施工图设计说明是否有初步设计专家意见及其他评审意见(如初步设计风险专项评审意见等)的执行情况,未落实是否有说明理由。

(12)含地下室的高架车站围护结构审核细则应参考地下车站结构专业施工图设计审核细则。

6.4 桥梁结构

6.4.1 校核细则

1. 图纸目录

(1)建设单位、工程名称、项目名称、业务号、日期、责任人是否正确签署齐全。

(2)目录中所列工程名称、图纸名称和编号是否正确。

(3)是否先列出新绘制图纸,后列出选用的标准图或重复利用图。

(4)目录中图号、图名与图册中的设计图是否一致。

(5)按照文件组成要求检查图纸是否齐全、无错漏。

(6)图号为-XX.G 或-XX.B 的是否在备注中明确"原-XX图作废"。

(7)结构补充图及变更图应编制完整目录,并明确"*"为本图册内容。

2. 设计说明

(1)工程概况是否说明清楚并符合实际情况,设计依据及遵守的规范是否罗列齐全。

(2)设计标准中,设计荷载,设计车速,行车道宽,车道数,人行道宽,桥面净宽,最大限制纵坡,平、竖曲线要素,桥面横坡,抗震设防烈度,设计通航,通车要求是否满足设计任务书及有关规范要求。

(3)场地水文与工程地质、地貌的阐述是否与地质钻探资料相符;设计水位、设计流量、冲刷计算成果是否正确说明。

(4)选用材料的品种、规格、强度等级的说明是否清楚、齐全、正确、合理(如混凝土强度等级,钢筋种类与级别,受力筋保护层厚度,焊条型号,预应力混凝土构件的锚具种类、型号、预留孔做法、施工制作要求及锚具防腐措施等是否作了正确说明;对某些构件或某些部位的特殊要求是否作了正确说明)。

(5)主要/复杂/特殊的结构,施工程序及注意事项是否交待清楚,是否正确、合理,是否有施工步骤图。

(6)是否说明了建设工程合理使用年限。

(7)对初步设计审批意见中设计执行情况是否作了正确的说明。

(8)各荷载值是否齐全,取值是否合理,轨道力设计值是否无漏项。

(9)采用的规范是否为最新版本。

(10)说明前后是否一致,和图纸内容是否统一。

(11)初步设计变化情况是否说明、初步设计审查意见是否落实。

3. 桥址平面图

(1)桥梁中心位置、起止点及转点的里程和坐标、曲线要素是否表达正确、清楚。

(2)桥位前后各 50~500 m 范围内的交通道路/河流、地形地貌、建筑物的位置及规模是否表达正确清楚。

(3)跨线/河桥的车/水流方向与桥中心线的夹角是否正确、合理。

(4)坐标系统及高程系统是否与设计说明统一。

(5)线路版本号是否正确。

(6)是否绘指北针。
(7)桥中心轴线位置、桥平面尺寸、曲线要素是否正确合理标出,与总平面布置图是否相符。
(8)各中心轴线及编号,桥全长、桥宽是否正确示出,分尺寸与总尺寸及里程是否吻合。
(9)伸缩缝位置及编号、人行道位置是否表示清楚,是否正确、合理。
(10)基础平面尺寸及定位尺寸是否表示清楚,是否正确、合理。

4. 桥型总布置图
(1)全桥立面形式(基础、墩台、帽梁、主梁)是否正确表示。
(2)路面中线原地标高、设计标高、设计纵坡、里程是否列表正确示出。
(3)基础底面、承台顶面、支座垫石顶面标高是否正确示出。
(4)地质剖面柱状图,各土层参数、位置是否与地质勘察报告相符。
(5)桥下路面(水位)标高、通车(航)孔限界是否正确示出。
(6)坐标系统及高程系统是否与设计说明统一。
(7)线路版本号是否正确。
(8)线路纵剖线是否表达清楚,纵、竖比例是否合适,竖曲线要素是否表达清楚,是否正确、合理。
(9)路面中线原地标高、设计标高、设计纵坡、里程是否列表正确示出。
(10)平面、立面、断面布置图中,基础、墩台、盖梁、主次梁、支座、桥面系拉索结构是否都正确示出,各部分尺寸、定位尺寸、间距及构件编号是否正确示出。
(11)断面布置图中,桥面横坡、防撞墙(栏)、管线预留孔是否示出,是否正确、合理。

5. 结构构造图
(1)基础(桩基础、沉井基础、扩大基础)、承台、墩、盖梁、立柱、墩身、系梁、支座垫石、主梁、桥台(台身、胸墙、耳墙)、防撞墙(栏)、桥头搭板、人行道等结构,外形尺寸是否正确标出,是否满足本专业规范的要求。
(2)同类结构不同尺寸(包括标高)是否列表正确示出。
(3)构件编号是否与布置图、大样图、计算书相符。
(4)支座、伸缩缝、拉索(斜拉桥斜拉索、悬索桥斜拉索)、泄水管等结构尺寸、构造细节、材料品种规格、施工要求是否表示清楚,是否正确、合理。

6. 钢筋布置图(包括预应力钢筋布置图)
(1)构件编号、尺寸是否与布置图、构造图相符,配筋量是否与计算书相符,是否正确、合理。
(2)材料规格、强度等级是否与总说明、计算书相符,是否正确、合理。
(3)钢筋间距、锚固长度、搭接长度、连接位置是否满足本专业规范的构造要求。
(4)钢筋编号、规格标注是否与材料明细表一致,明细表中每类钢筋样式、长度、数量、单件重量、总重是否表示正确清楚。
(5)特殊的技术要求及施工要点是否说明清楚,是否正确、合理。
(6)预应力筋位置、曲线形状是否表达正确清楚,是否与计算书相符。
(7)锚具类型,预筋初、终张拉应力及张拉程序、伸长值、注浆材料及施工程序是否说明清楚,是否正确、合理。
(8)预应力管道是否与锚具匹配。
(9)预应力布置是否合理。

7. 工程数量汇总表
(1)总表各部分材料规格、数量是否与各明细表一致,是否无错漏。
(2)数量汇总计算是否正确。
8. 钢结构图
(1)结构简图中,杆件轴线、结构形式、跨度、高度、杆件几何轴线长度、内力大小及性质是否标全,是否正确、合理。
(2)结构详图中,是否每个构件均已示出,构件的规格或组成、形状和大小、连接方式、节点构造及详图尺寸是否正确表示。
(3)各构件的断面尺寸(连接件的形状尺寸)、焊缝型号及长度、高度、螺栓孔尺寸是否表示正确,是否与计算书相符,是否满足本专业规范的构造要求。
(4)螺栓、焊缝的材料是否说明清楚,是否与母材匹配。
(5)零件是否均已按顺序编号且同材料表一一对应;材料表是否分类按零件号编制,是否已注明零件的截面规格尺寸、长度、数量和重量,且是否正确。
(6)构件制作技术要求及施工安装注意事项是否说明清楚,是否正确、合理。
9. 详图
(1)编号、与定位轴线的关系及标高是否同平面图一致。
(2)构件的尺寸、配筋及所有的材料强度等级是否同计算书及说明一致。
(3)详图的平面和剖面图中有关尺寸、配筋数量及位置是否一致。
(4)构造是否合理,是否便于施工,是否符合规范及规定。
10. 结构计算
(1)荷载取值是否正确,荷载组合是否考虑了各种最不利的工况,是否符合本专业的规范要求。
(2)计算简图是否与图纸一致,是否正确、合理。
(3)荷载取值是否正确合理,计算参数是否正确、合理。
(4)计算方法、使用公式及计算结果是否正确、合理。
(5)计算结果(如确定的截面、配筋)是否与图纸一致。
(6)采用计算机计算时:
①在计算书中是否注明所采用的计算机软件名称及代号、版本号。
②计算机软件是否经过权威部门审定或鉴定。
③计算简图是否正确、合理。
④输入的原始数据是否正确。
⑤输出的结果是否符合规范要求,配筋结果是否与图纸一致。
(7)采用标准图时,是否根据图集的说明进行了必要的选用计算。
(8)采用重复利用图时,是否结合工程具体情况进行了必要的核算和因地制宜的修改。

6.4.2 审核细则

1. 一般规定
(1)是否根据已批准的初步设计和审批意见编制设计文件。
(2)文件的深度是否满足下列要求:

①能据以编制施工图预算。
②能据以安排材料、设备订货和非标准设备的制作。
③能据以进行施工和安装。
④能据以进行工程验收。
⑤是否符合工程建设标准强制性条文的规定。
⑥是否符合合同约定的质量要求。

2. 图面
(1)结构体系、平面布置及主要承重构件是否符合已审批的初步设计文件或技术条件。
(2)设计文件的内容、深度和编制方法是否符合有关规定。
(3)采用的规范、规定是否恰当,设计说明及施工要求是否合理和便于施工。
(4)构造措施是否合理,是否符合有关规定。
(5)上部结构及地基基础的处理是否安全可靠,是否无隐患。
(6)主要设计原则和技术标准是否满足要求。
(7)区间标准段工法、跨度及梁型是否满足要求。
(8)风险源描述及应对措施是否满足要求。
(9)是否有校审卡,校核意见是否正确。

3. 总图
(1)竖向设计是否因地制宜、表达清楚并符合实际情况。
(2)总平面的交通组织是否满足规划及交警部门的要求。
(3)总平面布置是否满足消防规范要求。
(4)拟建桥位与相邻建筑防火间距是否满足规范或规划的要求,附近是否有贮藏危险品的建(构)筑物或厂、站,是否满足安全距离要求。
(5)民航机场附近桥梁高度是否符合民航限高要求。
(6)建设场地是否有架空高压输电线穿过,桥梁构筑物位置及高度是否在安全距离范围内。
(7)与地下管线的关系是否绘制清楚,是否在安全距离范围内。

4. 计算书
(1)原始数据(如荷载的选取、抗震设防烈度、基本风压、地基承载力等)是否正确。
(2)计算方法及结果是否正确,计算项目是否齐全。
(3)主要结构的计算简图是否正确、合理。

6.5 地下车站结构

6.5.1 校核要点

1. 结构计算
(1)平面布置简图和计算简图是否与图纸一致,是否正确、合理。
(2)构件编号是否与图纸一致;计算书是否完整,是否包含了所有结构构件的验算。
(3)荷载取值是否正确、合理;计算参数是否正确、合理;地质钻孔选取是否合理,是否考虑了不利条件。

(4)计算方法、使用公式及计算结果是否正确、合理。

(5)计算模型是否综合考虑现场施工工艺、施工顺序、不同施工工况进行包容性设计。

(6)直接承受列车荷载的楼板等构件,其计算及构造是否按照现行《铁路桥涵混凝土结构设计规范》(TB 10092)的相关要求进行复核计算。

(7)是否按照最不利情况进行抗浮稳定验算。

(8)结构正常使用极限状态、钢筋混凝土构件、预应力混凝土构件是否分别按荷载的准永久组合并考虑长期作用的影响或标准组合并考虑长期作用的影响,进行裂缝宽度(或拉应力)及挠度的验算。

(9)空间受力作用明显的区段(如盾构井、换乘节点、围护结构的不规则支撑体系),是否按空间结构进行分析。

(10)计算结果(如确定的截面、配筋)是否与图纸一致。

(11)采用计算机计算时:

①在计算书中是否注明所采用的计算机软件名称及代号、版本号。

②计算机软件是否经过权威部门审定或鉴定,并取得使用许可。

③计算简图是否正确、合理。

④输入的原始数据是否正确。

⑤输出的结果是否符合规范要求,是否与详图或梁柱表一致。

(12)采用标准图时,是否根据图集的说明进行了必要的选用计算。

(13)采用重复利用图时,是否结合工程具体情况进行了必要的核算和因地制宜的修改。

(14)围护结构计算中软弱地层地基承载力是否满足、变形是否满足风险源控制标准、支撑及冠梁刚度取值是否合理、地下水位是否正确。

(15)主体结构计算:抗震和人防工况的计算是否齐全。

2. 图纸目录

(1)是否先列出新绘制图纸,后列出选用的标准图或重复利用图。

(2)目录中图号、图名与图册中的设计图是否一致。

(3)按照文件组成要求检查图纸是否齐全,有无错漏。

3. 围护结构设计说明

(1)是否说明了基坑工程合理使用年限。

(2)是否正确说明了基坑安全等级、变形控制等级、基坑监测等级、施工期间防水防淹设防标准。

(3)地基概况说明是否与勘察报告一致,采用的勘察报告是否为最终版本,所选用的地质参数是否正确;对不良地基的处理措施和对基础施工的要求是否作了正确的说明;参与主体结构受力,设计使用年限为100年的构件,对结构材料耐久性要求是否作了进一步的正确阐述。

(4)荷载规范中没有明确规定或与规范取值不同的设计荷载、设备荷载,是否作了正确说明。

(5)所选用结构材料的强度等级、品种、规格、型号等(如混凝土强度等级、钢筋种类与级别、受力筋保护层厚度、焊条型号、预应力混凝土构件的锚具种类、型号、预留孔做法、施工制作要求及锚具防腐措施等)是否作了正确说明;对某些构件或某些部位的特殊要求是否作了正确说明。

(6)对所采用的标准构件图集是否有说明;对于需作结构性能检验的特殊构件,所采用的检验方法和要求是否进行了正确说明。

(7)施工注意事项是否包含围护结构施工、地基加固、支撑架设、桩基施工、基坑开挖、降水、基坑回填等施工控制要点、控制标准、对应安全方案措施;若地基的地质条件复杂或对相邻建筑有影响,是否正确、合理说明所采用的措施。

(8)是否明确了施工期间防洪涝水位及设防水位,是否有针对施工期间的防洪排涝措施,是否对施工期间的环境保护、水土保持有相关的措施。

(9)是否对围护结构施工自身风险、环境风险管理及控制进行详细分析说明并提出防范措施,是否对涉及施工安全的重点部位、环节进行详细论述并提出应急预案。

(10)对初步设计审批意见中有关结构专业部分,风险专项审查专家意见,基坑施工图专家评审意见设计执行情况是否作了正确的说明。

(11)是否明确场地平整标高及场地平整要求,是否明确了回填标高及回填要求。

(12)是否说明了围护结构方案、降水方案、抗浮方案及回筑要求。

(13)是否交代了基础资料[勘察管线调查(以下简称管调)、房屋调查(以下简称房调)等]的完备性,对于缺漏情况是否有明确的应对要求;是否交代了报建、变更等程序的完备性,对于特殊情况是否提出了明确的应对要求;是否针对施工图相对初步设计及招标设计的变化情况做了说明。

(14)是否明确了与临近工程或预留工程的接口条件及工序要求,是否制定了专项保护方案。

4. 主体结构设计说明

(1)是否说明了主体工程合理使用年限。

(2)是否正确说明了建筑结构安全等级、抗震设防烈度、人防工程等级、耐火等级、防水等级、裂缝控制要求。

(3)地基概况说明是否与勘察报告一致;对不良地基的处理措施和对基础施工的要求是否作了正确的说明;有抗震设防要求时,对地基抗震性能是否作了进一步的正确阐述。

(4)荷载计算及标准取值是否正确;荷载规范中没有明确规定或与规范取值不同的设计荷载、设备荷载,是否作了正确说明。

(5)所选用结构材料的强度等级、品种、规格、型号等(如混凝土强度等级,钢筋种类与级别,受力筋保护层厚度,焊条型号,预应力混凝土构件的锚具种类、型号,预留孔做法,钢筋的锚固与搭接、施工制作要求及锚具防腐措施等)是否作了正确说明;对某些构件或某些部位的特殊要求是否作了正确说明。

(6)是否明确结构耐久性指标;是否满足施工、养护及检测相关要求。

(7)对于所采用的标准构件图集是否有说明;对于需作结构性能检验的特殊构件,所采用的检验的方法和要求是否进行了正确说明。

(8)结构构造及施工注意事项(如施工缝、后浇带的设置,后浇时间及所用材料强度等级,主体结构和附属设施施工先后时间,特殊构件的拆模时间、条件、要求,地下工程结构的防水,大体量混凝土工程的防裂,楼板开洞构造做法,钢筋接头位置的确定等是否作了正确说明。

(9)是否明确了基底承载能力要求、车站防洪标高要求,是否明确了主体抗浮方案及施工期间抗浮、泄压措施及封堵要求,是否明确了施工期间防洪涝水位及设防水位,是否有针对施工期间的防洪排涝措施。

(10)是否对主体结构施工自身风险、环境风险管理及控制进行了详细分析说明并提出防范措施;是否对涉及施工安全的重点部位、环节进行详细论述并提出应急预案。

(11)是否对初步设计审批意见中有关结构专业部分,风险专项审查专家意见,设计执行情况作了正确的说明。

(12)是否明确了回填标高及回填要求。

(13)是否交代了基础资料(勘察、房调、管调等)的完备性,对于缺漏情况是否有明确的应对要求;是否交代了报建、变更等程序的完备性,对于特殊情况是否提出了明确的应对要求;是否针对施工图相对初步设计及招标设计的变化情况做了说明。

(14)是否明确了与临近工程或预留工程的接口条件及工序要求,是否制定了专项保护方案。

5. 车站结构总平面

(1)是否正确表达最新地形、道路资料、地质钻孔,车站结构与周边重要建构筑物、重要管线的平面关系及指北针信息。

(2)是否正确表达车站起终点里程、有效站台中心里程、围护结构和内衬墙结构线。

(3)是否正确表达线间距、左右线线路标注、线路控制点坐标、平面曲线要素、车站轮廓坐标标注。

(4)附注中是否正确说明本工程采用的高程及坐标系统、线路版本。

(5)车站里程、轮廓及坐标是否与建筑总平一致,且与结构纵剖面、横断面图对应。

(6)是否明确了轮廓坐标所标注的轮廓线名称。

6. 围护结构及基坑开挖平面布置图

(1)轴线编号与建筑图是否一致,分尺寸与总尺寸是否正确一致。

(2)是否正确表达车站里程、轴号、轮廓细部尺寸、围护结构控制点坐标,是否与总平面、纵剖面对应。

(3)是否正确表达围护结构形式及编号,是否正确表达基底高程变化及坡度示意。

(4)是否正确表达临时中立柱、降水井编号及定位尺寸;立柱位置是否考虑主体结构回筑条件。

(5)围护结构布置是否合理。

(6)区间接口洞门的中心坐标、轨面标高依据线路是否正式提资复核。

7. 各层支撑平面布置图

(1)是否正确表达车站里程、轴号、轮廓和支撑间距细部尺寸,并与总平面、纵剖面对应。

(2)是否准确表达各层支撑布置、类型编号及定位尺寸。

(3)是否准确表达冠梁、围檩、连续梁编号及定位尺寸。

(4)支撑布置是否考虑主体墙柱等回筑条件,是否正确表达各道支撑材料、截面、轴力设计值、钢支撑预加力值。

(5)支撑体系布置是否合理。

8. 车站地质纵剖面图

(1)里程、长度与总图、平面图是否对应。

(2) 是否完整表达地面线、水位线、规划标高线、结构线、轨面线、轨面坡度、围护结构线；车站轴号是否与平面图一致。

(3) 冠梁、围檩、支撑尺寸、竖向位置、标高与平面、横剖面是否一一对应，是否与高程基准柱状图对应。

(4) 地质钻孔参数是否表达完整，是否正确表达地质连线、钻孔层位、土层名称、地质图例；钻孔与车站相对位置是否准确。

9. 围护横剖面图

(1) 是否正确表达地面标高、轨面标高、垫层厚度；是否正确表达断面里程位置、轴号，并与平面图对应，是否正确表达主体结构断面。

(2) 是否正确表达主体结构、围护结构、支撑尺寸的横向、竖向尺寸线，是否与平、纵面图对应；是否正确表达支撑与主体结构距离；支撑位置是否与主体结构位置有矛盾，各层支撑间距是否满足最小施工净高要求。

(3) 是否正确表达对应位置的地质钻孔，是否正确表达排水沟、地面放坡、挡土墙、冠梁、压顶梁相关信息；说明中是否注明围护结构和支撑的材料型号、尺寸，各道支撑的轴力及钢支撑预加轴力。

(4) 检查结构剖面是否满足要求、并清楚表达结构设计体系；平剖面是否对应前后一致。

10. 围护结构配筋图

(1) 对于连续墙，是否正确表达连续墙配筋立面及横竖向剖面；是否正确表达墙顶冠梁、基坑内外侧；是否正确表达钢筋编号及横竖向尺寸标注；是否正确表达钢筋保护层厚度、钢筋规格及锚固长度要求；是否正确表达桁架筋、工字钢接头示意；是否正确表达各类型墙配筋大样；是否正确表达连续墙参数（包括槽段编号、几何尺寸，钢筋编号直径间距），是否与围护结构平面图和纵剖面图对应；是否正确表达连续墙接头大样、加强剪力拉筋、纵向钢筋桁架、定位垫块及吊环大样、导墙和冠梁顶挡墙配筋；是否正确说明连续墙水平、竖向桁架筋设置间距要求，是否说明连续墙质量检测要求。

(2) 对于钻孔桩，是否正确表达桩配筋立面、横断面图；是否正确表达桩竖向尺寸标注，桩表（包括桩型号、桩长、配筋编号及长度），是否与围护结构平面图和纵剖面图对应；是否正确表达钢筋保护层厚度、钢筋规格及锚固长度要求以及桩间止水大样。

(3) 是否正确表达临时中立柱、临时路面的梁板尺寸及配筋；中立柱设置间距、尺寸是否合理，临时路面梁板体系是否合理。

(4) 各构件配筋是否与计算相符、是否合理；是否根据计算包络图进行合理截断；是否绘出有关的连接节点详图；是否正确表达降水井、回灌井等特殊措施的大样；对于冠梁、底板下翻梁等临时小基坑是否在图纸中注明应采取可靠的临时支护措施，确保小基坑安全。

11. 信息化施工监测设计图

(1) 支撑和围护结构位置、尺寸轮廓与围护结构和支撑平面图、剖面图是否一致。

(2) 监测项目、监测点布置及数量是否满足规范要求；监测点布置是否合理，是否正确表达监测图例。

(3) 是否正确表达监测项目表（包括监测内容、监测频率、精度、监测限值及报警值）。

(4) 是否明确了临近既有线、大铁、高速铁路等重要建构筑物及临近重要管线的特殊监测要求及专项监测设计。

12. 基础平面图

(1)轴线编号与建筑图是否一致,分尺寸与总尺寸是否正确一致。

(2)承重墙、柱网布置是否正确合理;基础和基础梁及其编号、柱号、地坑和设备基础平面位置、尺寸、标高、基础底标高不同时的放坡(或退台)示意图等是否正确绘出。

(3)±0.000以下的预留孔洞位置、尺寸、标高等是否正确表示。

(4)对于桩基,是否正确表示出桩位平面及桩承台的平面尺寸及承台底标高。

(5)是否绘出有关的连接节点详图。

(6)附注中是否正确说明:本工程±0.000相应的绝对标高,基础埋置在地基中的位置及所在土层,基底处理措施,地基或桩的承载能力,以及对施工的有关要求等。

(7)需对建筑物进行沉降观测时,是否正确说明观测点的布置及观测时间的要求,是否绘制观测点的埋置详图。

13. 基础详图

(1)对于条形基础,是否正确绘出剖面、配筋、圈梁、防潮层、基础垫层、标注尺寸、标高及轴线关系等。

(2)对于扩展基础,是否正确绘出基础的平面及剖面、配筋、标注总、分尺寸、标高及轴线关系、基础垫层等。

(3)对于桩基础,是否绘出承台梁或承台板的钢筋混凝土结构图;是否绘出桩基础详图、桩基础插入承台的构造等。

(4)对于筏形基础和箱形基础,筏形基础的梁、板详图是否正确表示,承重墙、桩位置是否正确绘出;箱形基础的钢筋混凝土墙的平面、剖面及其配筋是否正确绘出,预埋件、预留孔洞布置情况复杂时墙的模板图是否正确绘出;有后浇带时,其平面位置是否正确表示。

(5)对于基础梁,是否按钢筋混凝土构件详图要求正确表示。

(6)附注中是否正确说明基础材料、垫层材料、杯口填充材料、防潮层做法,对回填土的技术要求,地面以下钢筋混凝土构件的钢筋保护层厚度要求及其他对施工的要求。

14. 各层结构平面布置图

(1)轴线网及梁、柱、承重砌体墙、框架、剪力墙、井筒及其他钢筋混凝土隔墙等位置是否与建筑图一致,是否正确注明编号;钢筋混凝土隔墙布置是否满足相关标准和统一规定。

(2)是否正确注明预制板的跨度方向、板号、数量,是否正确标出预留洞大小及位置;带孔洞的预制板是否按钢筋混凝土构件详图要求正确单独绘出;各专业的孔洞、夹层及预埋件设计是否全部满足要求并和其他各专业图纸一致。

(3)是否正确注明现浇板的板号、板厚;是否正确绘出配筋;板底标高是否正确注出;标高有变化处是否正确绘出局部剖面;直径大于或等于300 mm预留洞的大小和位置是否正确绘出,洞边加强配筋是否正确表示。

(4)有圈梁时是否正确注明编号、标高;门窗洞口处是否正确标注过梁编号。

(5)楼梯间是否绘出斜线并注明所在详图号。

(6)出地面结构平面布置图是否正确表示出屋面板的坡度、坡向、坡向起点及终点处结构标高,是否正确预留孔洞位置和大小;设置水箱处是否正确表示结构布置。

(7)电梯间中是否正确绘制机房结构平面布置图,是否正确注明梁板编号、板的配筋、预留孔洞位置和大小,以及板底标高、预埋吊钩、预埋钢板的定位、尺寸、载荷。

(8)地铁车站的站台层是否正确表示重大设备运输线平面位置。

(9)附注中是否正确说明选用预制构件的图集代号、有关详图的索引号、预制板支承长度及支座处找平做法等,是否正确说明现浇板有后浇带时后浇带的位置。

(10)地铁车站各层楼板是否表达后浇带位置、出入口及风道定位、尺寸、变形缝位置。

(11)区间接口洞门的中心坐标、轨面标高依据线路是否正式提资复核。

15. 结构纵剖面图

(1)轴号、里程、车站长度与平面图是否对应;竖向尺寸、标高与横剖面图是否对应。

(2)梁柱位置和开孔位置与结构平面图是否一致,是否表达梁上翻或下翻,与剖面图是否一致。

(3)是否准确表达各构件截面尺寸、定位尺寸及各层板面标高、坡度。

(4)关键里程及位置的轨面、各层板标高标注、坡度标注等是否完整齐备;区间接口洞门的中心坐标、轨面标高依据线路正式提资复核。

16. 结构横剖面图

(1)轴号、轮廓尺寸和竖向标高尺寸与平纵断面图是否对应一致;压顶梁的设置与围护图是否统一。

(2)主体结构梁柱布置、截面尺寸、腋角尺寸与平纵断面图是否对应一致;横剖面位置是否与平面图对应。

(3)结构剖面是否完整、表达清楚结构设计体系;平剖面是否前后对应一致。

17. 钢筋混凝土构件详图

(1)核实现浇构件[包括现浇梁(含暗梁)、板、柱(含暗柱)及框架、剪力墙、筒体等]详图。

①钢筋布置是否与计算相符,是否合理,是否根据计算包络图合理截断,是否正确绘出纵剖面、长度、轴线号、标高、配筋情况,以及梁和板的支座情况;整体浇筑振捣的预应力混凝土构件是否正确绘出曲线筋位置及锚固详图。

②是否正确绘出横剖面、轴线号、断面尺寸、配筋;预应力混凝土构件是否正确绘出预应力筋的定位尺寸。

③剪力墙、井筒是否视不同情况正确增绘立面图。

④钢筋布置复杂、不易表示清楚时,是否将钢筋分离出后正确绘制。

⑤有预留洞、预埋件时,是否正确注明其位置、尺寸、洞边配筋及预埋件编号。

⑥对于曲梁或平面折线梁,是否增绘平面布置图、展开详图。

⑦附注中是否正确说明结构总说明中未叙述的但需特别注明的内容。

(2)核实预制构件[包括预制梁、板、柱、框架、剪力墙等详图(含复杂的预制梁垫)]。

①对于构件模板图,是否正确表示模板尺寸,轴线关系,预留洞及预埋件位置、尺寸,预埋件编号,必要的标高等;后张预应力混凝土构件是否正确表示预留孔道、锚固端等。

②对于构件配筋图,纵剖面是否正确表示钢筋形式、曲线预应力筋的位置、箍筋直径与间距;钢筋复杂时是否将钢筋分离绘出;横剖面是否正确注明断面尺寸、钢筋直径、数量等。

③附注是否正确说明结构总说明中未叙述的但需特别注明的内容。

(3)有抗震设防要求时,框架、剪力墙等抗侧力构件是否正确根据不同的抗震等级要求,按现行规范规定设置主筋、箍筋(包括加密区箍筋)、节点核芯区内配筋、锚拉筋等。

(4)用列表方法、平面整体表示方法等绘制的钢筋混凝土构件图,图纸标注与通用图是否相符,是否满足设计深度,是否满足施工要求;对于特殊构件或转折等特殊位置是否补充了相应配筋大样图。

18. 节点构造详图

(1)按抗震设计的现浇框架、剪力墙、框剪结构,其节点构造详图(如抗震缝、节点核芯区内配筋,符合抗震要求的钢筋接头和锚固,填充墙与框架柱的锚拉等)是否正确绘制;是否正确采用通用设计或统一详图集。

(2)对于预制框架或装配整体框架的连接部分,梁、柱与墙体的锚拉等位置,节点构造详图是否正确绘制;是否正确采用通用设计或统一详图集。

(3)是否正确绘出详图的平面、剖面;是否正确注明相互关系尺寸,构件名称,连接材料,附加钢筋(或埋件)的规格、型号、数量;是否注明连接方法以及对施工安装、后浇混凝土的有关要求等。

(4)是否正确表达施工缝、变形缝、诱导缝构造图及节点详图。

(5)附注中是否正确说明结构总说明中未叙述的但需特别注明的内容。

19. 前期及建筑物保护图

(1)管调、房调等基础资料是否齐全,程序是否完备。

(2)交通疏解、管线迁改等方案是否与土建方案相符,处理方案是否合理。

(3)是否精确识别了环境风险源,建(构)筑物保护方案是否合理,设计表达是否准确。

20. 其他图纸

(1)车站内部二次结构及砌体结构和构造是否符合隔墙设计指引及通用图要求。

(2)对于楼梯,楼梯结构平面布置及剖面图,楼梯与梯梁详图,栏杆预埋件或预留孔位置、大小等是否正确绘出。

(3)对于特种结构和构筑物(如水池、集水井、水箱、烟囱、挡土墙、设备基础、操作平台等)详图,是否分别单独正确绘制。

(4)对于预埋件详图,大型工程(如站台门、主变设备基础等)的预埋件详图是否集中绘制,其平面、剖面、钢材种类、焊缝要求等是否正确绘出并正确标注,是否明确了预埋要求。

(5)钢结构构件详图(这里指主要承重结构为钢筋混凝土、部分为钢结构的钢屋架、钢支撑等的构件详图)是否单独正确绘制。

(6)防水设计图中是否表达标准断面防水图及顶、底板与侧墙交接处防水大样做法,与主体断面图是否一致;是否正确表达防水板固定和搭接示意图、各层板和墙的防水做法材料、厚度标注说明,是否正确表达施工缝位置及止水钢板示意,是否正确表达反梁、桩头、穿墙管、降水井收口等防水大样。

6.5.2 地下车站审核要点

(1)所采用的现行设计规范及相关规定是否齐全;规范、规程是否现行版本。

(2)是否按照法律法规、规范性文件及工程建设强制性标准进行设计。

(3)是否按照规范性文件要求进行设计。

(4)设计文件是否符合国家、地方规定的设计深度要求。

(5)结构文件安全等级、结构重要性系数、结构使用年限及耐久性、抗震设防类别和抗震等级等要求是否无缺失且符合设计规范规定。

(6)在设计文件中对涉及施工安全的重点部位和环节是否注明,或未提出保证工程安全质量的处理措施。

(7)采用新技术、新材料和新工艺时,是否在设计中要求按相关规定进行报批、认证等程序,是否提出预防安全事故的措施建议。

(8)设计文件是否标明所采用的建筑材料、建筑构配件和设备的规格、性能等技术指标。

(9)结构体系、平面及竖向布置、荷载取值、结构计算及特殊部位(构件)的结构处理等是否符合已审批的初步设计文件;设计技术条件编写是否正确、全面。

(10)抗震设防区的工程是否标明建筑抗震设防分类、抗震设防烈度、近震与远震、场地土类型及场地类别、结构抗震等级;是否按规定进行建设场地地震安全性评价并取得省地震部门核发的审核意见书。

(11)施工图设计说明是否有初步设计专家意见(包括其他评审意见,如初步设计风险专项评审意见、基坑施工图专家评审意见等)的执行情况,如未落实是否有说明理由。

(12)是否明确了基础资料(勘察、房调、管调等)的完备性;对于缺漏情况是否有明确的应对要求;是否明确了报建、变更等程序的完备性,对于特殊情况是否提出了明确的应对要求。

(13)是否明确了使用要求;是否明确了与临近工程或预留工程的接口条件及工序要求。

(14)与各专业接口是否落实、是否满足接口文件及提资要求。

(15)结构的实施工序是否合理、可行;结构计算模型及荷载、计算参数是否合理。

(16)围护结构的选型、支撑布置等方案是否合理;地基处理方案是否合理;止水或降排水方案是否合理;风险源处置措施是否充分。

(17)主体结构的梁板柱等构件的截面及配筋是否合理;抗浮措施是否合理。

(18)管调、房调等基础资料是否齐全;程序是否完备。

(19)交通疏解、管线迁改等方案是否合理。

(20)建(构)筑物保护方案是否合理。

6.6 隧道结构

6.6.1 明挖隧道

1. 校核要点

(1)图面共同部分及说明

①设计依据、主要原则及技术标准、设计范围是否阐述清楚且准确、合理,引用的规范、规程是否为现行。

②图纸名称、编号与图纸目录是否一致,目录中是否包括本工程全部设计图及套用图。

③文字是否通顺、清晰;说明是否正确合理;同一图纸是否一致。

④材料的品种、规格、强度等级等是否按现行规范和规程取用。

⑤工程重要性等级、结构安全等级、防水等级、抗震设防等级和使用年限等是否符合规范要求,是否与实际工程相适应。

⑥必要的施工注意事项是否交待清楚,是否正确、合理。

⑦工程风险、危大工程是否有必要的分析、处置措施是否合理。

⑧是否经相关专业会签,设计深度与表达方法是否符合规定。

⑨防排涝要求是否符合规定。

⑩洞门接口图应重点检查洞门中心坐标、轨面标高(含修正高程),并要和车站等明挖结构图检查对应。

(2)总平面图

①是否正确表达最新地形、道路资料、地质钻孔、隧道结构与周边重要建(构)筑物的平面关系及指北针信息。

②隧道总平面布置及走向是否正确、合理,是否通过了协调与会签。

③隧道周边重要的建(构)筑物基础、重要管线资料是否齐全,是否对隧道与建(构)筑物、重要管线平面最小距离进行了标注。

④平面曲线要素是否标注清楚,各控制点的坐标是否标注清楚。

(3)围护结构及基坑开挖平面布置图

①轴线编号、分尺寸与总尺寸是否正确、一致。

②是否正确表达起终点里程、轴号、轮廓细部尺寸、围护结构控制点坐标,并与总平面、纵剖面对应。

③是否正确表达围护结构形式及编号,是否正确表达基底高程变化及坡度示意。

④是否正确表达临时中立柱、降水井编号及定位尺寸;立柱位置是否考虑主体结构回筑条件。

⑤曲线段隧道加宽、有特殊要求地段(如转辙机、射流风机、人防门等)是否满足限界要求。

⑥曲线段线路中心线及隧道中心线的关系是否分别表示清楚,是否正确、合理。

⑦与车站分界的里程、泵房、通风井、人防门、防淹门、转辙机、射流风机的位置是否表示清楚,是否正确、合理。

⑧围护结构、支撑、冠梁、围檩、联系梁、中立柱的选型及方案布置是否合理及表达清楚;标高标注、下沉坑标注是否齐全。

(4)各层支撑平面布置图

①是否准确表达起终点里程、轴号、轮廓和支撑间距细部尺寸,并与总平面、纵剖面对应。

②是否准确表达各层支撑布置、类型编号及定位尺寸。

③是否准确表达冠梁、围檩、连续梁编号及定位尺寸。

④支撑布置是否考虑主体墙柱等回筑条件,是否准确表达各道支撑材料、截面、轴力设计值、钢支撑预加力值。

⑤支撑体系布置是否合理。

(5)地质纵剖面图

①里程、长度与总图、平面图中内容是否对应。

②是否完整表达地面线、水位线、规划标高线、结构线、轨面线、轨面坡度、围护结构线；轴号是否与平面图一致。

③冠梁、围檩、支撑尺寸、竖向位置、标高与平面、横剖面是否一一对应，并与高程基准柱状图对应。

④地质钻孔参数是否表达完整，是否正确表达地质连线、钻孔层位、土层名称、地质图例；钻孔与隧道相对位置是否准确。

(6)支撑横剖面图

①是否正确表达地面标高、轨面标高、垫层厚度；是否正确表达断面里程位置、轴号，并与平面图对应，是否正确表达主体结构断面。

②是否正确表达主体结构、围护结构、支撑尺寸横向、竖向尺寸线，并与平、纵面图对应；是否正确表达支撑与主体结构距离；支撑位置是否与主体结构位置无冲突，各层支撑间距是否满足最小施工净高要求。

③是否正确表达对应位置的地质钻孔，是否正确表达排水沟、地面放坡、挡土墙、冠梁、压顶梁相关信息；说明中是否注明围护结构和支撑材料型号、尺寸、各道支撑轴力及钢支撑预加轴力。

(7)围护结构配筋图

①连续墙中，是否正确表达连续墙配筋立面及横竖向剖面；是否正确表达墙顶冠梁、基坑内外侧；是否正确表达钢筋编号及横竖向尺寸标注；是否正确表达钢筋保护层厚度、钢筋规格及锚固长度要求；是否正确表达桁架筋、工字钢接头示意；是否正确表达各类型墙配筋大样；是否正确表达连续墙表（包括槽段编号、几何尺寸、钢筋编号直径间距），并与围护结构平面图和纵剖面图对应；是否正确表达连续墙接头大样、加强剪力拉筋、纵向钢筋桁架、定位垫块及吊环大样、导墙和冠梁顶挡墙配筋；是否正确说明连续墙水平、竖向桁架筋设置间距要求；是否说明连续墙质量检测要求。

②钻孔桩中，是否正确表达桩配筋立面、横断面图；是否正确表达桩竖向尺寸标注、桩表（包括桩型号、桩长、配筋编号及长度），并与围护结构平面图和纵剖面图对应；是否正确表达钢筋保护层厚度、钢筋规格及锚固长度要求以及桩间止水大样。

③是否正确表达临时中立柱、临时路面的梁板尺寸及配筋；中立柱设置间距、尺寸是否合理，临时路面梁板体系是否合理。

④各构件配筋是否与计算相符、是否合理，是否根据计算包络图进行合理截断，是否绘出有关的连接节点详图，是否正确表达降水井、回灌井等特殊措施的大样；对于冠梁、底板下翻梁等临时小基坑，是否在图纸中注明应采取可靠的临时支护措施，确保小基坑安全。

(8)信息化施工监测设计图

①支撑和围护结构位置、尺寸轮廓与支撑和围护结构平面图、剖面图是否一致。

②监测项目、监测点布置及数量是否满足规范要求；监测点布置是否合理，是否正确表达监测图例。

③是否正确表达监测项目表（包括监测内容、监测频率、精度、监测限值及报警值）。

④是否明确了邻近既有线、大铁、高速等重要建构筑物的特殊监测要求及专项监测设计。

(9)基础平面图

①轴线编号与建筑图是否一致,分尺寸与总尺寸是否正确一致。

②承重墙、柱网布置是否正确、合理;基础和基础梁及其编号、柱号,地坑和设备基础平面位置、尺寸、标高、基础底标高不同时的放坡(或退台)示意图等是否正确绘出。

③±0.000以下的预留孔洞位置、尺寸、标高等是否正确表示。

④对于桩基,是否正确表示出桩位平面及桩承台的平面尺寸及承台底标高。

⑤是否绘出有关的连接节点详图。

⑥附注中是否正确说明本工程±0.000相应的绝对标高、基础埋置在地基中的位置及所在土层、基底处理措施、地基或桩的承载能力,以及对施工的有关要求等。

⑦需对建筑物进行沉降观测时,是否正确说明观测点的布置及观测时间的要求,是否绘制观测点的埋置详图。

(10)结构平面图

①曲线段隧道加宽等有特殊要求地段(如转辙机、射流风机、人防门等)是否满足限界要求。

②曲线段线路中心线及隧道中心线的关系是否分别表示清楚,是否正确、合理。

③与车站分界的里程、泵房、通风井、人防门、防淹门、转辙机、射流风机的位置是否表示清楚,是否正确、合理。

④主体结构方案布置、各构件截面尺寸是否合理。

(11)结构纵断面图

①轴号、里程、隧道长度与平面图是否对应;竖向尺寸、标高与横剖面图是否对应。

②隧道坡度是否同线路专业协调,是否正确、合理。

③控制点的建(构)筑物基础资料和隧道竖向关系表达是否清楚。

④不良地质的处理范围和处理措施是否合理。

⑤轨面线、轨面高程是否表示清楚,是否正确、合理。

⑥竖曲线要素是否标示清楚,是否正确合理。

⑦与车站分界的里程、泵房、通风井、人防门、防淹门、转辙机、射流风机的位置是否表示清楚,是否与平面图一致。

⑧轨道道床高度及渐变段要素是否清楚表达。

(12)结构横断面图

①轴号、轮廓尺寸和竖向标高尺寸与平纵断面图是否对应一致;压顶梁设置与围护图是否统一。

②主体结构梁柱布置、截面尺寸、腋角尺寸与平纵断面图是否对应一致;压顶梁设置与围护图是否统一;横剖面位置与平面图是否对应。

③断面净空是否满足行车与限界专业及施工的要求。

(13)钢筋混凝土构件详图

①核实现浇构件[包括现浇梁(含暗梁)、板、柱(含暗柱)、框架、剪力墙及筒体等]详图。

a. 钢筋布置是否与计算相符、是否合理,是否根据计算包络图进行合理截断,是否正确绘出纵剖面、长度、轴线号、标高及配筋情况,梁和板的支座情况;整体浇捣的预应力混凝土构件是否正确绘出曲线筋位置及锚固详图。

b. 是否正确绘出横剖面、轴线号、断面尺寸、配筋;预应力混凝土构件是否正确绘出预应力筋的定位尺寸。

c. 剪力墙、井筒是否视不同情况正确增绘立面。

d. 钢筋布置复杂不易表示清楚时,是否将钢筋分离出正确绘制。

e. 若有预留洞、预埋件时,是否正确注明位置、尺寸、洞边配筋及预埋件编号。

f. 对于曲梁或平面折线梁,是否增绘平面布置图、展开详图。

g. 附注中是否正确说明结构总说明中未叙述的但需特别注明的内容。

②核实预制构件[包括预制梁、板、柱、框架、剪力墙等(含复杂的预制梁垫)]详图。

a. 构件模板图中是否正确表示模板尺寸,轴线关系,预留洞及预埋件位置、尺寸,预埋件编号,必要的标高等;后张预应力混凝土构件是否正确表示预留孔道、锚固端等。

b. 构件配筋图中纵剖面是否正确表示钢筋形式,曲线预应力筋的位置,箍筋直径与间距,钢筋复杂时是否将钢筋分离绘出;横剖面是否正确注明断面尺寸、钢筋直径、数量等。

c. 附注中是否正确说明结构总说明中未叙述的但需特别注明的内容。

③有抗震设防要求时,框架、剪力墙等抗侧力构件是否正确根据不同的抗震等级要求,按现行规范规定设置主筋、箍筋(包括加密区箍筋)、节点核芯区内配筋、锚拉筋等。

④用列表方法、平面整体表示方法等绘制的钢筋混凝土构件图中,图纸标注是否与通用图相符,是否满足设计深度,是否满足施工要求;对于特殊构件、转折等特殊位置是否补充了相应配筋大样图。

(14)施工工法及辅助图

①施工方法及步骤是否合理可行。

②盾构井、轨排井的内净空是否合理,能否满足施工进度、设备等的要求,是否有施工后的处理意见。

③施工监测设计是否满足安全要求。

(15)计算书

①计算方法、荷载取值是否符合规范、规程和工程技术要求的规定;荷载是否有遗漏。

②水土压力计算及与围护结构分摊情况考虑是否合理。

③计算工况是否齐全,系数选择是否合理。

④当采用电算时,应校核:

a. 计算的原始数据文件是否正确、合理。

b. 计算简图是否正确、合理。

c. 输出的结果文件是否正确、合理。

d. 所用程序的简要说明及适用条件、程序版本号及是否经鉴定。

2. 审核要点

(1)图面

①隧道净空所采用的断面形式是否符合要求,是否正确、合理。

②设计文件的内容、深度及编制方法、风险管控设计措施是否符合有关规定。
③采用的规范规定是否恰当,设计说明及施工要求是否正确合理和便于施工。
④是否填写了校核意见,校核意见是否正确。
⑤相关专业是否已会签。

(2)计算书
①计算模型与工程的实际受力状态是否基本相符。
②结构计算简图是否正确合理。
③拟定的各构件尺寸和支护参数等是否与计算结果基本匹配,是否经济合理。
④对周边重大环境风险所采用的计算方法是否正确,计算结果是否可信。
⑤是否填写了校核意见,校核意见是否正确。

6.6.2 盾构隧道

1. 校核要点

(1)图面共同部分及说明
①设计依据、主要原则及技术标准、设计范围是否阐述清楚并准确合理,引用的规范、规程是否现行有效。
②图纸名称、编号与图纸目录是否一致,目录中是否包括本工程全部设计图及套用图。
③文字是否通顺、清晰;说明是否正确、合理,同一图纸说明是否一致。
④材料的品种、规格、强度等级等是否按现行规范/规程取用。
⑤工程重要性等级、结构安全等级、防水等级、抗震设防等级和使用年限等是否符合规范要求,是否与实际工程相适应。
⑥必要的施工注意事项是否交待清楚,是否正确、合理。
⑦工程风险、危大工程是否有必要的分析,处置措施是否合理。
⑧是否经相关专业会签,设计深度与表达方法是否符合规定。
⑨洞门接口图重点检查洞门中心坐标、轨面标高(含修正高程),并要和车站结构图检查对应。
⑩隧道和车站的接口是否和车站一致;区间接口洞门的中心坐标、轨面标高是否依据线路正式提资重新复核。

(2)总平面图
①隧道总平面布置及走向是否正确、合理,是否通过协调与会签。
②隧道周边重要的建(构)筑物基础、重要管线资料是否齐全,是否对隧道与建(构)筑物、重要管线平面最小距离进行了标注。
③平面曲线要素是否标注清楚;各控制点的坐标标注是否清楚。
④是否表达了勘察钻孔,地质资料是否满足设计要求。
⑤曲线段隧道加宽、加高值是否符合规范规定;曲线加宽段、线路中心线及隧道中心线的关系是否分别表示清楚,是否正确、合理。
⑥平面曲线要素是否标注清楚,是否正确、合理。
⑦与车站分界的里程、泵房、通风井、防淹门的位置是否表示清楚,是否正确、合理。

⑧设计说明的线路版本、勘察报告版本是否正确；坐标系、标高系统表述是否正确。

(3)纵断面图

①隧道坡度是否同线路专业协调，是否正确、合理。

②控制点的建(构)筑物基础资料和隧道竖向关系表达是否清楚。

③不良地质的处理范围和处理措施是否合理。

④围岩等级划分是否来自勘察报告；管片选型含配筋是否与地质情况、平面图一一对应，是否正确、合理。

⑤轨面线、轨面高程是否表示清楚，是否正确、合理。

⑥竖曲线要素是否标识清楚，是否正确、合理。

⑦与车站分界的里程、泵房、通风井、人防门、防淹门、转辙机、射流风机的位置是否表示清楚，是否与平面图一致。

⑧轨道道床高度及渐变段要素是否正确表达。

⑨联络通道位置和数量是否与平面图里程对应；联络通道间距离是否满足小于或等于600 m要求；泵房是否在区间线路最低点位置。

(4)隧道横断面图、平面曲线处隧道中线与线路中线平面关系图

①衬砌断面结构尺寸、建筑限界标注、轨道高度(减振等级)是否准确；曲线段线路中心线和隧道中心线相对关系是否正确。

②区间曲线地段偏移量表中，交点编号、曲线半径与总平面是否对应，轨道超高和偏移量是否准确。

(5)管片构造与配筋图

①是否满足总体通用图或地方做法要求。

②管片三环水平拼装试验、抗弯试验、抗渗试验、抗拔试验的检验要求和标准是否明确。

③管片配筋类型及含钢量是否合理，配筋是否正确，应核对计算书。

④洞门竖向尺寸和定位坐标是否正确(主要是结构与轨面线的相对位置关系)。

(6)端头加固图

①地质钻孔是否完整描述端头范围地质情况，是否需要补勘。

②结合地质核实端头加固平面、竖向范围及加固方式是否合理。

(7)联络通道设计图

①地质钻孔是否完整描述联络通道范围地质情况，是否需要补勘。

②联络通道里程、轨面标高、线间距、联络通道和主隧道关系是否正确，是否满足间距要求。

③联络通道间距是否满足规范要求。

④联络通道结构内净空是否满足规范要求。

⑤泵房是否位于区间最低点，泵房容积是否满足要求。

⑥加固方案及开挖方式是否合理。

⑦初期支护格栅(型钢)钢架配筋是否与初支结构轮廓尺寸和厚度对应。

⑧配筋是否与计算书对应。

⑨测点布置是否合理，监测对象是否已覆盖，监测范围是否满足要求。

⑩核实监测项目是否齐全;控制值、预警值、监测频率、间距是否合理、正确。

⑪监测预警分级标准是否符合现行《城市轨道交通工程监测技术规范》(GB 50911)要求。

(8)盾构洞门接口图

①接口处是否设置接水槽、预埋注浆管、排水沟等。

②后浇洞门环梁宽度、环梁内钢筋直径和尺寸是否与大样对应。

③预埋钢环尺寸是否与后浇洞门环梁高度对应;盾构井下沉段或洞顶距离上层板净距是否满足帘幕板安装要求。

④是否满足总体通用图标准。

(9)建筑物关系及保护设计图

①建筑物与隧道相对关系是否正确;建筑物基础资料来源是否为竣工图或经过实地物探。

②地质钻孔是否引用正确是否是最不利钻孔。

③建构筑物保护方案和措施是否合理。

(10)隧道监测设计图(含隧道监测总平面、管线监测总平面、监测断面图等)

①测点布置是否合理;监测对象是否已覆盖;监测范围是否满足要求。

②核实监测项目是否齐全,控制值、预警值、监测频率、间距是否合理正确。

③监测预警分级标准是否符合现行《城市轨道交通工程监测技术规范》(GB 50911)要求。

(11)计算书

①计算方法、荷载取值是否符合规范、规程和工程技术要求的规定,荷载是否无遗漏。

②支护参数的确定是否满足计算的要求;当采用工程类比时,对类比工程的情况是否清楚,参考资料是否齐全,是否满足类比条件。

③水土压力计算及分析模型是否选择合理。

④当采用电算时,应校核:

a. 计算的原始数据文件是否正确。

b. 计算简图是否正确。

c. 计算工况是否正确。

d. 所用程序的简要说明及适用条件、程序版本号及是否经鉴定。

e. 检查荷载输入和计算模型是否正确。

⑤计算结果是否和图纸对应一致。

⑥区间风险源的专项计算、有限元分析是否满足要求。

2. 审核要点

1)图纸

(1)各工法选择及分界位置是否合理。

(2)抗震设防等级、结构安全等级、人防等级、防水等级、耐火等级设置是否合理。

(3)必要的施工注意事项是否交待清楚,是否正确合理。

(4)风险管控设计措施是否符合有关规定,工程风险分级以及相应措施是否合理。

(5)结合地质纵断面核实线路坡度、隧道埋深是否合理,线路是否需调整。

(6)联络通道、盾构井位置选择是否合理。
(7)建(构)筑物保护方案和措施是否合理。
(8)是否填写了校核意见,校核意见是否正确。
(9)各加固方案是否合理可行。

2)计算书
(1)计算模型与工程的实际受力状态是否基本相符。
(2)对隧道衬砌的计算方法是否正确,计算结果是否可信。
(3)结构计算简图是否正确、合理。
(4)对周边重大环境风险所采用的计算方法是否正确,计算结果是否可信。
(5)是否填写了校核意见,校核意见是否正确。

6.6.3 矿山法隧道

1. 校核要点

1)图面共同部分及说明
(1)设计依据、主要原则及技术标准、设计范围是否阐述清楚、准确合理;引用的规范、规程是否为现行。
(2)图纸名称、编号与图纸目录是否一致;目录中是否包括本工程全部设计图及套用图。
(3)文字是否通顺、清晰,说明是否正确合理,同一图纸是否一致。
(4)材料的品种、规格、强度等级等是否按现行规范/规程取用。
(5)工程重要性等级、结构安全等级、防水等级、抗震设防等级和使用年限等是否符合规范要求,是否与实际工程相适应。
(6)必要的施工注意事项是否交待清楚,是否正确、合理。
(7)工程风险、危大工程是否有必要的分析、处置措施是否合理。
(8)是否经相关专业会签,设计深度与表达方法是否符合规定。
(9)防排涝要求是否符合规定。
(10)洞门接口图重点检查洞门中心坐标、轨面标高(含修正高程),并要和车站结构图检查对应。

2)总平面图
(1)隧道总平面布置及走向是否正确合理,是否通过协调与会签。
(2)隧道周边重要的建(构)筑物基础、重要管线资料是否齐全,是否对隧道与建(构)筑物、重要管线平面最小距离进行了标注。
(3)平面曲线要素是否标注清楚,各控制点的坐标标注是否清楚。
(4)是否表达了勘察钻孔,地质资料是否满足设计要求。

3)结构平面图
(1)曲线段隧道加宽、有特殊要求地段(如转辙机、射流风机、人防门等)是否满足限界要求。
(2)曲线段线路中心线及隧道中心线的关系是否分别表示清楚,是否正确、合理。
(3)各断面的划分是否清晰合理,是否考虑了施工顺序。

(4)与车站分界的里程、泵房、通风井、人防门、防淹门、转辙机、射流风机的位置是否表示清楚,是否正确、合理。

(5)施工期间临时竖井和横通道的位置与正线隧道的关系是否表示清楚,是否正确、合理。

(6)线间距是否合理,是否造成隧道跨度过大或隧道与隧道之间净距过小等。

4)纵断面图

(1)隧道坡度是否同线路专业协调,是否正确、合理。

(2)控制点的建(构)筑物基础资料和隧道竖向关系表达是否清楚。

(3)不良地质的处理范围和处理措施是否合理。

(4)围岩等级划分是否与勘察报告吻合,隧道衬砌型式是否与地质情况、平面图一一对应,是否正确、合理。

(5)轨面线、轨面高程是否表示清楚,是否正确、合理。

(6)竖曲线要素是否标示清楚,是否正确、合理。

(7)与车站分界的里程、泵房、通风井、人防门、防淹门、转辙机、射流风机的位置是否表示清楚,是否与平面图一致。

(8)施工期间临时竖井和横通道的位置与正线隧道的关系是否表示清楚,是否与平面图一致。

(9)轨道道床高度及渐变段要素是否清晰表达。

5)隧道横断面结构图

(1)断面净空是否满足限界及施工误差、沉降变形等要求;断面形状是否圆顺;受力是否合理。

(2)各断面开挖工法、支护参数等是否根据隧道断面和地质情况进行针对性设计,是否合理可行。

(3)钢架、系统锚杆、超前小导管等的纵向间距是否匹配。

(4)锚杆、小导管和大管棚的设置范围是否正确。

(5)临时横撑、中隔壁有无标注喷混凝土厚度。

(6)断面拟定的圆心有无定位标注;半径有无尺寸标注。

(7)线路中心线与结构边墙等控制尺寸是否与平面图对应标注,以利于限界检查。

(8)轨面至结构底的距离、道床高度等标注是否与纵断面图一致。

(9)初期支护和二次衬砌的厚度是否合适,是否满足计算要求。

6)断面初期支护钢架图

(1)钢架的划分位置是否避开受力较大部位,是否与开挖工法以及台阶高度相适应。

(2)钢架是否重量太大影响施工;细部详图、拼装总图是否正确合理。

(3)锁脚锚杆或锚管设置数量、位置和长度是否合理。

(4)钢架尺寸标注有无考虑外放量、保护层厚度等。

7)钢架大样图

(1)大样图各节点是否与断面图的位置相符。

(2)各节点的连接是否合理可行,关键节点是否进行针对性加强设计。

(3)是否包含锁脚锚杆与钢架的连接大样图。

8)二次衬砌配筋图

(1)钢筋图的表示方法是否符合规范规定;钢筋量是否符合计算需要,分布筋是否满足构造要求。

(2)剪力较大处是否进行了拉筋加密处理,加密范围是否表达清楚。

(3)对初期支护不是一次性拆除的情况,二次衬砌配筋是否表达相关节点的做法。

(4)对于中隔墙等后浇结构,是否对钢筋进行预留。

9)堵头墙设计图

(1)堵头墙设计是否完整,是否包括了平面图中所有类型。

(2)是否根据堵头墙的尺寸和地质条件选择合适的支护措施。

(3)锚杆的打设角度、位置是否根据具体情况进行设计。

10)施工工序图

(1)施工工序图是否包含图册所涉及到的所有施工方法。

(2)各施工工序是否合理,是否与计算文件一致。

(3)是否根据掌子面地层情况要求预留核心土。

(4)是否对上下台阶分别提出开挖进尺要求。

(5)对于采用掘进机施工的情况,是否对台阶长度提出合适要求。

(6)拆撑施工二次衬砌的工序是否安全合理,是否提出明确的拆撑长度要求,是否可保证二次衬砌的施工质量。

11)工作井及横通道图

(1)施工竖井及临时通道的断面是否合理,能否满足施工进度、设备等的要求,是否有施工后的处理意见。

(2)施工竖井是否结合永久结构设计,是否预留后期实施条件。

(3)竖井进横通道,横通道进正线的马头门设计是否合理,施工工序的安排是否安全可行。

(4)竖井的设计是否满足基坑相关的设计要求。

(5)堵头墙设计是否无遗漏,堵头墙的支护对临近和后续工程是否无不利影响。

(6)施工工序图是否合理,不同位置的开挖进尺是否结合地质情况进行针对性说明。

(7)是否提出了施工补勘和超前地质预报等要求。

(8)对设计输入尚不完善之处,是否给出了适当的处置措施。

12)施工监测和第三方监测图

(1)施工监测方案是否合理,是否按相关规范要求进行设计。

(2)监测点的布置是否考虑了现场的实际条件。

(3)监测频率、监测周期和预警值等除满足规范要求外,是否符合设计的特殊需要。

(4)是否按不同开挖工法进行洞内的监测点布置。

(5)是否按有关规定进行了深层土体位移监测。

(6)第三方监测的项目是否与合同要求一致,说明和图纸是否独立于施工监测单独编制。

(7)需进行自动化监测的地段,是否要求施工单位同步开展人工监测。

13)计算书

(1)计算方法、荷载取值是否符合规范、规程和工程技术要求的规定;荷载是否无遗漏,荷载的计算与地质情况、工程条件是否相适应。

(2)初期支护的计算方法选用是否合适,深浅埋的判断是否合理,是否对最不利工序进行了计算。

(3)当采用工程类比时,对类比工程的情况是否清楚,参考资料是否齐全,是否满足类比条件。

(4)二次衬砌计算时水土压力计算及与初期支护分摊情况考虑是否合理。

(5)对周边的重大风险源是否进行了计算,计算结果能否确保安全。

(6)当采用电算时,应校核计算的原始数据文件、计算简图、输出的结果文件,所用程序的简要说明及适用条件、程序版本号及是否经鉴定。

2. 审核要点

1)图纸

(1)设计说明中的施工注意事项是否具有针对性,可否消除相关施工风险。

(2)设计文件的内容、深度及编制方法是否符合有关规定。

(3)风险识别是否到位,风险分级和处置措施是否得当。

(4)重大变更是否完善了相关流程,变更原因和变更依据是否清晰可靠。

(5)隧道总平面布置及走向是否正确、合理,大方案是否经过审核。

(6)对隧道所处的地质情况认识是否到位;综合围岩分级是否准确。

(7)对隧道断面和限界的理解是否正确,是否满足盾构通过、悬臂掘进机施工等特殊的施工需求。

(8)对隧道超前支护措施、地层加固等支护参数合理性进行把关。

(9)隧道断面变化、围岩变化、周边环境变化等地段是否有相应的措施。

(10)相关的接口设计是否合理可行并进行了详细表达。

(11)隧道的总体施工组织是否进行了合理的设计;相关施工步序是否安全可行。

(12)是否落实了校核意见,校核意见是否正确。

2)计算书

(1)计算模型与工程的实际受力状态是否基本相符。

(2)对隧道初期支护和二次衬砌的计算方法是否正确,计算结果是否可信。

(3)结构计算简图是否正确合理。

(4)拟定的各构件尺寸和支护参数等是否与计算结果基本匹配,是否经济合理。

(5)对周边重大环境风险所采用的计算方法是否正确,计算结果是否可信。

(6)是否填写了校核意见,校核意见是否正确。

6.7 地下疏散平台

6.7.1 区间疏散平台平面布置图校核要点

1. 图纸目录

(1)建设单位、工程名称、项目名称、业务号、日期、责任人是否正确签署齐全。

(2)设计图、本设计中采用的通用图、重复使用图是否齐全、正确。

(3)目录中所列工程名称、图纸名称和编号与原图是否一致,有无错漏。

(4)是否有错别字。

(5)是否先列出新绘制图纸,后列出选用的标准图或重复利用图。

(6)目录中图号、图名与图册中的设计图是否一致。

(7)按照文件组成要求检查图纸是否齐全,有无错漏。

2. 设计说明

(1)工程概况是否说明清楚并符合实际情况;设计依据及遵守的规范是否罗列齐全。

(2)设计标准中,平台设置位置(含行车方向左/右侧、平台高度、平台上空净空高度、扶手位置)是否正确;平台设置区域,断开位置的位置是否正确。

(3)平台最小宽度选取、平台边缘与线路中心线距离及加宽计算公式是否正确。

(4)疏散平台步梯宽度选取是否正确。

(5)缓圆过渡段的加宽变化原则是否正确。

(6)平台施工工序与轨道施工工序的关系是否正确。

(7)材料耐火极限是否正确。

(8)平台支架纵向间距、平台扶手锚固件纵向间距是否满足要求。

(9)平台宽度的计算公式是否正确。

(10)工程量[含平台板面积、各种支架数量、支架固定螺栓(锚栓)数量、各种步梯数量(含盖板、步梯扶手)、步梯锚栓数量、盖板锚栓数量、平台扶手(含扶手锚固件)数量、扶手锚栓(螺栓)数量、钢结构平台用钢量、钢平台锚栓(螺栓)数量等]是否正确。

3. 标准断面区间疏散平台设计图

(1)圆形、马蹄断面圆半径、限界、曲线平台隧道偏移量是否正确;矩形隧道限界、加宽量是否正确。

(2)平台面安装高度、线路中心线距平台边缘距离、扶手安装高度、平台支架锚栓(螺栓)规格、扶手锚栓(螺栓)规格是否正确。

4. 平台平面布置图

(1)车站站台层结构图/建筑图是否正确;核查区间平面图是否最新版本。

(2)车站及区间采用线路版本是否与线路专业最新版本统一。

(3)步梯、疏散平台起始里程是否正确。

(4)平台断开位置、断开长度是否合理。

(5)轨道超高数据、减震道床高度里程数据是否为最新值。

(6)平台断面类型是否正确;里程与线路的缓、圆、直对应是否正确;核实平台位于曲线内侧还是外侧。

(7)疏散平台宽度计算表格:根据道床厚度,核实隧道线路中心线到结构边墙的距离,包含单线单洞隧道偏移量的核实;核实线路中心线到疏散平台边缘距离计算所采用的参数是否正确[含超高、隧道平面半径、加宽量计算公式(与平台位于曲线内还是外有关)]。

(8)根据分段起始里程,核实长度是否正确。

(9)核实有无疏散平台布置示意图。

6.7.2 复合材料疏散平台设计图校核要点

1. 图纸目录

(1)建设单位、工程名称、项目名称、业务号、日期、责任人是否正确签署齐全。
(2)设计图、本设计中采用的通用图、重复使用图是否正确、齐全。
(3)目录中所列工程名称、图纸名称和编号与原图是否一致,是否无错漏。
(4)是否无错别字。
(5)是否先列出新绘制图纸,后列出选用的标准图或重复利用图。
(6)目录中图号、图名与图册中的设计图是否一致。
(7)按照文件组成要求检查图纸是否齐全,是否无错漏。

2. 设计说明

(1)工程概况是否说明清楚并符合实际情况,设计依据及遵守的规范是否罗列齐全。
(2)设计标准中,平台设置位置(含行车方向左/右侧、平台高度、平台上空净空高度、扶手位置)是否正确;平台设置区域,断开位置的位置是否正确。
(3)平台最小宽度选取、平台边缘与线路中心线距离及加宽计算公式是否正确。
(4)疏散平台步梯宽度选取是否正确。
(5)缓圆过渡段的加宽变化原则是否正确。
(6)平台施工工序与轨道施工工序的关系是否正确。
(7)材料耐火极限是否正确。
(8)平台支架纵向间距、平台扶手锚固件纵向间距是否满足要求。
(9)平台宽度的计算公式是否正确。
(10)疏散平台隧道使用环境条件(如温度、湿度、风速、空气成分、风压)是否正确。
(11)核实平台各部件组成材料及性能指标(特别是耐火极限)是否正确。
(12)疏散平台使用荷载(含风压,平台挠度控制值)是否正确。
(13)疏散平台板的构造安装细节(如支架间距、扶手锚固件间距、各部件连接螺栓要求)是否正确,平台板与支架、结构构件之间的安装要求;核实步梯最小宽度、扶手外径。
(14)疏散平台安装工序是否在轨道调线调坡之后,是否先测量后制造安装。
(15)较宽平台立柱横向布置间距是否正确。
(16)安装误差要求是否满足要求。
(17)核实锚栓(螺栓)的抗拉力、抗疲劳、耐火性能、耐腐蚀、耐水、抗震动、抗冲击、抗焊接、耐久性能等要求;核实锚栓(螺栓)安装尺寸要求,含最小边距、中距、锚固深度、垂直度、拉力检测值及检测频率要求。
(18)工程量[含平台板面积、各种支架数量、支架固定螺栓(锚栓)数量、各种步梯数量(含盖板、步梯扶手)、步梯锚栓数量、盖板锚栓数量、平台扶手(含扶手锚固件)数量、扶手锚栓(螺栓)数量、钢结构平台用钢量、钢平台锚栓(螺栓)数量等]是否正确。

3. 标准断面区间疏散平台设计图

(1)圆形、马蹄断面圆半径、限界、曲线平台隧道偏移量是否正确。矩形隧道限界、加宽量是否正确。

(2)平台面安装高度、线路中心线距离平台边缘距离、扶手安装高度、平台支架锚栓(螺栓)规格、扶手锚栓(螺栓)规格是否正确。

4. 平台支架图

(1)核实支架计算书(或力学报告),确定支架构造、尺寸是否符合受力要求。

(2)核实支架各构件的尺寸是否满足构造、安装、耐久性、耐火性防护要求。

(3)核实图纸相关说明与前面总说明是否一致。

5. 平台板大样图

(1)核实平台板计算书(或力学报告),确定平台板构造、尺寸是否符合受力要求。

(2)核实平台板各构件的尺寸是否满足构造、安装、耐久性、耐火性防护要求。

(3)核实图纸相关说明与前面总说明是否一致。

6. 扶手大样图

(1)核实平台扶手计算书(或力学报告),确定扶手构造、尺寸是否符合受力要求。

(2)核实平台扶手各构件的尺寸是否满足构造、安装、耐久性、耐火性防护要求。

(3)核实图纸相关说明与前面总说明是否一致。

7. 步梯大样图

(1)核实步梯计算书(或力学报告),确定步梯构造、尺寸是否符合受力要求。

(2)核实步梯各构件的尺寸是否满足构造、安装、耐久性、耐火性防护要求。

(3)核实步梯的踏步宽度与高度是否满足规范的要求。

(4)核实图纸相关说明与前面总说明是否一致。

8. 钢结构平台图

(1)钢平台安装横断面图,核实限界、曲线平台隧道偏移量是否正确;矩形隧道限界、加宽量是否正确。

(2)核实平台面安装高度、线路中心线距离平台边缘距离、扶手安装高度、平台支架锚栓(螺栓)规格、扶手锚栓(螺栓)规格是否正确。

(3)核实平台横梁计算书(或力学报告),确定横梁构造、尺寸是否符合受力要求。

(4)核实各构件的尺寸是否满足构造、安装、耐久性、耐火性防护要求。

(5)核实图纸相关说明与前面总说明是否一致。

6.7.3 审核要点

1. 一般规定

(1)是否根据已批准的初步设计和审批意见编制设计。

(2)文件的深度是否满足下列要求:

①能据以编制施工图预算。

②能据以安排材料、设备订货和非标准设备的制作。

③能据以进行施工和安装。

④能据以进行工程验收。

⑤是否符合工程建设标准强制性条文的规定。

⑥是否符合合同约定的质量要求。

2. 图面
(1)结构体系、平面布置及主要承重构件是否符合已审批的初步设计文件或技术条件。
(2)设计文件的内容、深度和编制方法是否符合有关规定。
(3)采用的规范、规定是否恰当,设计说明及施工要求是否合理和便于施工。
(4)构造措施是否合理,是否符合有关的规定。
(5)平台支架与板的选型及与隧道结构的连接的处理是否安全可靠,有无不安全的隐患存在。
(6)主要设计原则和技术标准是否满足要求。
(7)审核区间平台标准段支架安装形式、材料、跨度及耐火性能是否满足要求。
(8)风险源描述及应对措施是否满足要求。
(9)是否有校审卡,校核意见是否正确。
3. 平面布置图
(1)核实平台断开位置、断开长度是否合理。
(2)核实平台断面类型是否正确。
(3)核实平台曲线加宽原则是否正确。
4. 计算书
(1)原始数据(如荷载的选取、轨道超高、道床高度、线路曲线半径等)是否正确。
(2)计算方法及结果是否正确,计算项目是否齐全。
(3)主要结构的计算简图是否正确合理。

6.8 工程防水

6.8.1 明挖结构防水

1. 校核要点
1)图纸目录
(1)目录中图号、图名与图册中的设计图是否一致。
(2)按照文件组成要求检查图纸是否齐全,是否无错漏。
2)明挖结构防水设计说明
(1)是否正确说明了参考的标准图版本。
(2)是否正确说明了结构防水等级和防水设计标准。
(3)是否正确描述了防水设计体系,防水体系中不同结构埋置深度结构所采用的混凝土抗渗等级是否正确;是否有裂缝控制标准,裂缝控制标准是否正确。
(4)是否正确描述防水设计原则;防水混凝土结构最小厚度、防水混凝土的施工配合比等要求是否做了正确说明;是否正确描述明挖结构防水体系。
(5)防水混凝土的胶凝材料用量、水泥用量、水胶比、比表面积、Cl^-含量、最大碱含量以及防水混凝土的水、砂、石要求是否正确阐述。
(6)施工缝、变形缝、后浇带的设置原则、防水措施和施工做法是否做了正确说明;如在区间和车站接口设置变形缝,需核实变形缝是否满足避让轨道道岔区要求。

(7)抗拔桩、穿墙管的防水措施和施工做法是否做了正确说明。

(8)结构顶板、底板、侧墙所选用的防水材料规格型号、厚度等是否做了正确说明;对防水层的保护措施是否做了正确说明。

(9)施工注意事项中是否包含对防水混凝土、施工缝、变形缝、桩头、穿墙管、结构埋设件、结构各类辅助防水层、注浆等施工控制要点、控制标准进行明确要求和正确说明。

(10)主要防水材料采用的规范、规格、性能指标是否正确。

(11)施工图设计说明是否有初步设计专家意见的执行情况;未落实是否有说明理由;是否有变更,变更手续是否完善。

(12)是否有施工图阶段与初步设计(设计变更)阶段工程数量对比表。

3)结构断面防水设计图

(1)是否正确绘制结构断面防水设计图;选用的结构防水断面图是否和结构图一致,顶板、底板、侧墙附加防水材料表达是否正确;是否正确绘制防水材料垫层、保护层等信息;水平施工缝绘制是否正确。

(2)结构防水大样绘制是否正确、完善。

(3)设计说明是否正确表达防水材料类型、规格、用量指标、保护措施等信息。

4)施工缝、变形缝防水设计图

(1)施工缝防水构造大样是否正确、完善;镀锌钢板止水带燕尾开口方向是否正确;是否有钢板止水带连接大样。

(2)变形缝防水构造大样是否正确、完善;采用的止水带类型是否正确,接水槽安装预留槽尺寸是否正确,是否正确绘制人防要求变形缝平时、战时构造图。

5)后浇带防水设计图

结构不同部位的后浇带(孔)结构防水加强措施是否正确、完善。

6)桩头防水设计图

采用的抗拔桩防水构造大样是否和结构构造吻合,是否明确要求抗拔桩桩头凿毛、清理措施,是否明确要求桩头高渗透环氧涂料用量。

7)穿墙管、接地引出线、降水井防水设计图

穿墙管、接地引出线、降水井防水设计是否正确采用环形止水措施,是否根据结构穿管形式正确选用穿墙管防水构造措施。

8)车站与区间接口防水设计图

(1)核查车站与区间接口防水图是否正确、完善。

(2)所选用的车站与区间结构防水设计图是否和区间防水图一致。

9)挡水坎设计图

(1)核查挡水坎类型是否完善。

(2)是否明确要求挡水坎和结构板一次浇筑。

(3)检查挡水坎的尺寸、钢筋是否正确;界面处理剂是否完善;排水沟内防水措施是否正确。

10)坑池、风亭防水图

(1)检查坑池等结构是否采用防水混凝土,是否正确绘制坑池结构内防水。

(2)出地面风亭结构防水材料收口措施是否正确。

2. 审核要点总则

(1)所采用的现行设计规范及相关规定是否齐全,是否为现行版本。

(2)是否按照法律法规、规范性文件及工程建设强制性标准进行设计。

(3)是否按照规范性文件要求进行防水设计。

(4)设计文件是否符合国家、地方规定的设计深度要求。

(5)结构防水等级、防水设计标准、防水体系、混凝土抗渗等级等要求是否无缺失,是否满足设计规范规定。

(6)采用的防水材料性能指标是否符合规范规定。

(7)防水特殊设计的重点部位和环节是否在设计文件中说明。

6.8.2 盾构防水

1. 校核要点

1)图纸目录

(1)目录中图号、图名与图册中的设计图是否一致。

(2)按照文件组成要求检查图纸是否齐全,是否无错漏。

2)盾构防水设计说明

(1)是否正确说明了参考的标准图版本。

(2)所依据的规范名称和版本是否正确。

(3)是否正确说明了结构防水等级和防水设计标准。

(4)是否正确描述盾构防水设计原则。

(5)盾构防水体系描述是否正确;结构自防水和接缝防水相关要求是否准确。

(6)施工工艺及注意事项中是否包含了防水混凝土施工要求、各型接缝施工要求;是否明确了所有注浆孔全部要加逆止阀。

(7)主要防水材料采用的规范、规格、性能指标是否正确。

3)管片接缝防水图

(1)是否正确绘制了管片接缝防水构造图;所选用的弹性密封垫尺寸规格是否与所采用的盾构尺寸匹配;接缝软木衬垫设置是否合理。

(2)环(纵)向螺栓孔密封圈详图绘制是否正确,尺寸规格是否与所采用螺栓尺寸匹配;三元乙丙橡胶圈性能指标要求是否合理。

4)洞门防水装置图

洞门防水装置图中预留洞口尺寸、扇形压板或活页翻板尺寸是否与所用盾构外径匹配;相关大样绘制是否正确。

5)接口防水设计图

(1)接口防水体系是否正确、完善;是否明确了后浇环梁最小宽度要求。

(2)不锈钢接水槽设置是否正确,是否明确竖向需接至轨道排水沟处。

(3)洞门后浇环梁处是否预留了可重复注浆管,是否明确了注浆管规格及设置数量要求,注浆管穿止水钢环板处是否明确了需围焊密实的要求。

(4)接口位置是否正确设置了遇水膨胀止水胶条,与相关明挖或暗挖接口部位防水收口做法是否合理。

(5)当采用后浇环梁伸出盾构井内侧做法时,是否已与建筑专业核实不影响井内建筑布置。

6)联络通道防水图

(1)联络通道防水图中结构断面是否与实际采用的联络通道结构做法一致。

(2)联络通道与盾构隧道接口处防水做法及大样是否合理。

2. 审核要点总则

(1)采用现行设计规范及相关规定是否齐全,或规范、规程是否为现行版本。

(2)是否按照法律法规、规范性文件及工程建设强制性标准进行设计。

(3)是否按照规范性文件要求进行防水设计。

(4)设计文件是否符合国家、地方规定的设计深度要求。

(5)结构防水等级、防水设计标准、防水体系、混凝土抗渗等级、氯离子扩散系数等要求是否缺失或不符合设计规范规定。

(6)采用的防水材料性能指标是否符合规范规定。

(7)防水特殊设计的重点部位和环节是否在设计文件中说明。

6.8.3 矿山法结构防水

1. 校核要点

1)图纸目录

(1)目录中图号、图名与图册中的设计图是否一致。

(2)按照文件组成要求检查图纸是否齐全,是否无错漏。

2)结构防水设计说明

(1)是否正确说明了参考的标准图版本。

(2)是否正确说明了结构防水等级和防水设计标准。

(3)是否正确描述防水设计原则;防水混凝土结构最小厚度、防水混凝土的施工配合比等要求是否做了正确说明;是否正确描述明挖结构防水体系。

(4)防水混凝土的胶凝材料用量、水泥用量、水胶比、比表面积、Cl^-含量、最大碱含量以及防水混凝土的水、砂、石要求是否做了正确阐述。

(5)施工缝、变形缝、后浇带的设置原则、防水措施和施工做法是否做了正确说明;穿墙管的防水措施和施工做法是否做了正确说明。

(6)结构所选用的防水材料规格型号、厚度等是否做了正确说明,对防水层的保护措施是否做了正确说明。

(7)施工注意事项中是否包含防水混凝土、施工缝、变形缝、穿墙管、结构埋设件、结构各类辅助防水层、注浆等施工控制要点、控制标准进行明确要求和正确说明。

(8)主要防水材料采用的规范、规格、性能指标是否正确。

3)断面防水设计图

(1)是否正确绘制结构断面防水设计图;选用的结构防水断面图是否和结构图及防水参考图一致,结构附加防水材料表达是否正确;是否正确绘制防水材料垫层、保护层等信息;水平施工缝绘制是否正确。

(2)结构防水大样绘制是否正确、完善。

(3)设计说明是否正确表达防水材料类型、规格、用量指标、保护措施等信息。

4)施工缝、变形缝防水设计图

(1)施工缝防水构造大样是否正确、完善;镀锌钢板止水带燕尾开口方向是否正确;是否有钢板止水带连接大样。

(2)变形缝防水构造大样是否正确、完善;镀锌钢板止水带燕尾开口方向是否正确;是否有钢板止水带连接大样。

(3)是否正确绘制结构断面防水设计图。选用的结构防水断面图是否和结构图一致,顶板、底板、侧墙附加防水材料表达是否正确;是否正确绘制防水材料垫层、保护层等信息;水平施工缝绘制是否正确。

5)与明挖车站、暗挖区间接口防水做法中遇水膨胀止水条道数和接水槽的设置是否正确

6)穿墙管及接地引出线防水做法中套管及止水环大样做法是否正确

7)如在区间和车站接口设置变形缝,需核实变形缝是否满足避让轨道道岔区要求

2. 审核要点

(1)采用现行设计规范及相关规定是否齐全,或规范、规程是否有效版本。

(2)是否按照法律法规、规范性文件工程建设强制性标准进行设计。

(3)是否按照规范性文件要求进行设计。

(4)设计文件是否符合国家、地方规定的设计深度要求。

(5)结构文件安全等级、结构重要性系数、结构使用年限及耐久性等要求是否缺失或不符合设计规范规定。

(6)是否对防水特殊设计的重点部位和环节在设计文件中注明。

(7)采用新技术、新材料和新工艺时,是否在设计中要求按相关规定进行报批、认证等程序,或是否提出预防安全事故的措施建议。

6.9 路基本体

6.9.1 校核要点

1. 设计说明

1)工程概况

(1)应明确段场位置、现状地形地貌、周边建(构)筑物情况。

(2)应明确是否上盖物业开发。

(3)应明确设计场坪标高、现状地面标高、挖填高度等。

2)设计范围及内容

(1)设计范围应明确车辆段与区间、路基段与敞口段分界位置及里程,明确路基专业与站场专业、结构专业的土石方设计界面。

(2)设计内容一般为路基本体、地基处理、边坡支护、基坑(U形槽、综合楼、污水池等),并针对本工程具体特点及与相关专业的沟通结果综合确定。

3)设计依据

(1)应列出项目实施依据[如本阶段之前阶段(工程可行性研究报告、总体设计文件等)、相关合同、会议纪要、基础资料(地形、地质、房调等)]。

(2)应列出设计执行的主要设计标准和规范(注意采用的规范应符合工程条件和技术标准,规范应为现行最新版本且符合工程所在地的要求),与本工程无关的规范不应列入。

(3)应正确选用符合工程条件和技术标准的标准图、通用图、参考图。

(4)方案应经过专家审查,并说明对专家审查意见的执行情况,未执行的应给出依据和说明。

(5)若为变更设计应符合变更程序(变更原因、变更方案及批准文件)。

4)设计标准

(1)应明确最高设计速度、轴重、轨道类型、荷载标准及对路基的强度和变形(工后沉降)、稳定性等技术要求。

(2)应明确设计使用年限(永久结构或临时结构)。

(3)若为永久路基结构,应考虑合规的抗震技术标准(包括设防烈度和抗震等级,合规的耐久性技术标准,以及所处环境类别和作用等级)。

5)路基本体设计

(1)应明确场地现状地貌及地质情况,在站场清表后是否需要对场地做进一步处理,并明确进一步处理的平面范围及深度。

(2)应根据不同功能分区采用分区域分层填筑路基填料,在满足功能使用要求的基础上提高经济合理性。

(3)路基填料的选用应结合地区经验确定填料的种类、来源、改良措施。

(4)改良措施是否具备相应的场地及政策条件。

(5)带上盖的场段在盖下尽量选用粗料。

(6)特殊场地填料压实标准能否满足相关规范要求。

6)施工技术要求和注意事项

(1)关键环节的施工技术要求(如总体注意事项、路基填筑工序要求等)应完整、恰当。

(2)应针对易出现问题或易忽略的环节提出注意事项(如与其他工程施工的相对次序、本身施工工序、接口关系、管线防护、特殊情况处理等)。

7)质量检测

(1)应针对易出现问题或对工程具有重要作用的内容提出检测要求。

(2)检测项目、方法及标准等应满足要求。

8)存在问题

(1)边界条件是否稳定(如相关审批流程是否已走完,是否有相应的会议纪要)。

(2)地形、地质资料等基础资料是否完整。

(3)与其他专业或其他工程的接口问题。

(4)其他影响工程方案及工程量的问题等。

9)核实是否包含风险章节,风险源识别是否正确,应对措施是否合理

2. 总平及地质钻孔平面布置图

(1)总平内容应完整,尤其与路基相关的内容。

(2)地质钻孔应含各阶段的钻孔并完整。
(3)相关图例应标出。
(4)带上盖的场地应明确盖下范围。

3. 大样图

(1)功能分区及填料选用应与设计说明一致。
(2)各分区的分层填筑指标要求应与设计说明一致。

4. 图纸签署及设计深度

(1)图纸签署应符合相关规定。
(2)设计深度应符合相关规定并满足施工要求。

6.9.2 审核要点

1. 设计说明

1)设计依据
(1)设计依据是否完整、相关专业提资是否齐全。
(2)依据的规范标准是否正确、有效。

2)设计方案
(1)路基结构层选择是否合理。
(2)填料选择及路基压实标准是否合理、正确。

3)监测及监测内容
路基是否已包含监测及监测内容。

2. 总平及地质钻孔平面布置图

总平要素是否齐全,周边环境关系表达是否充分。

3. 设计平面图

(1)设计平面图分区是否合理。
(2)分区回填填料选择是否正确。

6.10 地基处理

6.10.1 校核要点

1. 设计说明

1)工程概况
(1)应明确段场位置、现状地形地貌、周边建(构)筑物情况。
(2)应明确是否上盖物业开发。
(3)应明确设计场坪标高等。

2)设计范围及内容
(1)设计范围应明确与区间分界位置及里程、站场土石方、房建及库内地基处理、U形槽主体及地基处理等设计界面;若因边界不稳定、基础资料不完整需分块出图情况,应明确本次出图范围。

(2)设计内容一般应为路基本体、地基处理、边坡支护、基坑(U形槽、综合楼、污水池等)、改移河涌,并针对本工程具体特点及与相关专业的沟通结果综合确定。

3)设计依据

(1)应列出项目实施依据[如本阶段之前阶段(工程可行性研究报告,总体设计文件等)、相关合同、会议纪要、基础资料(地形、地质、房调等)]。

(2)应列出设计执行的主要设计标准和规范(注意采用的规范应符合工程条件和技术标准,规范应为现行最新版本且符合工程所在地的要求),与本工程无关的规范不应列入。

(3)应正确选用符合工程条件和技术标准的标准图、通用图、参考图。

(4)方案应经过专家审查,并说明对专家审查意见的执行情况,未执行的应给出依据和说明。

(5)若为变更设计应符合变更程序(变更原因、变更方案及批准文件)。

4)设计标准

(1)应明确最高设计速度、轴重、荷载图示、轨道类型、荷载标准及对路基的强度和变形(工后沉降)、稳定性等技术要求。

(2)应明确设计使用年限(明确是永久结构还是临时结构)。

(3)若为永久路基结构,应考虑合规的抗震技术标准(包括设防烈度和抗震等级、合规的耐久性技术标准,以及所处环境类别和作用等级)。

5)地基处理设计

(1)应明确需处理的特殊性岩土、不良地质作用的类型、厚度、地基处理的目的、方法及处理后的标准。

(2)按功能分区及地质条件差异,按不同地基处理分区详细说明处理范围、工法、深度、相关设计参数(如桩长、间距、平面布置方式)等。

(3)应明确不同地基处理方式之间的过渡措施。

(4)地基处理方案应结合当地类似项目经验,同时满足合理、经济并适应工期的要求。

6)施工技术要求和注意事项

(1)关键环节的施工技术要求(如总体注意事项、路基填筑、地基处理、边坡及支挡结构施工等)应完整、恰当。

(2)应针对易出现问题或易忽略的环节提出注意事项(如与其他工程施工的相对次序、本身施工工序、接口关系、管线防护、特殊情况处理等)。

7)质量检测

(1)应针对易出现问题或对工程具有重要作用的内容提出检测要求。

(2)检测项目、方法及标准等应满足要求。

8)存在问题

(1)边界条件是否稳定(如河涌是否已报当地水务局)。

(2)地形、地质资料等基础资料是否完整。

(3)与其他专业或其他工程的接口问题。

(4)其他影响工程方案及工程量的问题等。

9)核实是否包含风险章节,风险源识别是否正确,应对措施是否合理

2. 总平面图及地质钻孔平面布置图
(1)总平面图内容应完整,尤其与路基相关的内容。
(2)地质钻孔应含各阶段的钻孔并完整。
(3)相关图例应标出。
(4)分块出图的需标出本次出图范围。
3. 地基处理平面设计图及大样图
(1)地基处理范围、桩长、桩间距及布置方式是否合理。
(2)应标注分区控制点坐标、每块分区对应的分区名。
(3)带上盖的段场应表示上盖桩基承台,并明确路基专业对其避让的相关要求。
4. 地基处理断面图
(1)断面图选择是否具有代表性。
(2)断面图与平面图设计内容是否对应。
(3)地基处理的措施深度是否经济合理。
5. 图纸签署及设计深度
(1)图纸签署应符合相关规定。
(2)设计深度应符合相关规定并满足施工要求。

6.10.2 审核要点

1. 设计说明
1)设计依据
(1)设计依据是否完整、相关专业提资是否齐全。
(2)依据的规范标准是否正确、有效。
2)工程地基及水文地质
(1)地质资料是否满足设计深度要求。
(2)应表述不良地质及特殊性岩土。
3)地基处理方案
(1)地基处理方案是否具有针对性。
(2)地基处理方式的选择是否合理、可行。
(3)地基处理方案描述是否清晰到位。
(4)处理指标及工程荷载选择是否合理。
2. 总平面图及地质钻孔平面布置图
总平面图要素是否齐全,周边环境关系表达是否充分。
3. 地基处理平面图
(1)地基处理平面图分区是否正确合理。
(2)处理平面图的设计要素是否完整。
(3)是否考虑上盖开发影响。
4. 地基处理断面图
(1)断面地质要素表达是否完整。

(2)地基处理的深度、范围是否合理。
(3)地基处理桩长控制原则是否正确。

6.11 路基支挡

6.11.1 校核要点

1. 图纸目录

图纸目录是否与后续图纸名称、图号、图幅一致。

2. 设计说明

(1)工程概况是否说明清楚并符合实际情况,对边坡的高度及范围描述是否合理。

(2)设计范围是否正确,设计内容是否清晰。

(3)设计依据是否齐全,引用的技术标准、勘察报告是否为最终版;所引用的规范是否为现行。

(4)边坡安全等级划分是否正确;计算荷载、支挡结构的作用组合、设计工况是否满足要求;安全系数的选择是否合理。

(5)对边坡工程地质情况及水文地质情况的描述是否清晰,是否包含不良地质及特殊土情况,工程地质参数是否有误,场地地震效应描述是否清晰。

(6)边坡方案描述是否清晰,边坡措施描述是否完善。

(7)工程材料及耐久性描述是否清晰、齐全,耐久性措施是否合理。

(8)施工注意事项是否齐全完善,边坡排水等设计是否合适。

(9)边坡监测检查项目是否齐全,是否满足规范要求。

(10)核实是否包含风险章节,风险源识别是否正确,应对措施是否合理。

3. 总平面图

(1)总平面图指北针的要素是否齐全,地质钻孔是否满足边坡设计要求;图纸比例是否正确,是否满足图纸编制规定。

(2)周边既有及拟建建(构)筑物管线等是否在图纸标识清楚,是否标注了与边坡的距离。

(3)图纸高程系统说明是否正确。

4. 边坡设计平面图

(1)边坡绘制是否清晰,坡脚坡底位置是否正确。

(2)边坡设计要素是否齐全,排水沟、登山梯道、急流槽、挡土墙的布置是否合适。

(3)边坡分级标高数据是否齐全、正确。

(4)边坡坡率是否标注;支护主要措施是否描述;边坡控制点坐标是否完备正确。

(5)边坡是否合理分段设计,边坡剖面位置是否对应不同的分段。

5. 边坡立面图

(1)边坡的立面展开是否正确,与平面图是否对应。

(2)坡脚原地标高、分级平台设计标高是否列表正确示出;边坡设计要素是否对应表达。

(3)坡脚挡土墙表示是否正确。

(4)边坡支护结构(如格构梁、锚索、锚杆、挡土墙、抗滑桩等)是否标注清楚。

(5)剖面位置是否与平面图及断面图对应。

6. 边坡断面图
(1)边坡断面图与断面位置是否对应。
(2)断面图中地质信息是否完善,地质断面与设计断面的标高位置是否对应。
(3)边坡断面尺寸标注是否齐备、各分级平台标高是否完整。
(4)断面图纸支护措施表达是否完整;锚索、锚杆设计信息是否齐全;格构梁位置与立面图是否对应。
(5)地质图例是否完整齐全。

7. 边坡设计大样图
(1)边坡大样图是否齐全、完整。
(2)大样图各节点尺寸是否与边坡设计图一致。
(3)各详图的设置是否满足规范要求;耐久性等措施是否满足规范要求。
(4)各详图前后是否对应,与设计方案是否相符。

8. 边坡监测设计图
(1)监测项目是否齐全,是否满足规范要求。
(2)监测的布置是否满足规范要求。
(3)监测报警值是否满足规范要求。
(4)是否包含监测断面图。

9. 计算书
(1)边坡荷载、支挡结构作用、工况取值是否正确,各岩土参数输入是否有误。
(2)计算结果是否满足规范要求。

6.11.2 审核要点

1. 图纸
(1)边坡分段设计时,分段是否合理。
(2)边坡排水设计沟的布置是否合理。
(3)边坡分级、坡率是否合适。
(4)锚杆及锚杆的位置、长度、角度、锚固地层是否合理。
(5)挡土墙的高度、位置是否合理。

2. 计算书
(1)原始数据(如荷载的选取、抗震设防烈度、滑动面参数)是否正确。
(2)计算方法、计算模型的选择、计算项目是否齐全。
(3)滑动面(如有)的选择是否合适。
(4)计算结果是否正确。

第7章 机电系统专业

7.1 通风、空调与供暖

7.1.1 校核要点

1. 图纸目录

图纸应包括说明,设备材料表,系统图,平、剖面图,安装大样图,标准图。

2. 设计说明

(1)工程设计依据、设计范围及接口、工程概况是否交待清楚,是否正确合理;前期相关专项报告对环控的具体要求应落实到设计中。

(2)设计规范、标准和设计参数的采用是否合理。

(3)设计原则及技术要求是否交待清楚,是否正确合理。

(4)通风、空调、供暖、水、防排烟系统设计中通风系统、空调冷热负荷、供暖热负荷的计算结果,系统划分、设备的配备及气流组织是否正确合理、是否交待清楚;水系统的设计是否合理;空调冷热源方式、供暖热源方式、设备配置是否正确合理;防排烟系统设计排烟量计算结果、设备、设施配置是否符合规范要求。

(5)系统功能及运营控制模式是否说明清楚,是否正确合理。

(6)通风、空调、供暖系统所采用的设备、材料是否符合规范要求;通风、空调、供暖系统的消声、节能、抗震设计是否合理;管道安装、防腐、保温、试压、冲洗等要求是否清晰,合理。

(7)设计图中无法表示和标注清楚的问题是否正确交待。

(8)环控与相关专业、换乘站、线路延伸、物业开发、上盖开发的接口是否满足要求。

(9)换乘站冷、热源、集中供冷、集中供暖、物业开发、上盖开发、系统管道、设备共享等资源共享方案是否合理,是否满足建设时序要求和系统功能要求;接口位置是否明确。

(10)节能、防灾、环保的相关内容是否满足相关标准。

3. 系统图

(1)图形、符号是否与图例一致,设备编号是否与平面图中表示一致。

(2)系统设计主要参数、管径、管件、流向等是否标注齐全正确,与平面图是否一致。

(3)大型通风系统、空调系统、供暖系统,或设备管道复杂的系统,是否正确合理绘制系统流程图;是否正确合理按设备管道所在的层数绘出设备、阀门、仪表、配件、介质流向、管径及设备编号。

(4)空调水系统图中冷水机组、末端设备、水泵、分集水器、冷却塔等设备是否符合图例规定;供暖系统图中各设备是否符合图例规定;所有管道是否正确注明管径、坡度、坡向、标高及各设备编号；系统中阀门等配件是否正确绘出。

(5)通风系统图、空调风系统图，系统中各种风机、空调器、调节阀、防火阀、风口、检查口等是否用图例正确表示，是否正确注明规格尺寸、标高及编号。

(6)通风、空调、供暖系统是否正确合理绘出控制流程图，是否正确标明控制点与检测点的联系和控制参数。

(7)各系统图管线走向、风口是否与平面图保持一致，防烟分区、防火分区划分是否与平面图保持一致。

4. 平、剖面图

(1)图例、符号是否符合有关规范要求。

(2)建筑平面图(包括建筑轮廓、主要轴线尺寸、房间名称、预留孔洞尺寸、室内外地面标高、墙体材质、基础尺寸等)是否绘制完整、清楚。

(3)各种管道穿楼板及墙体的孔洞、预埋件、基础、管道竖井是否与建筑、结构专业协调；所有孔洞位置、尺寸是否正确合理标全。

(4)通风、空调、供暖系统平面图是否采用双线绘制风管，单线绘制水管；管线阀件是否按手册、规范要求绘制；管道规格尺寸、风口尺寸、设备尺寸等是否标注清楚，标高是否合理；平面图中的排烟口、补风口、加压风口布置是否符合规范要求；各种设备、消声器、调节阀、防火阀、水管附件、传感器、检查口等各种部件位置及编号、流向等是否正确合理、表示清楚。

(5)平面图中管道是否顺畅，风口、阀件设置位置是否合理；分支管道是否满足系统平衡要求；机房管道设计是否满足布置要求；设备的运输通道、检修空间是否符合要求；管道之间是否存在碰撞或矛盾。

(6)设备、管线安装定位尺寸是否标注齐全正确。

(7)是否进行与相关专业图纸的会签。

(8)防排烟系统设计中防火分区、防烟分区划分是否清晰，是否满足规范要求；系统划分是否满足规范要求，系统设置是否齐全；设备选型、风口布置是否合理；消防有关的设备、阀件、排烟口、加压风口、补风口、排烟窗、固定窗、挡烟垂壁、机房、风管耐火极限等内容是否表达齐全。

(9)安装详图是否正确绘制、表达完整，是否满足设备或材料的功能、安全、检修、安装、消防要求。

(10)核实各设备的安装空间和检修空间。

(11)核实轨行区上方是否设置风阀、风机等设备；隧道内的设备、管线是否满足限界要求，是否有保护运营安全的相关措施。

5. 其他

(1)主要设备材料表中的设备名称、规格、单位量纲是否标注正确清楚，数量是否准确；与平面图、系统图、说明是否一致。

(2)设备选型参数是否恰当，设备布置是否满足操作和检修要求。

(3)所采用的计算公式是否正确，计算书是否完整；使用计算机计算时，计算书是否注明所采用的计算软件名称；所附相应系统简图及输入数据，是否正确合理。

(4)选用的通用图和标准图是否符合相关设计技术要求。

(5)特殊材质及特殊性能是否符合要求。(如防排烟性能、特殊材质、特殊性能要求等)。

7.1.2 审核要点

(1)系统设计及流程是否正确,技术上是否适用、可靠,经济上是否合理。
(2)设计依据、设计标准、计算公式、设计参数是否符合设计规范的要求。
(3)说明书内容有无遗漏,设计依据是否符合主管部门审批意见及相关文件要求;接口设计、资源共享内容是否清晰、合理。
(4)设备的选择、参数的选取是否合理、准确。
(5)系统方案是否合理,图面深度是否满足要求,图册是否完整。
(6)计量单位是否用国家法定计量单位表示。
(7)设计深度是否符合本阶段设计深度的要求。
(8)文件编制是否符合相关规程、规范的要求。

7.2 给排水与消防

7.2.1 校核要点

1. 图纸目录
(1)图号、图名、规格与每张图纸是否一致。
(2)主体、附属等分册出图时,是否在目录页备注内交代图纸交付情况;有设计变更的图纸图号是否修改,是否明确标注"替换原XX号图"或"作废"等备注。

2. 图例及图集
(1)图例是否齐全并符合标准。
(2)选用的国标图集是否为现行版本,编号、名称是否正确。

3. 设计说明
(1)设计依据是否明确,设计规范是否正确合理。
(2)工程概况、设计范围、高程及坐标系统是否说明。
(3)给水、排水、消防等系统方案(包括设备计算选型要求及各类型接口内容)是否交待清楚。
(4)各种设备、管材、接口、支架、防腐、保温等要求是否符合有关规定。
(5)各种管道试压及灌水试验的要求和方法是否正确合理注明。
(6)设备控制等有特殊要求的是否正确说明;人防部分的说明是否符合规定。

4. 平、剖面图
(1)轴线尺寸、房间名称、室内外标高、指北针是否标注齐全,是否与建筑平面相符。
(2)管道的管径和管长是否标注齐全;有坡度的管道是否标注清楚;与市政管网的接口是否标注标高和坐标。
(3)各种进、出户管道平面位置尺寸及编号是否标注齐全。
(4)首层室外管道、化粪池等与外墙的水平距离和标高、坡度是否标注齐全。
(5)化粪池或埋地一体化处理设备(如有)等排水构筑物与新风亭的距离是否满足卫生

标准。

(6)室外排水沟的位置、坡度、尺寸与总图是否一致。

(7)消火栓、水泵接合器等是否满足距离要求,设置位置是否协调。

(8)立管编号及地漏有无遗漏,各层立管位置、编号是否一致。

(9)各排水泵组排水系统图是否标注集水井底、排出管绝对标高,是否标注设备参数及编号。

(10)必要的详图是否已绘制。

(11)室内消火栓、灭火器的位置、数量是否恰当;是否需要设置自动喷水灭火系统,喷头布置及分区是否合理;当消防水压不足或超压时是否采取了合理的解决措施;室内消火栓、消防器材箱等设备安装时是否已按要求预留孔洞。

(12)雨水斗的位置是否合理,与建筑图是否一致。

(13)设备安装位置、尺寸是否标注清楚,有无定位尺寸。

(14)穿过防护密闭门、洗消间的给排水管道,是否按要求设置了防护阀门、防爆地漏和穿墙防护套管。

5. 系统图

(1)系统图与平面图是否相符,与市政及其他系统的接口是否标注。

(2)各层标高、管道标高是否标注齐全,与其他专业是否矛盾。

(3)是否在给水立管和各支管设置阀门,消防管路的阀门设置是否满足规范要求。

(4)给水系统管道及阀门设置是否满足节水、水质及防水质污染的相关规范要求。

(5)排水立管的检查口和通气管等是否按规定设置。

(6)排水支管连接两个以上器具时,是否设置了清扫口及满足有关接管规定。

(7)给排水管道所连接的器具、支管是否绘制齐全。

(8)系统的泄水阀、排气阀是否设置。

6. 其他

(1)是否按规定列出主要设备材料表,设备材料名称、规格、单位是否标注清楚,数量是否正确。

(2)设备选型是否恰当,计算书是否合理完整,是否符合工程实际要求。

7.2.2 审核要点

(1)设计方案是否符合国家有关方针、政策和技术规范、规程,是否符合主管部门的审批意见及有关文件。

(2)设计依据、计算公式、用水量定额等原始资料及运算结果是否正确可靠。

(3)给水系统、热水系统、排水系统、消防系统、污水处理系统等方案是否合理;与室外干管连接是否方便顺畅。

(4)说明书内容有无遗漏,与土建、通风空调、低压配电、火灾自动报警系统(Fire Alarm System,FAS)、楼宇自动化系统(Building Automation System,BAS)等专业接口是否协调,与物业或换乘空间等接口是否得当。

(5)设备选择是否适当;卫生器具是否选用节水型产品。

(6)水质防二次污染措施是否合理;水处理系统设计是否经济、合理。
(7)设计说明、计算数据、系统图、平面图的内容是否一致。
(8)管道布置和阀门位置是否可行,是否方便检修及操作。
(9)人防防护阀门、防爆地漏和防护套管的设置是否符合规范要求。
(10)是否符合现行《建筑工程设计文件编制深度规定》。

7.3 供电

7.3.1 供电

1. 校核要点

1)供电系统

(1)设计说明。

①核查工程概况、设计范围、设计依据正确性;核查设计接口与其他相关专业一致性。

②采用标准、规范应为最新。

③应有图形、图例及相应符号的表达。

④电缆敷设设计原则及设计要求应满足相关规范和总体组下发技术要求。

⑤应明确电缆敷设施工注意事项及电缆接地方案。

⑥应补充施工图与初步设计的方案及工程量对比。

(2)系统图。

①核查供电设施分布示意图中变电所类型的一致性;核查车站名与线路一致性。

②核查中压网络供电系统图变电所类型的一致性;核查车站名、站间距与线路的一致性;检查牵引变电所整流机组设置母线段是否正确,特别注意延伸线工程应补充相邻车站的整流机组设置方案;核查首末两端车站为延伸预留土建条件与变电专业的一致性;核查换乘车站预留线网资源供电条件与线网的一致性;核对变压器数量、容量与变电所专业;核对环网电缆截面;核查主变电所内主接线及主变压器容量及接线型式与当地电网的一致性,有无注明变压器安装容量及远期预留规模。

③核查直流系统图变电所类型与系统设计方案的一致性;核查车站名与线路的一致性;核实牵引供电分区划分、接触网隔离开关设置方案与接触网专业一致性;图纸上不应存在无电区;核查配线方案与行车开放资料一致性。

④核查电缆联系图中电缆起点、终点与系统图的一致性;电缆应无遗漏;核查电缆Ⅰ段、Ⅱ段对应开关柜与变电一次主接线及柜排列和一致性。

(3)平面图。

①车站平面图电缆路径应通畅;核查电缆支架安装高度及空间与规范要求的一致性;电缆应引上、引下标注并给出断面;电缆引上、引下点应正确;图纸中应包含站台板侧墙电缆支架;应体现车站与区间衔接处的大样;电缆支架上电缆摆放顺序应全线原则一致,避免电缆交错。

②核查区间平面图电缆敷设方向一致性;核查区间隧道形式与区间开放资料的一致性;核查区间电缆支架安装高度和支架宽度与限界专业一致性;核查电缆支架与疏散平台接口及关系与对应专业的一致性。

(4)工程量清单。

①结合线路长度、土建方案核对环网电缆、电缆支架、贯通接地体的数量。

②核实是否有漏项,特别是主所至正线车站的电缆支架、防火堵料、电缆试验等工程量。

2)变电所

(1)设计说明。

①应包含工程概况及设计范围。

②应包含设计依据(包括相关设计规范、验收规范、标准和工程文件)。

③应包含设计内容。

④应包含设计接口。

⑤应包含工程简称代码。

⑥应包含主要变电设备供货商。

⑦应包含施工注意事项。

⑧应包含设备代号。

(2)主接线图。

①变电所类型应同系统方案一致。

②进出线起止点应同交流系统图一致。

③设备参数应同柜排列图一致。

④整流机组所在的位置应同系统方案一致。

⑤电缆根数、变比等应同系统方案一致。

⑥变压器容量应同设备材料表、设备布置图一致。

(3)柜排列图。

①柜排列图应同主接线一致。

②开关编号、开关柜编号应同设备平面布置图一致。

③开关柜的用途应同主接线一致。

④设备型号及数量应同主接线图中材料表一致。

⑤柜排列图纸说明是否表达清晰。

(4)设备平面布置图。

①变电所形式(牵混所、降压所、跟随所、设置制动能量回馈装置)应同系统设计一致。

②各设备房内设备数量应同各线下发的变电所房屋单元布置图一致。

③各设备房的相对位置是否合理:高压开关柜室应与整流变压器室、控制室邻近;整流变压器室应与直流开关柜室邻近;回馈变压器室应与制动能量回馈装置室邻近。

④变电所正上方是否有冷水机房、泵房、厕所等积水房间;变电所不宜与以上房间贴邻布置,如有需要采取加强防水措施。

⑤设备房应避免在扶梯三角房范围内,避免上方设备房有下沉式电缆夹层(如有,应重点注意层高应满足设备房要求)。

⑥设备投影范围内底板不应有梁和柱子。

⑦设备距墙及设备间距离是应满足设备操作、维护、检修、巡视、设备运输要求。

⑧设备编号应与主接线保持一致,其顺序应为面向设备操作面从左至右排序。

⑨高压开关柜室应满足：35 kV 开关柜柜前距墙距离≥2300 mm；柜后距墙距离≥1000 mm；柜侧距墙距离≥1000 mm。

⑩直流开关柜室应满足：直流柜与负极柜间距离（距墙距离）≥2300 mm；柜后距墙距离≥1000 mm；柜侧距墙距离≥1000 mm。

⑪整流变压器室应满足：

a. 纵向布置：低压侧距墙距离≥2 m；高压侧距墙距离≥1.5 m；侧面距墙距离≥1 m；设置可用运输门洞尺寸 4.5 m×3.5 m（宽×高）；

b. 横向布置：低压侧距墙距离≥1 m；高压侧距墙距离≥1.5 m；侧面距门距离≥2 m。

⑫0.4 kV 开关柜室应满足：操作面柜间距离≥2300 mm；柜后距墙距离≥1000 mm；柜侧距墙距离≥1000 mm；变压器间距离≥1500 mm；设置变压器可用运输门洞尺寸 3.5 m×3.5 m（宽×高，纵向）或 2.5 m×3.5 m（宽×高，横向）。

⑬单排柜长度超过 15 m 应增加出口；通道应满足设备运输要求。

⑭回馈变压器室应满足：各侧距墙距离≥1 m；设置变压器可用运输门洞尺寸 4.5 m×3.5 m（宽×高，纵向）或 3.5 m×3.5 m（宽×高，横向）。

⑮制动能量回馈装置室应满足：柜前距墙距离≥1.5 m，柜后距墙距离≥1 m；柜侧距墙距离≥1 m；设置可用运输门洞尺寸 2 m×3.5 m（宽×高）。

⑯控制室应满足：柜前距墙≥3 m×2 m[房内应有安装 1.5 m×1 m（长×宽）桌子及配 1 套椅子的安装空间]；柜后距墙距离≥1000 mm；柜侧距墙距离≥1 m；设置可用运输门洞尺寸 2 m×3 m（宽×高）。

⑰检修储藏室应满足：长方形占地面积≥15 m²（3 台地线柜 1100 mm×600 mm）；柜前距墙距离≥2 m，柜后距墙距离≥1 m；柜侧距墙距离≥1 m。

⑱接触网紧急抢修室应满足：长方形占地面积≥20 m²（2 台地线柜 1100 mm×600 mm）；柜前距墙距离≥2 m，柜后距墙距离≥1 m；柜侧距墙距离≥1 m。

⑲设备房内梁下净高应满足要求：整流变压器≥4.2 m；各类开关柜室≥4 m；控制室≥3 m；检修储藏室≥3 m。

(5) 设备开孔图。

①变电所的有效站台对侧端电缆夹层两侧墙若无其他供电电缆开孔，则须为均流电缆预埋横穿电缆夹层的玻璃钢管 2 根，其管径尺寸宜根据电缆外径选择，且不小于 Φ75。

②电缆进出电缆夹层或电缆井时可能穿越站台两侧轨底排风道，风道侧墙应预留孔洞或预埋管管道。

③变电专业埋管要求除穿风道及轨顶外，宜采用玻璃钢管或非磁性钢管；穿风道及轨顶用管若采用三相单芯交流电缆共管敷设应采用非磁性钢管或镀锌钢管破缝处理。

④人孔（800 mm×800 mm）的设置应避开设备正前方、正后方等影响设备操作维护的位置。

⑤牵引变电所的车站底板至区间隧道的侧墙上开孔每侧墙不少于 2 个，参考尺寸 1000 mm×500 mm（宽×高）；降压变电所的车站底板至区间隧道的侧墙上开孔参考尺寸 800 mm×500 mm（宽×高）；孔底标高平轨面。

⑥若变电所设置在非站台层，所有电缆均通过电缆井由站台爬升至站厅设备房时，供电电缆井开孔尺寸应不小于 2500 mm×300 mm，具体尺寸根据具体电缆数量确定。

⑦变电设备房有设置在非站台层时,应独立设置供电电缆井(孔),与低压用强电电缆井分设(孔)。

⑧供电电缆敷设各处转弯或垂直引上、引下时均需考虑转弯半径所需空间,供电电缆转弯半径为 1000 mm。

⑨变电所若为站台外挂式,应核查是否具备电缆上过轨的要求,电缆较多或上过轨不便时,应考虑设置轨底电缆廊道过轨。

(6)电缆敷设图。

①电缆夹层高度≥1900 mm。

②电缆夹层内底板不应有上翻梁。

③电缆夹层内不应有连续隔墙。

④电缆夹层设备投影范围的结构柱应避开电缆敷设路径。

⑤电缆夹层不宜设置在轨底排风道之间。

⑥设备投影均应位于电缆夹层范围内。

⑦整流变压器纵向两侧距离中线 1600 mm 范围内的投影应在电缆夹层范围内。

⑧整流变压器的电缆进线距离墙或格栅的距离≥400 mm。

⑨电缆夹层电缆敷设范围内不应有集水井。

⑩各变电设备房间电缆夹层应贯通,若与 0.4 kV 开关柜室等未贯通,应在设备房附近设置电缆井或设备房内设置电缆进出线孔,满足电缆引上引下进出线要求。

3)接触网

(1)设计说明。

①核实工程的设计依据、引用规范、标准及设计范围、所包括的内容及要求,检查深度及合理性;核实设计输入的完整性;核实设计标准时效性和完整性。

②核实接触网悬挂方案的合理性。

③核实设计环境的准确性,尤其是温度、设计风速、污染程度。

④核实施工要求的全面性,尤其是容易忽略点,需重点说明。

⑤核实钢制零部件防松防腐要求。

⑥核实施工误差要求。

⑦核实所使用的单位的统一性,需符合国家法定计量单位的规定。

⑧核实文字语法的通顺性、准确性,需无错、漏、别字。

⑨核实所选用的各种标准图、通用图以及通用设计说明等与系统图、平面图、安装图的匹配性。

(2)供电分段示意图。

①图形符号,合规性检查,需满足国家标准。

②绝缘分段位置需设置于车站进站端。

③采用隔离开关柜形式时,三级、两级开关的设置形式需合理。

④任意一回上网线路或者开关故障时,需通过支援供电方式保证列车正常运行。

⑤端头站的隔离开关需预留。

⑥需注明上网电缆根数。

⑦需包括可视化自动接地装置。

(3)平面图。

①图纸规格、图标填写需正确。

②比例、标注需清楚。

③图形符号、计量单位、标注方法需符合制图标准。

④核实图纸的完整性(需包含图例、接触网走向、拉出值、跨距、架空地线、安装图号表、工程量表、设计说明、建筑或者线路底图信息、隔离开关、接地跳线等)。

⑤接触网锚段长度需合理,核实拉出值波形的合理性,跨距需合理。

⑥道岔附近悬挂点拉出值设置需保证受电弓平滑运行,防止撞弓现象。

⑦需标注预弯汇流排,包括半径的标注。

⑧核实架空地线接回变电所的电缆是否清晰标注。

⑨选用的各种标准图、通用图及说明需合理、适用。

⑩平面布置底图需包括人防门、防淹门、线路、轨顶风道等关键信息。

⑪图面布置需合理,制图比例和图纸填充量需恰当。

⑫接触网过人防防淹门处时,悬挂点需避免与关门范围冲突。

(4)安装图。

①核实图纸完整性。

②设备和材料的型号、规格、技术参数需表示清楚,数量需准确。

③设备和材料需无漏项,需满足订货要求。

④设备和材料的选用需合理、正确。

4)电力监控及智能运维

(1)设计说明。

①封面扉页应按照文件编制统一规定要求绘制正确,图册编号应遵循总体文件。

②工程概况应与供电系统其他专业一致;工程的设计依据及设计范围应说明清楚。

③工程的设计依据、引用规范、标准及设计范围、接口及分界、注意事项等所包括的内容及要求应说明清楚并正确、合理。

④设计原则应已经涵盖电力监控系统的所有内容。

⑤设计规范及标准不应存在过期规范。

⑥设计接口应涵盖内部接口与外部接口,并应描述完整。

⑦系统架构,系统组成以及系统方案及接口应交代清楚,正确、合理。

⑧系统设计方案应与当地历史既往方案保持一致;相关管理性软件如可视化接地,五防及隔开集中监控系统原则应与既有线方案保持一致,方案应正确、合理。

⑨文字、语法应准确,无错、漏、别字。

⑩项目中的施工要求、设备安装、布线方式应交待清楚,正确、合理。

(2)系统图。

①参照厂商提供图纸进行设计的,其图与制造商提供系统图应一致,不同之处理由应充分。

②应符合初步设计原则。

③系统中主要设备部分(如主站、分站、网络、现场设备、电源、接地等)应齐全。

④图形符号应正确。

⑤接口数量与接口位置应与接口文件保持一致;智能运维系统传感器以及现场智能电子设备(Intelligent Electronic Device,IED)的接口数量不应超最大允许接入值。

(3)平面图。

①各设备应无遗漏,位置应正确,前后左右空间应足够,应留出运输通道。

②线缆走向应合理,不穿过不允许的房间和空间。

③线缆敷设方式应正确,管道、桥架、线槽、埋设应有所交待;强、弱电敷设应分开。

④线缆编号、根数应正确。

⑤图形符号选择应正确,接地不应有遗漏。

⑥应绘制建筑的轴线标注。

(4)端子排图。

①端子定义应描述正确;控制电缆两头端子短号连接应连接正确。

②控制电缆联闭锁关系应与系统运行方式保持一致。

(5)工程量清单。

①线缆应有型号解释说明。

②线缆规格应与前面端子排图以及电缆清册中选型一致。

③控制电缆应考虑预留足够的备用芯。

5)杂散电流腐蚀防护及接地

(1)设计说明。

①工程概况应保持与供电系统其他专业的一致性。

②工程的设计依据、引用规范、标准及设计范围、接口及分界、注意事项等所包括的内容及要求应说明清楚、正确合理。

③设计原则应涵盖杂散电流防护与接地的所有内容。

④设计规范及标准不应存在过期规范、标准。

⑤设计接口应涵盖内部接口与外部接口、应完整,并保持与其他专业的一致性。

⑥牵引回流系统组成、钢轨形式、均回流电缆设置方案应交待清楚、正确合理。

⑦杂散电流防护方案(如收集网、监测网设置方案、端子预留原则)应交待清楚、正确合理;应根据工程实际涵盖所有结构形式的防护措施,如地下一般区段、不同工法桥梁结构、盾构区间、明挖区间等。

⑧停车场/车辆段杂散电流腐蚀防护措施及方案应交待清楚、正确合理。

⑨杂散电流监测系统方案、端子设置原则应交待清楚、正确合理。

⑩所使用的单位应统一,应符合国家法定计量单位的规定。

⑪文字语法应准确,无错、漏、别字。

(2)正线负回流系统图中车站名及变电所形式、回流电缆回数及根数应与供电系统图一致;轨电位设置数量应与变电所专业文件一致;渡线及道岔设置应与接触网电分段一致;同一行两根钢轨之间均流电缆连接里程表应完整;设计说明中电缆规格及型号应正确合理;均回流电缆设置原则应完整、正确合理。

(3)均回流箱大样图中均回流箱尺寸、铜排布置尺寸、内部结构图、铜排与箱体的距离等应标注清楚;引线方式及数量应与负回流系统图一致;安装支架大样图应与安装方式匹配;设计说明中均回流箱防护等级、规格型号、材质、开门方向等应正确合理。

(4) 车站均回流电缆布置平剖面图中图形符号、计量单位、标注方法应符合制图标准;图形符号应符合国家标准;设备安装图及大样图比例应恰当、标注清楚,尺寸无错漏;比例、轴线、标高(或层高)、房间名称应正确、标注清楚;设备及敷设路径布置合理,与其他工种管道无矛盾;均回流箱设置里程、均回流电缆敷设里程及方式、过轨方式、均回流电缆规格型号应标注清楚。

(5) 杂散电流防护原理图中收集网、监测网、排流系统、监测系统设置应合理正确,典型断面与实际工程相符。

(6) 杂散电流监测系统架构图中杂散电流监测点名称、至数据传输骨干网的通信通道、数据传输骨干网类型、数据处理后台、与各专业的接口分界[监控与数据采集系统(Supervisory Control and Data Acquisition,SCADA)、综合监控、通信等]应清晰准确。

(7) 杂散电流监测系统图中图例完整、数据传输通道、后台设置及测量端子、参比电极应标注正确;区间工法应标注清楚。

(8) 监测系统电缆联系图中通信电缆、电源电缆型号规格应标注清楚;电缆连接与走向应正确;传感器与参比电极、钢轨、测试端子的连接应标注清楚;设计说明中监测装置与传感器/SCADA、监测装置与排流柜的通信方式以及电缆敷设方式应合理正确;监测装置、传感器电源方式应合理正确。

(9) 智能传感器、监测装置、微机管理系统、参比电极等设备安装图应与设计联络之后的深化图一致。

(10) 监测装置安装平面图中单独安装的监测装置需提供安装平面图,安装位置、设备尺寸、监测装置电缆敷设路径应完整合理。

(11) 停车场/车辆段负回流系统图中图例应完整正确;既有股道与预留股道应标注清晰,预留股道与本期同期实施需明确;回流点设置、单向导通装置、轨电位、接地点设置应合理;电缆规格型号应标注清楚;若为二期工程,与一期工程的接口应表达清楚;镟轮库、大架修库等特殊股道钢轨绝缘及接地方式应根据工艺提资合理设置。

(12) 停车场/车辆段均回流电缆布置图中各设备及电缆设置里程表应表达完整清楚,若信号制式采用轨道电路,回流轨设置应标注清楚。

(13) 停车场/车辆段电缆安装断面图中断面形式与实际工程应一致;电缆敷设标高及规格型号应标注清楚;电缆敷设方式应正确合理。

(14) 光电传感器布置图中导通装置通过光电传感器进行消弧启动判据,应补充光电传感器布置图,光电传感器的布置方式及位置、工作原理应合理有效。

(15) 单向导通装置安装图中安装基础(碎石道床与整体道床安装基础)应结合库外道床型式合理设计;单向导通装置安装基础尺寸、大样、设备正面与侧面尺寸应正确、标注清晰;单向导通装置安装方向、防护等级、技术要求应明确。

(16) 电缆与钢轨连接示意图中连接方式应正确合理,连接技术应完整正确;道岔区无法钻孔区域电缆连接方式应合理。

(17) 钢轨轨缝回流接续线安装示意图中普通接头与电连接处电缆规格型号应正确、标注清楚;单开道岔与交叉渡线处接续线设置应合理、无缺漏;电缆长度统计除统计常规一般轨缝、单开道岔与交叉道岔的电缆工程量外,应注意高架段短轨、场段短轨、停车线的设置,应结合轨道对轨缝的返资进行统计,避免遗漏。

(18)主要工程数量表。
①设备和材料的选用应合理、正确。
②设备和材料的型号、规格、技术参数应表示清楚,数量准确。
③设备和材料应无漏项,满足订货要求。
④进口设备和器材的技术参数应准确,能满足招标要求。
⑤设备及材料数量合理,与上一阶段工程量应无较大出入。

6)供电车间
(1)核实是否包括工程概况及供电技术方案的内容。
(2)核实配置的工器具是否与供电牵引制式匹配,是直流还是交流制式。
(3)核实配置的工器具参数是否有指向性,是否违反甲方的招标要求。
(4)核实配置的轨道车数量及配置是否与车辆段工艺有沟通,是否匹配及满足运营需求。

2. 审核要点
1)供电系统
(1)系统设计及流程应正确。
(2)系统方案应满足功能需求。
(3)设计内容不应遗漏、设计接口不应遗漏。
(4)设计深度应符合本阶段设计深度的要求。
(5)各种计算参数、设备数量应正确、合理。

2)变电所
(1)设计说明应表达正确,内容完整,接口描述清晰。
(2)变电所类型应同系统方案一致。
(3)主接线、柜排列及设备平面布置图三者应完全对应。
(4)设备平面布置应满足规程、规范要求,同时满足强制性条款的要求。
(5)电缆敷设路径应合理,不应与其他专业管线冲突。

3)接触网
(1)设计说明需详细明确,设计内容及接口需交待清楚。
(2)设计文件及图纸齐全,设计深度需符合施工图设计深度的要求。
(3)设计需符合国家有关方针、政策和技术规范、规程的要求,需符合初步设计的审批意见及有关文件。
(4)各种设计参数需正确、合理。
(5)设备布置及线路敷设需安全、合理,与其他管道需无矛盾,需便于施工和维修、安装,大样图需齐全。

4)电力监控及智能运维
(1)设计说明应详细明确,与其他单位合作分工的有关项目,内容应交待清楚。
(2)设计文件及图纸应齐全,应符合现行《建筑工程设计文件编制深度规定》中的有关规定,以及经业主批准的本工程文件组成与内容、文件编制统一规定等。

(3)设计应符合国家有关方针、政策和技术规范、规程,应符合初步(扩初)设计的审批意见及有关文件。

(4)各种计算公式、计算参数应正确、合理。

(5)系统接线及二次回路接线应合理和安全可靠,设备安装(包括平、剖面)图应齐全。

(6)系统保护方式及控制原理应正确、可靠,主要设备、器材的选用应恰当。

(7)设备布置及线路敷设应安全、合理,与其他管道无矛盾,应便于施工和维修、安装,大样图应齐全。

(8)设计说明、计算数据、系统图、平面图的内容应一致。

(9)技术要求应符合招标原则;系统功能应有明确验证要求。

5)杂散电流腐蚀防护及接地

(1)设计说明应详细明确,与其他单位合作分工的有关项目,内容应交待清楚。

(2)设计文件及图纸应齐全,应符合现行《建筑工程设计文件编制深度规定》中的有关规定,以及经业主批准的本工程文件组成与内容、文件编制统一规定等。

(3)设计应符合国家有关方针、政策和技术规范、规程,应符合初步(扩初)设计的审批意见及有关文件。

(4)各种计算公式、计算参数应正确、合理。

(5)系统接线及二次回路接线应合理和安全可靠,设备安装图(包括平、剖面图)应齐全。

(6)系统保护方式及控制原理应正确、可靠,主要设备、器材的选用应恰当。

(7)设备布置及线路敷设应安全、合理,与其他管道不矛盾,应便于施工和维修、安装,大样图应齐全。

(8)设计说明、计算数据、系统图、平面图的内容应一致。

(9)进口设备和器材应用遵循技术先进,应符合国情,技术要求应符合招标原则。

6)供电车间

(1)供电车间的人员配置、房间设置、工器具配置应与线路的规模、段场设置及变电所数量、接触网数量相匹配。

(2)工器具及轨道车类的总概算指标应与线路规模相适应。

7.3.2 低压配电

1. 校核要点

1)文件编制完整性、规范性与格式

(1)封面。

工程名称、单位资质编号、单位名称、日期、篇编号及册编号等内容是否正确。

(2)图签。

①目录图纸名称、编号与图纸图签栏是否一致。

②工程名称、设计阶段、项目编号、日期是否正确。

③各签署栏是否齐全。

(3)格式规范。

①格式是否统一。

②字体大小是否合适,字高是否统一。
③文字是否有乱码。
④所有文件和图纸是否满足标准化要求。
2)土建接地
(1)设计说明。
①引用的规范、标准名称是否正确,规范号是否过期;引用的政府或业主审查文件文号是否正确。
②是否有关于土壤电阻率、接地网面积及人工接地网接地电阻值计算值的相关描述,核实是否满足接地电阻要求,如不满足是否采取相关降阻措施。
③接地预埋钢板设置是否按照总体统一要求预留。
(2)接地网平面图。
①接地网横向、竖向、圆角是否有标注并能定位;垂直接地体、接地引上线是否有标准并能定位。
②水平接地网网格(包括横向和竖向)是否不小于5 m,接地网圆角处半径是否不小于5 m。
③水平接地网距结构底板(包括凸出底板处)是否满足不小于0.8 m。
④垂直接地体沿接地体距离是否不小于垂直接地体长度的2倍(不小于5 m)。
⑤强、弱电接地引出线沿接地体距离是否不小于20 m。
⑥引出线是否设置在电缆夹层中,并避开了风道、墙体、柱体、梁、基坑和水沟。
⑦引出线的设置位置是否合适;强、弱电引出线是否分别在强、弱电井附近。
⑧接地母排的设置数量和关系与"综合接地概念图"是否一致。
⑨接地母排的设置位置是否与通用图要求一致。
(3)综合接地概念图。
①接地引上线、接地母排数量、编号与平面图是否一致。
②是否根据变电所类型和数量选择了合适的通用图。
③是否有预留与自然接地体连接用的接地引出线。
(4)设备材料表和工程数量表。
①核实水平接地体、垂直接地体是否均为T2紫铜。
②核实放热焊点数量是否按照总体计算要求进行统计。
③核实是否采用降阻剂或换土方案,没采用应取消相关设备材料及工程数量。
3)动力配电册(含机电接地、环控配电、区间动力)
(1)设计说明。
①工程概况中是否有车站整体情况信息(层数、型式、类别、换乘方式等),是否有主要低压设备用房设置情况的描述。
②设计范围中是否有对本册图纸主要包含内容的描述,是否有区间设计分界里程内容。
③引用的规范、标准名称是否正确,规范号是否过期。
④与相关专业接口内容是否与总体下发的接口文件内容一致。
⑤等电位接地端子板(箱)的设置原则、安装高度是否与通用图要求一致;不同用处的接地电缆型号规格(总等电位连接、局部等电位连接、辅助等电位连接等)是否与通用图要求一致。

⑥出入口、风亭、冷却塔、室外机等地面建筑的防雷设计是否按照通用图要求设计。

⑦负荷分级划分是否正确,各不同类负荷配电方式描述是否正确。

⑧正常运行情况下,各用电设备端子电压偏差数值是否满足规范要求。

⑨图例及编号原则是否按照总体统一要求设计。

⑩区间维修电源和区间水泵配电线路较长,接地故障电流较小,核实回路断路器瞬时或短延时过电流脱扣器能否满足灵敏性要求,是否需要采用带接地故障保护的断路器。

⑪是否有语句不通顺或字体重复、错误等问题。

⑫出图前对未稳定或未出图部分内容是否有补充说明:"由于……未稳定,本次……图仅以目前最新……方案为基础出图,如有变化,此部分低压配电内容随之调整"或"由于……未稳定,此部分……图纸待稳定后再补充出图"等。

(2)主接线图。

①变电所类型和数量与本车站实际情况是否一致。

②变电所馈出负荷情况与本站实际情况是否一致如有时会出现跟随所端无环控三级负荷,但主接线图中仍然有馈出至环控三级负荷内容。

③有单独设置推力风机和射流风机配电室的车站,主接线图中勿遗漏此部分环控负荷的配电接线形式。

④环控负荷统一划分为节能环控和环控,勿再出现"智能环控"和"环控"字眼;主接线图中应按照"节能环控"和"环控"分开接线。

⑤备注说明中开关编号与主接线图中开关编号是否一致。

(3)智能低压组网图。

①变电所数量是否与车站实际情况一致。

②除变电所、环控电控室柜内采集点所在回路编号不用具体表达外,其他外部所有采集信号点(配电箱内智能仪表、双电源切换箱、配电箱内风机配电回路、风机智能控制箱)的箱编号是否都已详细表达,并且接线顺序和平面组网图是否保持一致。

③各不同通信线图例是否有区别,通信线型号规格是否备注说明清楚。

(4)变电所动力干线图。

①是否所有由变电所馈出的第一级配电箱及配电分箱都已在干线图中体现。

②不同类型配电箱图例是否和通用图要求一致;非低压提供的配电箱图例是否与低压负责配电箱图例区分开来。

③二、三级小动力是否按照通用图要求采用链式配电,链式配电关系是否在干线图中已体现。

④干线图中区间维修电源箱数量是否正确。

⑤环控配电是否已将节能环控部分分开。

⑥消防动力负荷配电方式是否按照通用图要求设计,是否已与普通一级负荷分开配电。

⑦干线图中配电箱容量、编号、名称是否与箱系统图、平面图中一致。

⑧高压细水雾泵和稳压泵是否已按照通用图要求设计;高压细水雾应由变电所两段母线分别馈出一路电源至给排水专业自带高压细水雾切换箱(柜);稳压泵应由两个消防动力箱分别馈出一路电源至给排水专业自带稳压泵切换箱。

⑨是否遗漏区间水泵配电。

(5)柜排列图。

①电缆型号是否符合通用图要求,电缆规格是否跟回路开关整定值相匹配;开关整定值是否与回路计算电流相匹配。

②环控、水泵、电梯、维修电源是否采用3+2型电缆;照明、扶梯、弱电系统、小动力是否采用4+1型电缆。

③变电所馈出至环控一级负荷母线是否采用耐火密集母线;变电所内(包括环控电控室内)母联母线是否为阻燃密集母线。

④变频风机是否采用专用变频电缆。

⑤排列图中负荷排列顺序及占用空间、每面柜备用回路数量是否严格按照通用图要求执行。

⑥冷水机组与对应的冷水系统配套设备是否由变电所同一段母线配电。

⑦节能环控设备配电方式是否与通用图要求一致;节能环控一级负荷应由环控一级负荷母线段配电,节能环控二、三级负荷应由变电所一/二、三级负荷母线段配电。

⑧风机及其联动风阀是否按照通用图要求设置在同一回路中。

⑨距离环控电控室超过100 m的射流风机、推力风机是否就地设置切换柜(箱);总计算电流超过630 A采用单母分段配电方式,小于或等于630 A采用双电源切换配电方式。

⑩变电所总进线、环控一级负荷总进线开关整定值是否按照最大工况选择,是否能躲过各种工况下的风机正常启动电流。

⑪变电所和环控馈出电缆截面积是否满足热稳定要求。

(6)箱系统图。

①箱系统图排列顺序是否跟通用图一致。

②所有箱系统图[包括断路器大小(塑壳电流不变,整定值可调)、类型、馈出回路数量等]是否与"配电箱标准图"中对应的箱系统图一致。

③车控室、站台门、应急电源系统(Emergency Power Supply,EPS)进线断路器是否选用3P开关。

④安检配电箱是否每端设置一个,由一级小动力切换箱配电。

⑤变电所检修电源是否由一级小动力切换箱配电。

⑥风亭、冷却塔等集水泵是否就地设置水泵开关箱,并由就近端一级小动力切换箱配电。

⑦典型站是否在扶梯配电箱每台扶梯回路,水泵配电箱每个水泵回路,电梯配电箱每台电梯回路,出入口电源箱的安全卷帘门回路、水泵回路增加智能电表。

⑧配电箱进线电缆及回路编号是否与柜排列图一致。

⑨采用链式配电的配电箱编号顺序是否与干线图、平面图对应。

⑩战时新风亭、排风亭人防清洁式通风电控柜配电是否已从就近端二级小动力箱预留电源。

⑪安装在公共区外墙结构墙处的配电箱(出入口电源箱、出入口扶梯箱、电梯配电箱)、室外配电箱、区间水泵配电箱箱体是否采用304号不锈钢。

⑫室外配电箱、出入口电源箱是否设置电涌保护器。

⑬配电箱编号原则与设计说明是否一致。

(7) 平面图(含动力、环控、插座配电平面图和机电接地平面图)。

①图纸规格、比例、轴线、房间名称是否正确,标注是否清楚。

②字体大小是否符合制图标准。

③所有配电设备及其配电线缆走向是否在平面图中完整表达;配电箱编号是否与干线图、箱系统图中一致。

④消防电缆与非消防电缆是否分开不同桥架敷设;消防电缆采用矿物绝缘电缆+T式桥架敷设(或直接裸敷)或耐火电缆+耐火槽式桥架敷设;非消防电缆采用阻燃电缆+普通槽式桥架敷设;电房内是否全部采用T式桥架。

⑤距离环控电控室超过100 m的消防风机(如出入口排烟风机)是否就地设置了切换箱。

⑥电缆井是否分别在两对侧墙上预留了长方形孔,一侧走非消防负荷,一侧走消防负荷(消防负荷采用矿物绝缘电缆)。

⑦变电所在站台层的,是否采用下进下出线方式(密集母线全部采用上出线方式);变电所不在站台层且无电缆夹层的,是否统一考虑了供电使用桥架;勿遗漏变电所内二次电缆桥架。

⑧车控室端照明配电室是否设置双开门。

⑨整合不间断电源(Uninterruptible Power Supply, UPS)两个房间名称是否统一为"整合UPS室一""整合UPS室二",其中,整合UPS室二为电池室。

⑩区间射流风机就地配电房名称是否统一为"射流风机配套用房"。

⑪动力配电平面图中是否体现密集母线敷设路径。

⑫勿遗漏电缆夹层中支架敷设平面图,应标明哪些由供电专业负责,哪些由低压负责。

⑬区间配电电缆截面是否满足压降要求。

⑭勿遗漏室外机、冷却塔风机等设备配电。

⑮配电回路编号与柜系统图是否一致。

⑯勿遗漏风机或风阀配电。

⑰环控节能设备配电平面是否按照统一要求分开单独出图。

⑱疏散楼梯间不用设置插座,勿遗漏冷却塔、室外机处维修电源箱和插座。

⑲核实每回路插座数量,每回路数量尽量在6~10个之间。

⑳18/22站台轨行区走廊不得走任何管线,勿遗漏轨行区走廊内插座、照明的预埋管。

㉑严格按照通用图要求采用轨底过轨方式,勿遗漏给轨道专业进行过轨预埋管提资。

㉒卫生间是否设置干手器插座、除臭装置插座;茶水间是否设置直饮水开关箱。

㉓机电接地平面图中弱电等电位端子箱编号、接线顺序与接地母排环形接线示意图是否一致。

㉔接地端子箱设置位置与通用图要求是否一致。

(8) 电气设备布置图。

①是否有轴号、尺寸标准及图纸比例。

②单排柜长度超过15 m是否增加出口。

③通道是否满足设备运输要求。

④变电所、环控电控室是否满足至少预留一面柜位的要求。

⑤环控电控室内是否预留足够BAS柜空间。
(9)电缆明细及设备材料表。
①勿遗漏配电总箱至分箱的电缆明细。
②勿遗漏整合UPS至各弱电系统的电缆明细。
③环控柜内控制电缆(如风机与联动风阀的控制电缆)由柜厂家提供,不必统计。
④勿遗漏变电所内母联密集母线,变电所内连接柜之间的密集母线统计;勿遗漏母线弯头统计。
(10)电气火灾监控系统图。
①备用回路不必设置电气火灾监控探测器,勿过多设置。
②有跟随所的车站,结构图中勿遗漏跟随所内部分内容。
③每面柜内统计的电气火灾监控探测器数量应与柜排列图中设置数量一致。
4)设备区照明册
(1)设计说明。
①设计内容和范围是否与通用图要求一致。
②区间设计分界里程是否与总体下发的"区间分界里程表"中里程一致。
③引用的规范、标准名称是否正确,规范号是否过期。
④不同照明电压等级描述是否正确如疏散照明DC36V,站台板下安全照明AC24V。
⑤备用照明、疏散照明配电方式是否与通用图要求一致。
⑥普通照明、备用照明、疏散照明控制方式是否与通用图要求一致。
⑦照度标准是否与通用图要求一致。
⑧设备选型和安装是否涵盖所有照明灯具的选型和安装要求。
(2)箱系统图。
①箱系统图排列顺序是否跟通用图一致。
②所有箱系统图[包括断路器大小(塑壳电流不变,整定值可调)、类型、馈出回路数量等]是否与"配电箱标准图"中对应的箱系统图一致。
③设备区走廊、站台板下安全照明是否纳入智能照明控制。
④设备区照明是否直接由变电所馈出电源。
⑤安全照明箱系统图是否已补充变压器低压侧至箱母排的电缆规格。
⑥核实是否按照普通照明采用热浸镀锌碳素结构钢电线管,应急照明采用低压流体输送用精密热浸镀锌焊接钢管要求设计。
⑦设备区、区间疏散照明方案是否与通用图要求一致。
⑧箱进线电缆规格及回路编号是否与柜排列图、EPS系统图中一致。
⑨不同配电箱箱体材质及防护等级系统(Ingress Protection,IP)等级是否与"配电箱标准图"一致。
(3)照明配电平面图。
①图纸规格、比例、轴线、房间名称是否正确,标注是否清楚;字体大小是否符合制图标准。
②楼梯间照明配电图中楼梯编号是否与车站照明平面图中一致。

③设备区走廊疏散照明与普通照明灯具是否在一侧布置。

④防烟楼梯间前室及合用前室的疏散照明电源是否引自前室所在楼层的应急照明集中电源箱。

⑤封闭楼梯间、防烟楼梯间、室外疏散楼梯是否单独设置配电回路。

⑥是否按照通用图要求执行(排烟机房、补风机房、消防泵房、高压细水雾泵房、车控室、应急照明电源室、0.4 kV低压开关柜室、环控电控室、控制室、高压开关柜室设置100%备用照明)。在重要系统设备房(0.4 kV低压开关柜室、环控电控室、整合UPS室、弱电系统设备房、消防泵房、加压及排烟机房、有检修需要的风道等)设置疏散照明。

⑦核实疏散照明与普通照明或备用照明位置是否有冲突;核实房间内灯具是否在设备正上方。

⑧区间道岔区是否增设加强照明。

⑨用于联络通道隧道壁的疏散出口标识灯是否采用三角柱疏散出口标志灯。

⑩核实当两个防火分区需要互相借用疏散时,是否在两个安全出口门设置"疏散出口""禁止入内"标志灯。

⑪设备区走廊疏散指示标志灯间距是否不超过10 m,转角处不超过1 m。

⑫疏散指示方向与疏散方向垂直时,是否在吊顶位置已补充疏散指示标志。

(4)区间照明配电示意图。

①核实区间照明配电电线/电缆截面是否满足压降要求。

②区间应急照明配电方案是否与总体统一要求一致。

③区间设计分界里程是否与总体下发统一文件一致。

④勿遗漏区间应急照明箱至应急照明集中控制器的通信电缆。

5)公共区照明

(1)设计说明。

①设计内容和范围是否与通用图要求一致。

②引用的规范、标准名称是否正确,规范号是否过期。

③照明负荷分类及配电方式是否与总体统一要求一致。

④照明标准是否满足规范要求。

(2)箱系统图。

①典型站是否在照明总箱馈出的每组回路增加智能电表。

②核实是否有站外公交站广告照明箱。

③广告照明箱进线处勿遗漏智能表计。

(3)平面图。

①图纸规格、比例、轴线、房间名称是否正确,标注是否清楚;字体大小是否符合制图标准。

②核实公共区不同区域疏散照明地面最低水平照度是否满足规范要求。

③广告照明每回路是否不超过6套广告灯箱,并且三相平衡。

④核实公共区集中电源是否与设备区集中电源分开设置。

⑤核实出入口安检插座数量是否与通用图要求一致,安装位置是否和装修配合。

⑥核实公共区导向牌数量、类型及位置是否与装修图一致。

⑦智能照明平面图中,核实每个数字可寻址照明接口(Digital Addressable Lighting Interface, DALI)网关所带灯具数量是否控制在40盏灯左右且每回路DALI总线长度控制在200 m以内。

(4)设备材料表。

①勿遗漏智能照明通信电缆及穿管数量。

②勿遗漏区间应急照明箱至应急照明集中控制器的通信电缆及穿管数量。

(5)智能照明系统图。

①核实每个DALI回路所接灯具数量是否为40套左右,每个回路长度不超过300 m。

②核对DALI回路数,是否每端至少预留了1~2个备用回路。

③核实每个区域配电箱的开关控制模块回路数是否满足各自车站的回路控制需求。

④核实智能照明照度传感器、红外传感器、智能面板等主要零部件数量与平面图中是否一致。

⑤核实智能照明系统内部各类组网通信线线型是否为低烟无卤阻燃。

2. 审核要点

1)文件编制完整性、规范性

(1)设计文件及图纸是否齐全,是否符合现行《建筑工程设计文件编制深度规定》中的有关规定及经业主批准的本工程文件组成与内容、文件编制统一规定等。

(2)设计是否符合国家有关方针、政策和技术规范、规程,是否符合初步设计的审批意见及有关文件。

(3)所使用的单位是否统一,是否符合国家法定计量单位的规定。

(4)所选用的各种标准图、通用图以及通用设计说明等与系统图、平面图、安装图是否相符。

2)设计说明

(1)设计说明是否详细明确;与其他单位合作分工的有关项目,内容是否交待清楚。

(2)文字、语法是否准确;有无错、漏、别字。

(3)各种计算公式、计算参数是否正确、合理。

(4)系统保护方式是否正确、可靠;主要设备、器材的选用是否恰当。

(5)设备布置及线路敷设是否安全、合理,与其他管道有无矛盾,是否便于施工和维修、安装;大样图是否齐全。

(6)室外部分的各种电气设备装置、电气线路敷设等是否交待清楚,是否正确、合理。

(7)电力负荷计算及功率因数补偿方式、数据是否交待清楚,是否正确、合理。

(8)防雷接地装置的接地电阻值及其安装方法是否交待清楚,是否正确、合理。

(9)消防设施及保证供电措施是否合理、安全可靠。

(10)节约能源的技术措施是否切实可行。

(11)远期发展与近期需要是否相结合,设计的技术经济指标是否先进、合理。

(12)设计说明中计算数据与系统图、平面图的内容是否一致。

3)系统图

(1)是否进行负荷计算,应校验低压系统图的母线动热稳定,电缆热稳定,断路器、电流互感器等设备动热稳定。

(2)检查低压系统图中保护元件、回路编号、容量以及各种电气设备箱(盘)编号等的标注是否正确齐全。

(3)起动控制设备的选择是否正确;系统上下级的保护设备及保护元件与被保护的导线截面(包括控制线路)是否相配合。

(4)系统图的回路编号、导线型号、规格、根数以及敷设方式是否标注清楚,与平面图是否一致。

(5)导线型号、截面的选择是否合理、适用;线路电压降是否符合规范、规程的要求。

(6)图形符号是否符合国家标准。

4)平面图

(1)图纸规格、图标填写是否正确,有无错漏。

(2)比例、轴线、标高(或层高)、房间名称是否正确,标注是否清楚。

(3)图形符号、计量单位、标注方法是否符合制图标准。

(4)各层平面的回路编号、设备编号、各种有关电气设备的箱(盘)编号、敷设方式与系统图是否一致。

(5)各层平面的各种灯具、插座、开关、按钮以及有关电气设备箱(盘)等的安装位置、安装高度以及安装方式是否标注清楚,与设计说明是否一致。

(6)设备及线路布置是否合理,与其他工种管道有无矛盾;引上、引下立管或电缆井位置是否清楚,各层平面上下层位置是否相符,是否便于施工和维修;暗敷线管有否影响结构强度及超过垫层所允许的厚度;有无无关管道穿越配电房。

(7)设备安装图(包括平、剖面图)及大样图比例是否恰当,标注是否清楚,尺寸有无错漏。

(8)图面布置是否合理,制图比例和图纸填充量是否恰当。

5)设备材料表

(1)设备和材料的选用是否合理、正确。

(2)设备和材料的型号、规格、技术参数是否表示清楚,数量是否准确。

(3)设备和材料有无漏项,是否满足招标或订货要求。

6)智能低压组网系统图

(1)低压与各系统接口分界是否正确。

(2)组网图中是否有遗漏内容未表达(如在线检测系统、高压电能数据及典型车站电能计量管理系统的配电箱内电能数据采集是否体现在组网图中、消防电源监测信息是否体现在组网图中等)。

7)电气火灾监控系统图

(1)与综合监控接口界面是否正确。

(2)对于有跟随所的车站,跟随所内探测器距离主机较远,核实所采用的现场总线是否满足传输距离的要求。

8)智能照明控制系统图

(1)与综合监控的接口界面是否正确。

(2)落实本站是否有调颜色功能,如有则落实是否有调颜色系统(DMX512系统)内部组网图以及与智能照明主机的接口表达。

7.4 机电一体化

7.4.1 站台门

1. 校核要点

1)设计说明

(1)工程的设计依据、引用规范、标准及设计范围、所包括的内容及要求是否说明清楚,是否正确、合理,规范引用是否为现行。

(2)站台门总长、非标滑动门开度、端门滑动门开度、环境温度、荷载条件是否与合同及设计联络纪要一致,是否正确、合理。

(3)滑动门、固定门,侧盒(如有)、应急门数量、站台门主要结构参数是否合同及设计联络纪要一致,是否正确、合理。

(4)站台门主要性能参数与是否合同及设计联络纪要一致,是否正确、合理。

(5)后备电源时间是否明确,指标是否与合同及设计联络纪要等一致。

(6)核查防夹装置、绝缘及接轨、接地等要求是否符合规范及与合同及设计联络的一致性。

(7)核实站台门进线开关容量与低压接口是否明确,与低压馈线开关是否匹配等。

(8)与相关专业接口是否描述清晰,接口界面、接口形式、接口分工、接口协议等是否明确,相关内容是否与专业接口提资一致。

(9)所使用的单位是否统一,是否符合国家法定计量单位的规定。

(10)图面是否整洁、清晰;文字、语法是否准确,有无错、漏、别字。

2)系统图

(1)站台门总体布置是否正确,应急门的设置是否合理,相关尺寸是否标注完整。

(2)站台门土建预留预埋条件图纸是否与机电对土建要求提资一致。

(3)站台门控制系统图是否与合同及设计联络纪要一致,是否考虑冗余,电缆有无备用等。

(4)站台门进线开关容量、电源系统模块数量、蓄电池容量、开关规格型号、导线型号、电缆截面的选择是否合理、适用;线路电压降是否符合规范、规程的要求。

(5)门体限界、防踏空胶条限界、瞭望灯带限界是否满足限界要求,有无限界正式提资单。

(6)采用曲线站台时,站台加宽的起点、终点、加宽量是否标注清晰、完整,站台门的相关限界值标注是否正确。

3)平面图

(1)图纸规格、图标是否填写正确,有无错漏。

(2)比例、轴线、标高(或层高)、房间名称是否正确,标注是否清楚。

(3)图形符号、计量单位、标注方法是否符合制图标准。

(4)各层平面的门体布置(含各类门体)、应急门布置是否合理、正确,与系统图是否一致。

(5)设备及线路布置是否合理,与其他工种管道有无矛盾;引上、引下立管或电缆井位置是否清楚,各层平面上下层位置是否相符,是否便于施工和维修;暗敷线管有否影响结构强度及超过垫层所允许的厚度;有无无关管道穿越配电房。

(6)设备安装图(包括平、剖面图)及大样图比例是否恰当,标注是否清楚,尺寸有无错漏。

(7)设备房柜子的布置是否满足规范要求,前后间距是否合理,柜子上方是否存在空调风口。

(8)柜子的进出线方式是否正确,是否有静电地板,并与相关专业提资一致。

(9)图面布置是否合理,制图比例和图纸填充量是否恰当。

(10)核查站台门就地控制盘(Platform Screen Doors Local Control Panel,PSL)、瞭望灯带等设置位置;核实行车方向、上下行等说明是否正确。

4)设备材料表

(1)设备和材料的型号、规格、技术参数是否表示清楚,数量是否准确。

(2)设备和材料有无漏项,是否满足合同要求。

2. 审核要点

(1)设计是否符合国家有关方针、政策和技术规范、规程,是否符合审批意见及有关文件。

(2)站台门总体布置图是否合理,是否符合相关规范等要求。

(3)站台门控制系统方案是否清晰,相关要求是否符合合同及设计联络纪要。

(4)电源系统方案是否合理、正确。

(5)设计说明、主要技术参数、系统图、平面图的内容是否一致。

(6)校核意见是否进行了相应修改。

(7)协调设计人与校核人之间的不同意见,是否作出处理。

7.4.2 电扶梯

1. 校核要点

(1)工程的设计依据、引用规范、标准及设计范围、所包括的内容及要求是否说明清楚,是否正确、合理。

(2)主要设计原则、主要设计参数、设计接口及界面是否与工程相符。

(3)所使用的单位是否统一,是否符合国家法定计量单位的规定。

(4)文字、语法是否准确,有无错、漏、别字。

(5)图纸目录是否一致。

(6)图纸规格、图标填写是否正确,有无错漏。

(7)比例、轴线、标高(或层高)、房间名称是否正确,标注是否清楚。

(8)图形符号、计量单位、标注方法是否符合制图标准。

(9)总平面图中设备数量是否与设备清单一致,总平面图内容是否与具体安装布置图一致。

(10)具体安装布置图平剖面是否完整、准确;提升高度是否与上下端标高之差、井道全长对应;设备的平面布置是否合理;特殊情况备注是否准确合理;穿楼板时净高是否不小于2300 mm;底坑排水方案是否合理;设备编号是否与总平面对应一致;上下端大样是否准确;中间支撑定位、标高是否准确;设备的功率、电流、受力等参数是否准确合理。

(11)核实新技术(如在线监测、多维感知等)的原理、布置、功能、相关专业接口等描述是否清晰,是否有系统图,是否与合同及设计联络一致。

(12)核实进线开关与低压馈线开关级差配合性,是否明确设备自身进线开关容量。

2. 审核要点

(1)设计说明是否详细明确,与其他单位合作分工的有关项目,内容是否交待清楚。

(2)设计文件及图纸是否齐全,是否符合现行《建筑工程设计文件编制深度规定》中的有关规定,以及经业主批准的本工程文件组成与内容、文件编制统一规定等。

(3)设计是否符合国家有关方针、政策和技术规范、规程,是否符合审批意见及有关文件。

(4)节约能源的技术措施是否切实可行。

(5)远期发展与近期需要是否相结合,设计的技术经济指标是否先进、合理。

(6)设计说明、安装布置图的内容是否一致。

(7)具体安装布置图平剖面是否完整、准确;设备的平面布置是否合理;特殊情况备注是否准确、合理;穿楼板时净高不小于 2300 mm;底坑排水方案是否合理;设备的功率、电流、受力等参数是否准确合理。

(8)协调设计人与校核人之间的不同意见,是否作出处理。

7.4.3 防淹门

1. 校核要点

1)设计说明

(1)工程的设计依据,所引用的规范、标准及设计范围,所包括的内容及要求是否说明清楚,是否正确、合理,规范引用是否为现行。

(2)防淹门设置位置、里程、水头、门洞尺寸等是否正确、合理。

(3)防淹门主要性能参数是否与合同及设计联络纪要一致,是否正确、合理。

(4)防淹门机械及电气部分组成描述是否正确,设备选型是否、合理。

(5)与相关专业接口是否描述清晰,接口界面、接口形式、接口分工、接口协议等是否明确,相关内容是否与专业接口提资一致。

(6)所使用的单位是否统一,是否符合国家法定计量单位的规定。

(7)图面是否整洁,清晰,文字、语法是否准确;有无错、漏、别字。

2)系统图

(1)防淹门总体布置是否正确,应急门的设置是否合理,相关尺寸是否标注完整。

(2)防淹门土建预留预埋条件图纸是否与机电对土建要求提资一致。

(3)防淹门控制系统图是否与合同及设计联络纪要一致。

(4)综合后备盘(Integrated Backup Panel,IBP)布置图是否正确,水位监测、系统监控是否正确、合理。

3)平面图

(1)图纸规格、图标填写是否正确,有无错漏。

(2)比例、轴线、标高(或层高)、房间名称是否正确,标注是否清楚。

(3)图形符号、计量单位、标注方法是否符合制图标准。

(4)设备及线路布置是否合理,与其他工种管道有无矛盾;引上、引下立管或电缆井位置是否清楚,各层平面上下层位置是否相符,是否便于施工和维修;暗敷线管有否影响结构强度及超过垫层所允许的厚度;有无无关管道穿越配电房。

(5)设备安装(包括平、剖面)图及大样图比例是否恰当,标注是否清楚,尺寸有无错漏。
(6)设备房柜子的布置是否满足规范要求,前后间距是否合理,柜子上方是否存在空调风口。
(7)柜子的进出线方式是否正确。
(8)图面布置是否合理,制图比例和图纸填充量是否恰当。
4)设备材料表
(1)设备和材料的型号、规格、技术参数是否表示清楚,数量是否准确。
(2)设备和材料有无漏项,是否满足合同要求。
2. 审核要点
(1)设计是否符合国家有关方针、政策和技术规范、规程,是否符合审批意见及有关文件。
(2)防淹门总体布置图是否合理,符合相关规范等要求。
(3)防淹门控制系统方案是否清晰,相关要求是否符合合同及设计联络纪要。
(4)设计说明、主要技术参数、系统图、平面图的内容是否一致。
(5)校核意见是否进行了相应修改。
(6)协调设计人与校核人之间的不同意见,是否作出处理。

7.5 弱电

7.5.1 校核要点

1. 通信系统
1)文件编制完整性、规范性与格式
(1)封面、扉页。
①工程名称是否正确。
②单位资质编号是否正确。
③单位名称是否正确。
④日期等是否正确。
(2)目录、图签。
①目录图纸编号、名称与图纸图签栏是否对应。
②工程名称是否正确,设计阶段有无错误。
③各签署栏是否齐全,日期有无差错,任务单号是否正确。
④签字是否符合相关规定。
(3)格式规范。
①格式是否统一。
②表头、图名及编号与文字是否对应。
③字体大小是否合适,字高是否统一。
④文字有无乱码。
⑤所有文件和图纸是否满足标准化基本要求。

2)图纸内容
(1)设计说明。
①是否有相关车站(建筑物)简介说明。
②系统构成描述是否齐全、完整。
③施工安装要求描述是否完备、准确。
④相关规范和标准是否最新,是否符合相关规定。
⑤接口界面、工程界面描述是否准确,与图纸内容是否匹配。
⑥设计说明内容与设计图纸具体内容是否一致。
⑦设备编号原则是否合理、完整。
⑧相关图例是否齐全、正确。
(2)全线和车站系统图。
①系统组成架构体现是否完整、清晰。
②主要设备数量是否与平面布置图中设备匹配。
③设备编号是否正确,是否无遗漏或出现重复现象。
④是否正确体现主要接口内容。
⑤线缆连线规格标注是否正确、合理。
(3)配线图。
①端子分配是否合理。
②端子分配是否与系统图匹配。
③设备编号与系统图是否对应。
④线缆长度是否正确;数量核算标准是否合理。
⑤线缆编号是否符合规范要求。
(4)盘面图、面板图。
①是否与系统对应。
②内容是否无遗漏。
(5)区间径路图。
①区间径路图内容是否无遗漏。
②路由是否已考虑全面(如过轨、上架等)。
③线缆长度是否合理。
④是否符合限界要求。
(6)外围设备布置图、管线图。
①管线路由是否考虑周全和通畅(如穿楼板、穿墙、预埋等),并有标注。
②平面终端设备布置是否齐全、合理。
③安装位置和高度是否合理,是否存在与其他专业设备安装冲突情况(如公共区应注意导向牌和现场其他机电设备位置匹配);与建筑、装修等专业设计内容是否匹配。
④标注说明是否齐全和符合规范。
⑤主干桥架和线槽是否与综合管线要求匹配。
⑥现场主要设备编号是否正确,与系统图是否一致。

(7)设备室布置图。
①室内所有设备机柜数量是否完整,无遗漏。
②机柜之间维修空间是否满足需要。
③室内设备缩写和图例,是否完整、正确。
④设备机柜布置与门洞是否冲突。检查尺寸标注是否符合规范。
⑤静电地板的高度与设备底座支架的高度标注是否一致。
⑥设备机柜布置与地板下线槽布置是否冲突。
⑦离壁墙(如有)是否有标注(离壁墙不得安装挂墙设备)。
(8)主要设备材料和工程数量表。
①开项是否正确、完整、合理、无遗漏,是否与系统图、管线图、布置图等对应。
②设备和材料数量是否准确,核算标准是否合理。
③通信系统各图册之间设备材料表开项是否匹配(应在说明中交代本图册出现但未计量的设备材料的开项出处)。
④是否体现系统调试内容。

2. 信号系统

1)文件编制完整性、规范性与格式

(1)封面、扉页(说明书及附图)中工程名称、单位资质编号、单位名称、日期、篇编号及册编号等内容是否正确。

(2)目录图签。
①目录图纸编号、名称与图纸图签栏是否对应。
②工程名称是否正确,设计阶段有无错误。
③各签署栏是否齐全,日期有无差错,任务单号是否正确。
④签字是否符合相关规定。

(3)格式规范。
①格式是否统一。
②表头、图名及编号与文字是否对应。
③字体大小是否合适,字高是否统一。
④文字有无乱码。
⑤所有文件和图纸是否满足标准化基本要求。

(4)图、表、文字之间是否存在不对应(如方案图、表和方案文字描述不一)。

(5)关键语句是否措辞正确通顺(如原则、方案结束语、问题与建议)。

(6)名称的统一性。
①同一系统名称描述是否前后统一。
②同一系统名称是否使用符合当地习惯的简称进行描述。

(7)文件深度。
①是否满足设计阶段的深度。
②是否有需要增减的章节内容。

2)正线信号施工图
(1)设计说明。
①是否有相关正线情况简介说明。
②系统构成描述是否齐全、完整。
③施工安装要求描述是否完备、准确。
④相关规范和标准是否为最新,是否符合相关规定。
⑤接口界面、工程界面描述是否准确,与图纸内容是否匹配。
⑥设计说明内容与设计图纸具体内容是否一致。
⑦设备编号原则是否合理、完整。
⑧相关图例是否齐全、正确。
(2)各车站室内信号设备平面布置图。
①室内所有设备机柜数量是否完整、无缺漏。
②机柜之间维修空间是否满足需要。
③室内设备缩写和图例是否完整、正确。
④设备机柜布置与门洞是否冲突;检查尺寸标注是否符合规范。
⑤静电地板的高度与设备底座支架的高度标注是否一致。
⑥设备机柜布置与地板下线槽布置是否冲突。
⑦离壁墙(如有)是否有标注(离壁墙不得安装挂墙设备)。
(3)各联锁区室外信号设备平面布置图。
①室外设备平面布置图是否以联锁区为单位出图。
②室外设备布置是否完整,设备布置是否合理。
③图例是否完整和符合规范或标准化要求。
④各设备的里程标注是否正确。
⑤各设备编号和轨道区段编号是否正确。
⑥核实观察视角、安装空间、操作空间、维修空间是否满足要求。
(4)各联锁区室外信号设备线缆连接图。
①室外信号设备线缆连接方式是否合理(以联锁区为单位出图)。
②各类信号设备线缆是否完整、无缺漏。
③各类信号设备线缆的表示方法是否可区分(如按不同线型进行区分等)。
④各类信号设备线缆规格描述是否符合标准化和其他规定。
⑤各类信号设备线缆连接是否准确。
⑥各设备编号和轨道区段编号是否正确。
⑦各类线缆长度(含预留情况)是否合理,其核算标准是否正确。
(5)各车站室外电缆配线图。
①室外各类电缆配线是否齐全、无缺漏。
②室外各类电缆配线内容是否与室外设备布置图相对应。
③各类电缆配线的芯数使用和预留情况是否合理,并满足规范要求。
④各类电缆长度(含预留情况)是否合理,其核算标准是否正确。

(6)正线室外信号无线设备布置及电缆连接图。
①室外信号无线设备布置是否合理。
②室外信号无线设备连接电缆是否完整、无缺漏。
③各类信号设备线缆的表示方法是否可区分(例如按不同线型等)。
④各类信号设备线缆规格描述是否符合标准化和其他规定。
⑤各设备编号是否正确。
⑥各类线缆长度(含预留情况)是否合理,其核算标准是否正确。
(7)正线信号无线子系统室外AP箱电源配线图。
①正线信号无线子系统室外AP箱电源配线方式是否合理。
②电源电缆各类配线是否齐全,是否与室外AP设备布置图相对应。
③电源电缆各类配线的规格描述是否符合相关标准和规范要求。
④各类电缆长度(含预留情况)是否合理,其核算标准是否正确。
(8)各车站站台信号设备布置及电缆连接图。
①站台信号设备(如发车指示器、紧急停车按钮、无人折返按钮等)安装位置是否合理。
②无人折返按钮是否无遗漏(在设计说明中标注无人折返车站设置)。
③管线路由(如穿楼板、穿墙、预埋等)是否考虑周全和通畅,并有标注。
④主干桥架和线槽是否与综合管线要求匹配。
(9)各车站设备区管线示意图。
①管线路由(如穿楼板、穿墙、预埋等)是否考虑周全和通畅,并有标注。
②主干桥架和线槽是否与综合管线要求匹配。
③是否有配套线槽安装大样图。
(10)各类室外通用设备安装图。
①室外各类设备安装图是否完整,是否包括各类区间断面(含隧道和高架)的信号机安装图。
②检查各类尺寸标注是否符合规范,尺寸是否合理,是否与工程具体情况匹配。
③注意安装支架的相关施工说明是否合理。
④核实设计说明与图纸表现内容是否一致。
⑤区间电缆支架上信号线缆位置是否在大样图中体现。
(11)道岔转换设备安装图。
3)车辆段/停车场信号施工图
(1)信号平面。
①检查站场布置是否为最新版本,配线是否正确。
②图纸表达内容是否完整。
③调车信号机的布置及轨道电路(或计轴设备)划分是否合理且符合规范。
④股道长度是否符合本工程要求。
⑤电化区段与非电化区段划分是否合理。
⑥道岔结构与站场专业提资联锁关系是否一致。
⑦超限绝缘(或超限计轴)的设置位置是否符合联锁关系。

⑧进出段信号机的设置位置及机构设置是否合理(结合进出段模式)。
⑨转换轨的设置位置是否合理(结合线路图综合考虑)。
⑩库内及库前信号机的设置是否合理(结合限界及施工图配合阶段的管线预埋图考虑)。
⑪图中所示各设备名称及坐标是否正确、合理。
⑫道岔类型表设计是否正确。
⑬警冲标的位置是否合理(图中应表示出警冲标位置)。
(2)双线轨道电路及电缆径路图(如有)。
①核实图纸内容是否完整。
②轨道区段命名是否合理。
③极性交叉是否符合要求(应尽量满足直股切割要求)。
④各种跳线设置是否符合回流要求;电缆径路是否完整且合理(满足集中原则)。
⑤室外箱盒型号及位置设置是否合理。
⑥电缆型号、芯数及长度设置是否满足相关规范和标准化要求。
⑦轨道电路送受电设置是否满足"远送近受"的原则。
⑧道岔芯线表及道岔加芯情况设计是否符合相关规范要求。
⑨各类电缆的电缆型号、芯数及长度的表示和计量是否准确;长度核算标准是否正确。
⑩电缆径路是否合理、畅顺。
(3)室外电缆配线图。
①室外电缆配线图应与电缆径路图是否相匹配。
②电源配线方式是否合理,是否与室外箱盒配线图相匹配,并符合相关规范要求。
③电源电缆各类配线是否齐全(应与室外设备布置图相对应)。
④电源电缆各类配线的规格描述是否符合相关标准和规范要求。
⑤各类电缆长度(含预留情况)是否合理,其核算标准是否正确。
⑥电缆芯数的分配情况是否与实际需求相符。
(4)室外箱盒配线图是否符合相关规范要求,此图一般为定型图册,可参照《客货共线铁路信号室外设备安装图(电力区段)》(图号:通号[2018]1101-1)。
(5)联锁表。
①进路表示内容是否完整。
②联锁关系表示是否正确。
(6)信号设备布置示意图。
①设备布置内容是否完整、无缺漏。
②设备布置是否合理,是否符合运营使用和维护等需要,并满足相关规范要求。
③设备基本标注尺寸是否正确。
(7)组合排列表。
①组合类型是否表示正确。
②组合布置是否满足相关规范要求及工程的实际情况(应注意防止某一组合架电流量过大)。
③组合所含内容与实际设备是否保持一致。

④轨道测试盘放置位置是否合理(应放在组合架的中间位置)。

⑤组合架第一层最好为空层,当组合架不能布满时尽量使用中间层数。

(8)电路图。

①各类型电路图内容是否完整,电路图是否准确无误。

②电路图中的断路器,电阻、电容配置是否合理。

③继电器的常态是否正确、所用节点是否重复等。

④电路图中所涉及配线情况是否最新准确情况。

(9)室外分线盘配线图。

①配线图纸内容是否齐全且准确无误。

②各类型设备布置原则是否合理(应集中布置)。

③分析线盘分配情况是否合理(分线盘零层和顶层最好为空层)。

④所设计分线盘内容是否与所招设备型号保持一致。

(10)轨道柜侧面及组合柜侧面配线图中所有配线情况是否与对照电路图、分线盘、接口柜和组合内部配线一一对应。

(11)采集接口柜及驱动接口柜配线图。

①所有配线情况是否与对照采集驱动电路图、组合柜侧面配线一一对应。

②图中所含内容是否完整。

(12)组合内部配线图。

①配线设计是否包括组合排列表中的全部组合类型。

②组合内部配线是否正确(应结合电路图核对)。

(13)信号微机监测系统结构图。

①微机监测内容是否完整。

②各地点设备的连接关系是否正确。

(14)主要设备材料和工程数量表。

①开项是否正确、完整、无遗漏,是否与系统布置图、管线图等对应。

②设备和材料的数量是否准确,核算标准是否合理。

③是否体现系统调试内容。

3. 票务及客服系统

1)文件编制完整性、规范性与格式

(1)封面、扉页中工程名称、单位资质编号、单位名称、日期、篇编号及册编号等内容是否正确。

(2)目录、图签。

①目录中图纸编号、名称与图纸图签栏是否对应。

②工程名称是否正确,设计阶段有无错误。

③各签署栏是否齐全,日期有无差错,任务单号是否正确。

④签字是否符合相关规定。

(3)格式规范。

①格式是否统一。

②表头、图名及编号与文字是否对应。
③字体大小是否合适,字高是否统一。
④文字有无乱码。
⑤所有文件和图纸是否满足标准化基本要求。
2)图纸内容
(1)设计说明。
①是否有相关车站建筑简介说明。
②系统构成描述是否齐全、完整。
③施工安装要求描述是否完备、准确。
④相关规范和标准是否为最新,是否符合相关规定。
⑤接口界面、工程界面描述是否准确,与图纸内容是否匹配。
⑥设计说明内容与设计图纸具体内容是否一致。
⑦设备编号原则是否合理、完整。
⑧相关图例是否齐全、正确。
⑨特殊站点接入(如有)是否有相应描述。
⑩设计说明内容是否与本册图表示内容匹配。
(2)全线系统图。
①系统图设备内容是否与设备材料表匹配。
②与清分中心的关系是否正确体现。
③与线网客服系统的关系是否正确体现。
④维修、培训、测试的内容是否无遗漏。
⑤相关接口表示内容是否齐全和准确(应与设计说明一致)。
⑥对既有旧线改造内容(如有)是否体现。
(3)车站网络系统图。
①系统设备组成内容是否体现齐全。
②系统组成方案是否合理、准确。
③各类设备编号是否正确、无漏项或重复。
④各类线缆型号标注是否准确,是否符合标准化规定。
⑤各类线缆线型表示是否准确。
⑥各类接口内容表示是否齐全和正确。
⑦主要设备与材料表开项是否对应。
(4)车站配电、接地系统图。
①与配电和接地专业的界面描述是否正确。
②系统内部配电原理(含配电回路设计、回路容量及预留情况等)是否合理。
③各类设备编号是否正确、无漏项、不重复。
④各类线缆型号标注是否准确,是否符合标准化规定。
⑤各类线缆线型表示是否准确。
⑥主要设备与材料表开项是否对应。

(5)车站票务及客服现场设备及管线布置图。

①各类现场设备布置是否合理,与建筑、装修等专业设计内容匹配,客流组织是否合理,预留位置是否满足要求。

②设备数量及编号是否与系统图一致。

③设备位置是否与盲道、消火栓等设备冲突。

④检查客服中心的设置及外形尺寸是否与栏杆冲突。

⑤线槽走向是否合理,与装修设计(如垫层和地砖等)是否匹配。

⑥现场配电箱位置是否合理,与配电专业设计是否匹配。

⑦现场设备维修空间是否满足要求。

⑧远期设备安装位置预留情况是否表示清晰。

⑨各类设备尺寸标注是否准确。

⑩各类线缆和线槽标注是否准确。

(6)设备室房间布置图。

①室内所有设备机柜数量是否完整、无缺漏。

②机柜之间维修空间是否满足需要。

③室内设备缩写和图例是否完整、正确。

④设备机柜布置与门洞是否冲突,检查尺寸标注是否符合规范。

⑤静电地板的高度与设备底座支架的高度标注是否一致。

⑥设备机柜布置与地板下线槽布置是否无冲突。

⑦离壁墙(如有)是否有标注(离壁墙不得安装挂墙设备)。

(7)主要设备及工程数量表。

①设备材料开项是否完整、合理、无遗漏,是否与系统图、管线图、布置图等对应。

②设备和材料数量是否准确,核算标准是否合理。

③是否体现系统调试内容。

④是否体现改造项内容(如有)。

(8)线槽、出线口、分向盒等安装工艺图(如有)。

①检查尺寸标注是否规范或标准化要求。

②注意安装说明是否合理。

③尺寸标注是否准确,是否与本工程实际情况匹配。

④设计说明与图纸表现内容是否一致。

4. 综合监控系统

1)文件编制完整性、规范性与格式

(1)封面、扉页。

①工程名称是否正确。

②单位资质编号是否正确。

③单位名称是否正确。

④日期等是否正确。

(2)目录、图签。
①目录图纸编号、名称与图纸图签栏是否对应。
②工程名称是否正确,设计阶段有无错误。
③各签署栏是否齐全,日期有无差错,任务单号是否正确。
④签字是否符合相关规定。
(3)版式。
①每张图纸的内容在图框的位置是否美观,比例是否合适。
②字高是否符合规定。
③图例是否齐全和统一。
④所有文件和图纸版式是否满足标准化基本要求。
2)图纸内容
(1)大样图。
①尺寸标注是否规范。
②安装支架图纸内容和相关说明是否合理。
③尺寸标注是否与工程具体情况匹配。
④附图设计说明与图纸表现内容是否一致。
⑤防静电地板高度是否与支架高度匹配。
(2)各站点图纸。
①设计说明。

a. 是否有相关车站建筑简介说明。

b. 系统构成描述是否齐全、完整。

c. 施工安装要求描述是否完备、准确。

d. 相关规范和标准是否为最新,是否符合相关规定。

e. 接口界面、工程界面描述是否准确,与图纸内容是否匹配;接口设计是否与设计联络成果一致,且无遗漏。

f. 设计说明内容与设计图纸具体内容是否一致。

g. 设备编号原则是否合理、完整。

h. 相关图例是否齐全、正确。

i. 特殊站点接入(如有)是否有相应描述。

j. 设计说明内容是否与本册图表示内容匹配。
②网络系统图。

a. 系统构成设备内容是否体现齐全。

b. 系统组成方案是否合理。

c. 设备编号是否正确、无漏项或重复。

d. 特殊站点接入是否有相应描述(如有)。

e. 接入系统的内容是否齐全、正确。

f. 主要设备与材料表开项是否对应。

③接线图。
a. 主要设备内容与系统图是否对应。
b. 各类线缆规格和编号是否合理,是否符合标准化规定。
c. 线缆长度是否合理,核算标准是否正确。
④配电、接地示意图。
a. 与配电和接地专业的界面描述是否正确。
b. 系统内部配电原理是否合理。
c. 线缆规格和编号是否合理,是否符合标准化规定。
d. 线缆编号是否正确。
e. 线缆长度是否正确,长度核算标准是否合理。
⑤设备房间布置图。
a. 普通车站控制室布置图。
a)IBP盘台位置与观察窗配合是否匹配。
b)室内布置与门洞是否冲突。
c)维修空间是否满足各方需要。
d)离壁墙(如有)是否有标注(离壁墙不得安装挂墙设备)。
e)其他专业设备布置是否合理。
f)尺寸标注是否完备和符合规范。
g)静电地板的高度与设备底座支架的高度标注是否一致。
h)设备机柜布置与地板下线槽布置是否冲突。
i)整体布置是否满足安全监控、操作及维修要求,是否按审查意见修改。
j)IBP盘台的布置是否按审查意见修改。
b. 换乘车站合用控制室布置图。
a)IBP盘台位置与观察窗配合是否合理。
b)室内布置与门洞是否冲突。
c)维修空间是否满足各方需要。
d)离壁墙(如有)是否有标注(离壁墙不得安装挂墙设备)。
e)其他专业设备布置是否合理。
f)两条线的全部设备是否统筹布置或预留空间。
g)尺寸标注是否完备和符合规范。
h)静电地板的高度与设备底座支架的高度标注是否一致。
i)设备机柜布置与地板下线槽布置是否冲突。
j)整体布置是否满足安全监控、操作及维修要求,是否按审查意见修改。
k)IBP盘台的布置是否按审查意见修改。
c. 设备室布置图。
a)室内所有设备机柜数量是否完整,没有缺漏。
b)机柜之间维修空间是否满足需要。
c)室内设备缩写和图例,是否完整、正确。

d)设备机柜布置与门洞是否冲突;检查尺寸标注是否符合规范。
e)静电地板的高度与设备底座支架的高度标注是否一致。
f)设备机柜布置与地板下线槽布置是否无冲突。
g)离壁墙(如有)是否有标注(离壁墙不得安装挂墙设备)。
⑥管线图。
a. 管线平面设备布置是否与平面图设备布置矛盾。
b. 管线路由是否考虑周全和通畅(如穿楼板、穿墙、预埋等),并有标注。
c. 是否有配套线槽安装大样图(静电地板下、天花上等)。
d. 标注说明是否齐全和符合规范。
e. 主干桥架和线槽是否与综合管线要求匹配。
⑦主要设备材料和工程数量表。
a. 设备材料开项是否合理、完整、无缺漏,是否与系统图、管线图、布置图等对应。
b. 设备和材料数量是否准确,核算标准是否合理。
c. 是否体现系统调试内容。
3)盘面和端子图
(1)盘面图。
①盘面布局是否与车控室IBP位置对应。
②盘面布局是否方便操作(1700 mm高度线下布置按钮)。
③盘面功能是否无遗漏。
④按钮名称及数量是否错漏。
(2)端子图是否与盘面对应。

5. 火灾自动报警系统
1)文件编制完整性、规范性与格式
(1)封面、扉页。
①工程名称是否正确。
②单位资质编号是否正确。
③单位名称是否正确。
④日期等是否正确。
(2)目录、图签。
①目录的图纸编号、名称与图纸图签栏是否对应。
②工程名称是否正确,设计阶段有无错误。
③各签署栏是否齐全,日期有无差错,任务单号是否正确。
④签字是否符合相关规定。
(3)格式规范。
①每张图纸的内容在图框的位置是否美观,比例是否合适。
②字高是否符合规定。
③图例是否齐全和统一。
④所有文件和图纸是否满足标准化基本要求。

2)图纸内容

(1)设备安装接线大样图。

①尺寸标注是否规范。

②安装支架图纸内容和相关说明是否合理。

③尺寸标注是否与工程具体情况匹配。

④附图设计说明与图纸表现内容是否一致。

⑤防静电地板(如有)高度是否与支架高度匹配。

(2)各站点图纸。

①设计说明。

a. 是否有相关车站(或建筑物)简介说明情况。

b. 系统构成描述是否齐全、完整。

c. 施工安装要求描述是否完备、准确。

d. 相关规范和标准是否为最新,是否符合相关规定。

e. 接口界面、工程界面描述是否准确,与图纸内容是否匹配;FAS是否含自动灭火控制部分。

f. 设计说明内容与设计图纸具体内容是否一致,是否有上一阶段的专家意见描述及回复。

g. 设备编号原则是否合理、完整。

h. 相关图例是否齐全、正确。

i. 特殊站点接入(如有)是否有相应描述。

j. 接口设计是否与设计联络成果一致,且无遗漏。

k. 施工图设计说明是否有安全文明施工相关说明。

②图例。

a. 各类主要设备图例是否齐全。

b. 图例是否符合相关规范或要求。

③火灾自动报警流程图是否合理并符合本站点(建筑物)实际情况(如地下、高架、段场、主变或其他建筑物可能有所区别),FAS是否含自动灭火控制部分。

④火灾自动报警系统监控对象。

a. 监控对象内容是否齐全,是否符合本站点(建筑物)实际情况(如地下、高架、段场、主变或其他建筑物可能有所区别),FAS是否含自动灭火控制部分)。

b. 监控内容是否符合消防相关规范要求。

⑤火灾自动报警系统图。

a. 系统图方案是否合理。

b. 系统图内容是否表示完整,是否涵盖本站点所有管辖范围的内容;FAS是否含自动灭火控制部分。

c. 系统图各类设备位置标注是否与平面布置图对应。

d. 设备编号(含位置表达)是否正确、无遗漏。

e. 系统图中监控对象与监控对象表是否对应、无遗漏(注意各站点或建筑物之间有所区别)。

f. 与相关专业接口表示是否准确,无遗漏。

g. 与外部接口(如有,例如与换乘线路、物业相关系统等的接口)是否无遗漏。

⑥站点火灾自动报警平面图。

a. FAS设备位置与消火栓位置是否匹配；FAS启泵按钮（如有）是否根据消火栓箱位置安装（如有）。

b. FAS设备位置与天花形式（如有）是否匹配，是否需安装两层探测器。

c. FAS探测器安装位置是否与结构形式无冲突（例如探测器是否安装在梁上，超过600 mm的梁探测器的设置是否需要考虑梁的隔断等）。

d. FAS探测器位置与灯具、风口等的位置是否冲突。

e. FAS探测器及管线安装敷设是否与建筑形式匹配（例如是否有管线装在扶梯、楼梯上方等不方便维修的地方）。

f. FAS探测器、手动报警按钮的覆盖范围是否符合相关规范和设计标准要求。

g. 现场模块箱安装位置是否合理（其布置应方便维修；各系统用房、消防控制室、公共区原则上不安装模块箱）。

h. 消防电话（插孔）安装位置是否合理，是否符合相关规定。

i. 高大空间（如有，例如车辆段、停车场、控制大厅等）探测器选型和布置是否合理。

j. 站台板下探测器选型和布置是否合理。

k. 地下区间隧道FAS设置方案是否合理。

l. FAS设置在其他专业箱柜内的设备布置是否合理。

m. FAS是否含自动灭火控制部分。

n. 与相关专业接口内容是否无遗漏。

o. 声光报警器的设置是否符合规范的逃生提示和警示要求。

p. 是否需要设置防火门监控系统或FAS对防火门进行监视。

q. 设置防火卷帘区域应根据规范要求设置相应的探测器。

r. 换乘车站是否设置火灾信息互通、消防电话互通功能。

s. 安全出入口是否根据建筑平、剖面进行探测器设计。

⑦区间火灾自动报警平面图。

a. FAS区间设备是否涵盖本站点管辖全部范围（例如区间是否遗漏折返线、过渡线等区间部分）。

b. FAS设备位置与消火栓位置是否匹配。

c. 手动报警按钮的覆盖范围是否符合规范要求。

d. 区间消火栓按钮信号上传车站与消火栓管网供水车站是否一致，如不一致，是否有通过相应措施实现一致。

e. 区间联络通道人防门是否有监视。

⑧主要设备材料和工程量表。

a. 设备材料开项是否正确、完整、合理、无遗漏，是否与系统图、设备布置图等对应。

b. 设备材料数量是否准确，核算标准是否合理。

c. 是否体现系统调试和防火封堵、刷防火漆的开项内容。

6. 环境与设备监控系统

1) 文件编制完整性、规范性与格式

(1) 封面、扉页（说明书及附图）中工程名称、单位资质编号、单位名称、日期、篇编号及册编号等内容是否正确。

(2)目录、图签。

①目录图纸编号、名称与图纸图签栏是否对应。

②工程名称是否正确,设计阶段有无错误。

③各签署栏是否齐全,日期有无差错,任务单号是否正确。

④签字是否符合相关规定。

(3)格式规范。

①格式是否统一。

②表头、图名及编号与文字是否对应。

③字体大小是否合适,字高是否统一。

④语句是否通顺,文字有无乱码,有无错别字。

⑤所有文件和图纸是否满足标准化基本要求。

(4)文件深度。

①是否满足规范规定的设计阶段深度要求。

②是否满足总体对设计深度的要求。

2)图纸内容

(1)设计说明。

①是否有相关工程概况。

②设计依据中采用的规范名称、版本是否正确。

③是否有设计范围描述,且对不稳定因素等特殊情况说明。

④系统构成及功能描述是否齐全完整,是否具有针对性。

⑤接口设计是否与设计联络成果一致,且无遗漏。

⑥是否有电源、接地要求的描述。

⑦施工安装要求描述是否完备和准确。

⑧设计说明内容与设计图纸具体内容是否一致。

⑨设备、线缆编号原则是否合理完整,且与图纸是否一致。

⑩抗震要求符合规范及工程所在地抗震烈度要求。

⑪是否有施工风险和措施、文明施工的要求。

⑫是否有方案、工程量变更等的其他说明。

(2)图例。

①各类主要设备、线缆图例是否齐全。

②图例是否符合相关规范要求。

(3)系统图。

①系统组成架构体现是否正确、完整清晰。

②控制箱柜等设备编号是否正确,有无重复。

③系统图中设备位置标注是否与平面布置图对应。

④是否正确体现主要接口内容。

⑤线缆标注是否正确合理,是否符合标准化规定;线缆规格标注是否正确合理。

⑥换乘、接入等特殊接口是否正确体现。
(4)配电接地示意图。
①与配电和接地专业的界面表达是否正确。
②系统内部配电原理是否合理。
③线缆标注是否正确合理,是否符合标准化规定。
(5)监控对象表。
①监控对象有无遗漏;编号与提资是否一致。
②监控内容是否与设计联络保持一致。
(6)箱柜输入/输出(Input/Output,IO)分配表及电缆清册。
①被控设备编号、位置与提资是否一致。
②被控设备是否无遗漏。
③箱柜内模块数量是否满足容量预留及排布要求。
④线缆编号、规格型号、长度和线缆穿管长度是否正确。
(7)设备平面布置及管线路由图。
①本系统设备编号、平面布置是否合理、完整,是否与系统图一致。
②线缆敷设表达是否完整,是否与系统图一致。
③被控设备位置、编号是否与提资保持一致,是否无遗漏。
④主干桥架和线槽是否与综合管线保持一致。
⑤管线路由是否考虑安全、合理和通畅(例如穿楼板、穿墙、预埋等),并有标注。
⑥标注说明是否齐全和符合规范。
(8)主要设备材料表、工程数量表。
①设备、材料开项是否正确、完整、无遗漏;是否与系统图、配电接地示意图、箱柜IO分配表及电缆清册、平面图等对应。
②设备和材料数量是否准确,核算标准是否合理。
③工程数量表是针对施工而言,甲供设备是否按成套设备进行计量。
④甲乙供标注是否正确。

7. 门禁系统
1)文件编制完整性、规范性与格式
(1)封面、扉页。
①工程名称是否正确。
②单位资质编号是否正确。
③单位名称是否正确。
④日期等是否正确。
(2)目录、图签。
①目录图纸编号、名称与图纸图签栏是否对应。
②工程名称是否正确,设计阶段有无错误。
③各签署栏是否齐全,日期有无差错,任务单号是否正确。
④签字是否符合相关规定。

(3)版式。
①每张图纸的内容在图框的位置是否美观,比例是否合适。
②字高是否符合规定。
③图例是否齐全和统一。
④图纸版式是否满足标准化文件基本要求
2)图纸内容
(1)大样图。
①尺寸标注是否规范。
②安装支架图纸(如需支架)内容和相关说明是否合理。
③尺寸标注是否与工程具体情况匹配。
④附图设计说明与图纸表现内容是否一致。
⑤防静电地板高度是否与支架高度匹配(如需支架)。
⑥机柜是否为上进线。
(2)各站图纸。
①设计说明。
 a. 是否有相关车站建筑简介说明。
 b. 系统构成描述是否齐全完整。
 c. 施工安装要求描述是否完备和准确。
 d. 相关规范和标准是否为最新,是否符合相关规定。
 e. 接口界面、工程界面描述是否准确,与图纸内容是否匹配。
 f. 设计说明内容与设计图纸具体内容是否一致。
 g. 设备编号原则是否合理、完整。
 h. 相关图例是否齐全和正确。
 i. 特殊站点接入(如有)是否有相应描述。
 j. 设计说明内容是否与本册图表示内容匹配。
 k. 标准规范引用是否准确。
 l. 工程设计范围、设置标准、设置要求、编码规则、施工要求说明是否清楚。
②系统图。
 a. 全线系统和车站(单体建筑)系统构成、设备配置、保护对象等内容是否体现齐全。
 b. 系统组成方案是否合理。
 c. 设备编号是否正确,无漏项或重复。
 d. 特殊站点接入(如有)是否有相应描述。
 e. 主要设备与材料表开项是否对应。
 f. 系统图与平面布置图、门禁设置点位表的就地设备是否对应。
 g. 工程设计范围、设置标准、设置要求、编码规则说明是否清楚。
③配电、接地示意图。
 a. 与配电和接地专业的界面描述是否正确。
 b. 系统内部配电原理是否合理。

c. 线路规格和编号是否合理,是否符合标准化规定。
d. 线缆编号是否正确。
e. 线缆长度是否正确,长度核算标准是否合理。
④门禁设置点位表。
a. 门禁设置点位表是否无遗漏,设置原则与技术要求是否一致。
b. 门禁设置点位表与平面图是否一致。
⑤设备室布置图。
a. 房间布置是否合理,是否满足运营维护需要(如是多专业合用房间是否与其他专业内容匹配)。
b. 设备机柜支架是否与架空地板匹配(如需底座安装)。
⑥室外设备布置和管线图。
a. 室外布置(位置和设备编号等)是否与系统图对应。
b. 就地门禁设备安装位置是否合理;读卡器操作是否顺手;门禁控制箱是否安装在装修专业预留的凹槽内。
c. 管线路由是否考虑安全、合理和通畅(例如穿楼板、穿墙、预埋等),是否有标注。
d. 各类线缆(槽/管)的标注是否完整、正确。
⑦主要设备表和工程数量表。
a. 开项是否正确、完整、合理、无遗漏,是否与系统图、管线图、布置图等对应。
b. 设备和材料数量是否准确,核算标准是否合理。
c. 是否体现系统调试内容。
d. 工程数量表是针对施工而言,甲供设备是否按成套设备进行计量。
e. 甲乙供标注是否正确。

8. 计算机综合信息系统
1)文件编制完整性、规范性与格式
(1)封面、扉页。
①工程名称是否正确。
②单位资质编号是否正确。
③单位名称是否正确。
④日期等是否正确。
(2)目录、图签。
①目录图纸编号、名称与图纸图签栏是否对应。
②工程名称是否正确,设计阶段是否无错误。
③各签署栏是否齐全,日期有无差错,任务单号是否正确。
④签字是否符合相关规定。
(3)格式规范。
①每张图纸的内容在图框的位置是否美观,比例是否合适。
②字高是否符合规定。
③图例是否齐全和统一。
④所有文件和图纸是否满足标准化基本要求。

2)图纸内容

(1)系统图纸。

①设计说明。

a. 是否有相关车站建筑简介说明。

b. 系统构成描述是否齐全、完整。

c. 施工安装要求描述是否完备、准确。

d. 相关规范和标准是否为最新,是否符合相关规定。

e. 接口界面、工程界面描述是否准确,与图纸内容是否匹配。

f. 设计说明内容与设计图纸具体内容是否一致。

g. 设备编号原则是否合理完整。

h. 相关图例是否齐全、正确。

②系统图。

a. 系统组成架构体现是否完整、清晰。

b. 主要设备数量是否与平面布置图中设备匹配。

c. 设备编号是否正确,是否无遗漏或出现重复现象。

d. 是否正确体现主要接口内容。

e. 线缆连线规格标注是否正确合理。

③布点表。

a. 端子分配是否合理。

b. 端子分配是否与系统图匹配。

c. 设备编号与系统图是否对应。

d. 线缆长度是否正确;数量核算标准是否合理。

e. 线缆编号是否符合规范要求。

④设备室布置图。

a. 室内所有设备机柜数量是否完整,没有缺漏。

b. 机柜之间维修空间是否满足需要。

c. 室内设备缩写和图例,是否完整、正确。

d. 设备机柜布置与门洞是否冲突、尺寸标注是否符合规范。

e. 静电地板的高度与设备底座支架的高度标注是否一致。

f. 设备机柜布置与地板下线槽布置是否冲突。

g. 离壁墙(如有)是否有标注(离壁墙不得安装挂墙设备)。

h. 如是多专业合用房间是否与其他专业内容匹配。

⑤盘面图、面板图。

a. 是否与系统构成对应。

b. 内容是否无遗漏。

⑥主要设备材料和工程数量表。

a. 开项是否正确、完整、合理、无遗漏,是否与系统图、管线图、布置图等对应。

b. 设备和材料数量是否准确,核算标准是否合理。

c. 系统各图册之间设备材料表开项是否匹配(应在说明中交代本册图出现但未计量的设备材料的开项出处)。

d. 是否体现系统调试内容。

(2)外围设备布置图、管线图。

①管线路由是否考虑周全和通畅(例如穿楼板、穿墙、预埋等),是否有标注。

②平面终端设备布置是否齐全和合理。

③安装位置和高度是否合理,是否存在与其他专业设备安装冲突情况。

④标注说明是否齐全和符合规范。

⑤主干桥架和线槽是否与综合管线要求匹配。

⑥现场主要设备编号是否正确,与系统图是否一致。

7.5.2 审核要点

1. 通信系统

1)文件编制完整性、规范性与格式

(1)封面、扉页(说明书及附图)中工程名称、单位资质编号、单位名称、日期、篇编号及册编号等内容是否正确。

(2)目录图纸编号、名称与图纸图签栏是否对应。

(3)格式是否规范。

①格式是否统一。

②设计内容是否满足标准化文件基本要求。

(4)图、表、文字是否存在不对应情况。

(5)是否存在名称统一问题。

(6)是否满足设计阶段的标准化深度要求。

2)图纸内容

(1)设计说明。

①线路概况描述是否齐全。

②系统构成描述是否齐全。

③施工安装要求描述是否齐全和准确。

④相关规范和标准是否最新标准,是否符合相关规定。

⑤接口界面、工程界面描述是否准确,与图纸内容是否匹配。

(2)全线和车站系统图。

①各子系统内容是否完整。

②各子系统构成方案是否合理。

(3)配线图。

①端子分配方式是否合理。

②端子分配内容是否完整。

③各类线缆开项是否齐全。

(4)盘面图、面板图内容是否无遗漏。

(5)区间径路图。
①径路图内容是否齐全。
②路由是否已考虑全面(例如过轨、上架等)。
(6)外围设备布置图、管线图。
①外围设备布置内容是否齐全。
②外围设备布置是否合理并与其他专业设计内容匹配,与建筑、装修等专业设计内容是否匹配。
③管线路由是否考虑周全和通畅(例如穿楼板、穿墙、预埋等),是否有标注。
④外围设备编号内容是否与系统图对应。
(7)设备室布置图。
①室内设备机柜布置是否合理。
②室内设备机柜安装位置是否与线槽和架空地板等匹配。
(8)主要设备材料和工程数量表。
①设备材料和工程量开项是否合理并完整。
②通信系统各图册之间设备材料表开项是否匹配(应在说明中交代本册图出现但未计量的设备材料的开项出处)。
(9)意见是否落实。

2. 信号系统
1)文件编制完整性、规范性与格式
(1)封面、扉页(说明书及附图)中工程名称、单位资质编号、单位名称、日期、篇编号及册编号等内容是否正确。
(2)目录图纸编号、名称与图纸图签栏是否对应。
(3)格式是否规范。
①格式是否统一。
②设计内容是否满足标准化文件基本要求。
(4)图、表、文字是否存在不对应情况。
(5)是否存在名称统一问题。
(6)是否满足设计阶段的标准化深度要求。
2)正线信号施工图
(1)设计说明。
①线路概况描述是否齐全。
②系统构成描述是否齐全。
③施工安装要求描述是否齐全和准确。
④相关规范和标准是否为最新,是否符合相关规定。
⑤接口界面、工程界面描述是否准确,与图纸内容是否匹配。
(2)各车站室内信号设备平面布置图。
①室内设备机柜布置是否合理。
②室内设备机柜安装位置与线槽和架空地板等是否匹配。

(3)各联锁区室外信号设备平面布置图。
①室外设备平面布置是否合理。
②各设备的里程标注是否齐全。
③各设备编号和轨道区段编号是否齐全。
(4)各联锁区室外信号设备线缆连接图。
①室外信号设备线缆连接方式是否合理(以联锁区为单位出图)。
②各类信号设备线缆是否完整、无缺漏。
③各设备编号和轨道区段编号是否齐全。
(5)各车站室外电缆配线图中室外各类电缆配线内容是否齐全、无缺漏。
(6)正线室外信号无线设备布置及电缆连接图。
①室外信号无线设备布置是否合理。
②室外信号无线设备连接电缆是否完整、无缺漏。
(7)正线信号无线子系统室外接入点(Access Point,AP)箱电源配线图。
①正线信号无线子系统室外AP箱电源配线方式是否合理。
②电源电缆各类配线是否齐全,应与室外AP设备布置图相对应。
(8)各车站站台信号设备布置及电缆连接图。
①站台信号设备安装位置是否合理(例如:发车指示器、紧急停车按钮、无人折返按钮)。
②管线路由(例如穿楼板、穿墙、预埋等)是否考虑通畅,并有标注。
(9)各车站设备区管线示意图:管线路由是否考虑周全和通畅(例如穿楼板、穿墙、预埋等),并有标注。
(10)各类室外通用安装图。
①室外各类设备安装图是否完整。
②安装支架的相关施工说明是否合理。
(11)道岔转换设备安装图。
3)车辆段/停车场信号施工图
(1)信号平面布置图。
①调车信号机的布置及轨道电路(或计轴设备)划分是否合理且符合规范。
②电化区段与非电化区段划分是否合理。
③超限绝缘(或超限计轴)的设置位置是否符合联锁关系。
④进出段信号机的设置位置及机构设置是否合理(结合进出段模式)。
⑤库内及库前信号机的设置是否合理。
⑥信号机位置与警冲标位置是否匹配(图中应表示出警冲标位置)。
(2)双线轨道电路及电缆径路图(如有)。
①轨道区段命名是否合理。
②极性交叉是否符合要求(应尽量满足直股切割要求)。
③轨道电路送受电设置是否满足远送近受的原则。
④各类电缆的电缆型号开项是否合理。

⑤电缆径路是否合理且顺畅。
(3)室外电缆配线图。
①电源配线方式是否合理。
②电源电缆各类配线开项是否齐全。
(4)联锁表。
①进路表示内容是否完整。
②联锁关系表内容是否完整。
(5)信号设备布置示意图中的室内设备布置是否合理。
(6)组合排列表。
①组合类型内容是否完整。
②组合架配置是否合理。
(7)电路图中各类型电路图内容是否完整。
(8)信号微机监测系统结构图中微机监测内容是否完整。
(9)主要设备材料和工程数量表中设备材料和工程量开项是否合理、完整。

3. 票务及客服系统

1)校核意见的落实情况
(1)校核意见是否逐条全部进行回复。
(2)校核意见是否逐条落实(如设计不修改,应注明合理的理由)。

2)文件编制完整性、规范性与格式
(1)工程名称、单位名称和资质编号、篇编号及册编号等内容是否正确。
(2)目录图纸编号、名称与图纸图签栏是否对应。
(3)图纸版式是否满足标准化文件基本要求。

3)图纸内容
(1)设计说明。
①线路概况描述是否齐全。
②本册图纸相关建筑物情况简介是否齐全。
③系统构成描述是否齐全。
④施工安装要求描述是否齐全、准确。
⑤相关规范和标准是否为最新,是否符合相关规定。
⑥接口界面、工程界面描述是否准确,与图纸内容是否匹配。
(2)全线系统图。
①本线票务及客服系统构成内容是否完整。
②本线票务及客服系统与清分中心(票务中心)/线网客服中心的接口关系是否合理并界面清晰。
(3)车站网络系统图。
①系统设备组成内容是否体现齐全。
②系统组成方案是否合理、准确。
③各类设备编号是否正确,无漏项和重复。

④各类线缆型号标注是否准确,是否符合标准化规定。
⑤各类线缆线型表示是否准确。
⑥各类接口内容表示是否齐全、正确。
⑦主要设备与材料表开项是否对应。
(4)车站配电、接地系统图。
①与配电和接地专业的界面描述是否正确。
②系统内部配电原理(含配电回路设计、回路容量及预留情况等)是否合理。
(5)车站票务及客服现场设备及管线布置图。
①各站终端设备布置原则是否合理并与说明书一致;客流组织是否合理,预留位置是否满足要求。
②各站终端设备内容是否齐全、无遗漏。
③各站终端设备布置是否合理并与相关专业(建筑、装修、电梯、楼扶梯和客流组织等)设计内容匹配。
④各站管线路由是否合理并路由顺畅(无交叉冲突情况)。
(6)设备室房间布置图。
①室内设备机柜布置是否合理。
②室内设备机柜安装位置是否与线槽和架空地板等是否匹配。
(7)主要设备及工程数量表中设备材料和工程量开项是否合理、完整。
(8)线槽、出线口、分向盒等(如有)安装工艺图。
①大样图内容是否完整。
②大样图尺寸标注和安装说明是否准确。

4. 综合监控系统
1)文件编制完整性、规范性与格式
(1)封面、扉页中工程名称、单位名称和资质编号、篇编号及册编号等内容是否正确。
(2)目录、图签中目录图纸编号、名称与图纸图签栏是否对应。
(3)格式规范中图纸版式是否满足标准化文件基本要求。
2)图纸内容
(1)大样图。
①大样图内容是否完整。
②大样图尺寸标注和安装说明是否准确。
(2)各站点图纸。
①设计说明。
a. 线路概况描述是否齐全。
b. 本册图相关建筑物情况简介是否齐全。
c. 系统构成描述是否齐全。
d. 施工安装要求描述是否齐全、准确。
e. 相关规范和标准是否最新标准,是否符合相关规定。
f. 接口界面、工程界面描述是否准确,与图纸内容是否匹配。

g. 接口设计是否与设计联络成果一致,是否无遗漏。
②网络系统图。
a. 系统组成内容是否完整。
b. 系统构成方案是否合理。
③接线图。
a. 接线图设备内容与系统图是否对应。
b. 各类线缆规格和表示方法是否符合标准化规定。
④配电、接地示意图。
a. 系统内部配电和接地原理是否合理。
b. 线缆规格和表示方法是否符合标准化规定。
⑤设备房间布置图。
a. 普通车站控制室布置图:车站控制室整体布置是否合理(例如IBP、机柜、挂墙设备与观察窗、工作台和房间门洞等是否匹配。IBP盘台背后维修空间是否满足等)。整体布置是否满足安全监控、操作及维修要求,是否有审查意见;IBP盘台的布置是否有审查意见。
b. 换乘车站合用控制室布置图:
a)车站控制室整体布置是否合理(例如IBP、机柜、挂墙设备与观察窗、工作台和房间门洞等是否匹配。IBP盘台背后维修空间是否满足等)。整体布置是否满足安全监控、操作及维修要求,是否有审查意见;IBP盘台的布置是否有审查意见。
b)换乘线路的设备安装预留空间是否合理。
c. 设备室布置图:
a)室内设备机柜(挂墙设备)布置是否合理。
b)室内设备机柜安装位置是否与线槽和架空地板等是否匹配。
⑥管线图:管线路由是否考虑周全和通畅(例如穿楼板、穿墙、预埋等),并有标注。
⑦主要设备材料和工程数量表:设备材料和工程量开项是否合理并完整。
(3)盘面和端子图。盘面图:盘面布局是否合理;端子图:端子图布局是否合理。
5. 火灾自动报警系统
1)文件编制完整性、规范性与格式
(1)封面、扉页中工程名称、单位名称和资质编号、篇编号及册编号等内容是否正确。
(2)目录图纸编号、名称与图纸图签栏是否对应。
(3)图纸版式是否满足标准化文件基本要求。
2)图纸内容
(1)设备安装接线大样图。
①大样图内容是否完整。
②大样图尺寸标注和安装说明是否准确。
(2)各站点(建筑物)图纸。
①设计说明。
a. 线路概况描述是否齐全。
b. 本册图相关建筑物情况简介是否齐全。

c. 系统构成描述是否齐全。
d. 施工安装要求描述是否齐全、准确。
e. 相关规范和标准是否为最新,是否符合相关规定。
f. 接口界面、工程界面描述是否准确,与图纸内容是否匹配。
g. 接口设计是否与设计联络成果一致,是否无遗漏。
②图例。
a. 各类主要设备图例是否齐全。
b. 图例是否符合相关规范或要求。
③火灾自动报警流程图是否合理并符合本站点建筑实际情况。
④火灾自动报警系统监控对象表中监控对象内容是否齐全。
⑤火灾自动报警系统图。
a. 系统图方案是否合理。
b. 系统图内容是否表示完整,是否涵盖本站点所有管辖范围的内容。
c. 设备编号是否无遗漏。
d. 与相关接口(内外)是否无遗漏。
⑥站点建筑火灾自动报警平面图。
a. FAS现场设备布置原则是否合理并符合相关规范要求。
b. FAS现场主要各类设备布置是否存在较大遗漏情况,声光报警器的设置是否符合规范的逃生提示和警示要求。
⑦区间火灾自动报警平面图。
a. FAS区间设备布置原则是否合理并符合相关规范要求。
b. FAS区间设备布置覆盖区域是否齐全。
⑧主要设备材料和工程量表中设备材料和工程量开项是否合理并完整。

6. 环境与设备监控系统
1)文件编制完整性、规范性与格式
(1)封面、扉页(说明书及附图)中工程名称、单位资质编号、单位名称、日期、篇编号及册编号等内容是否正确。
(2)目录、图签。
①目录图纸编号、名称与图纸图签栏是否对应。
②工程名称是否正确,设计阶段有无错误。
③各签署栏是否齐全,日期有无差错,任务单号是否正确。
④签字是否符合相关规定。
(3)格式规范。
①格式是否统一。
②表头、图名及编号与文字是否对应。
③字体大小是否合适,字高是否统一。
④语句是否通顺,文字有无乱码,有无错别字。

⑤所有文件和图纸是否满足标准化基本要求。
(4)文件深度。
①是否满足国家规范规定的设计阶段的深度要求。
②是否满足总体对设计深度的要求。
2)各施工图纸
(1)设计说明。
①是否有相关工程概况。
②设计依据中采用的规范名称、版本是否正确。
③是否有设计范围描述,且对不稳定因素等特殊情况有所说明。
④系统构成及功能描述是否齐全、完整。
⑤接口设计是否与设计联络成果一致,是否无遗漏。
⑥是否有电源、接地要求的描述。
⑦施工安装要求描述是否完备、准确。
⑧设计说明内容与设计图纸具体内容是否一致。
⑨设备、线缆编号原则是否合理完整,与图纸是否一致。
⑩相关图例是否齐全和正确,且与图纸是否一致。
(2)系统图。
①系统组成架构体现是否正确、完整清晰。
②控制箱柜编号是否正确,是否无重复。
④是否正确体现主要接口内容。
⑤线缆规格标注是否正确合理。
(3)监控对象表。
①监控对象有无遗漏,编号与提资是否一致。
②监控内容是否与设计联络保持一致。
(4)箱柜IO分配表及电缆清册。
①被控设备编号、位置与提资是否一致。
②被控设备是否无遗漏。
③箱柜内模块数量是否满足排布要求。
④线缆编号、规格型号、长度和线缆穿管长度是否正确。
(5)设备平面布置及管线路由图。
①本系统设备编号、平面布置是否合理、完整,是否与系统图一致。
②线缆敷设表达是否完整,是否与系统图一致。
③本系统设备、管线安装高度是否合理,与其他专业设备、管线安装是否无冲突情况。
④本系统变送器类等设备在管线上的安装位置是否合理,是否满足计量、工艺和控制要求。
⑤被控设备位置、编号是否与提资保持一致,是否无遗漏。
⑥主干桥架和线槽是否与综合管线保持一致。
⑦标注说明是否齐全和符合规范。

(6)主要设备材料表、工程数量表。
①设备、材料名称是否完整、无遗漏。
②规格型号是否与投标清单一致。
③数量与图纸是否相符。
④工程数量表是针对施工而言,甲供设备是否按成套设备进行计量。
⑤甲乙供标注是否正确。

7. 门禁系统
1)文件编制完整性、规范性与格式
(1)封面、扉页中工程名称、单位名称和资质编号、篇编号及册编号等内容是否正确。
(2)目录图纸编号、名称与图纸图签栏是否对应。
(3)图纸版式是否满足标准化文件基本要求。
2)图纸内容
(1)大样图。
①大样图内容是否完整。
②大样图尺寸标注和安装说明是否准确。
(2)各站图纸(建筑物)。
①设计说明。
a. 线路概况描述是否齐全。
b. 本册图相关建筑物情况简介是否齐全。
c. 系统构成描述是否齐全。
d. 施工安装要求描述是否齐全、准确。
e. 相关规范和标准是否最新标准,是否符合相关规定。
f. 接口界面、工程界面描述是否准确,与图纸内容是否匹配。
②系统图。
a. 全线系统和车站(单体建筑)系统组成、设备配置、保护对象等内容是否完整。
b. 系统构成方案是否合理。
③配电、接地示意图。
a. 系统内部配电和接地原理是否合理。
b. 线缆规格和表示方法是否符合标准化规定。
④设备室布置图:室内设备机柜(挂墙设备)布置是否合理。
⑤室外设备布置和管线图。
a. 就地门禁设备内容是否齐全。
b. 就地门禁设备安装位置是否合理,读卡器操作是否顺手。
c. 管线路由(例如穿楼板、穿墙、预埋等)是否考虑安全、合理和通畅,并有标注。
⑥主要设备表和工程数量表中设备材料和工程量开项是否合理并完整。

8. 计算机综合信息系统
1)文件编制完整性、规范性与格式
(1)封面、扉页中工程名称、单位名称和资质编号、篇编号及册编号等内容是否正确。

(2)目录图纸编号、名称与图纸图签栏是否对应。
(3)图纸版式是否满足标准化文件基本要求。
2)图纸内容
(1)设计说明。
①线路概况描述是否齐全。
②系统构成描述是否齐全。
③施工安装要求描述是否齐全和准确。
④相关规范和标准是否为最新,是否符合相关规定。
⑤接口界面、工程界面描述是否准确,与图纸内容是否匹配。
(2)系统图。
①各子系统内容是否完整。
②各子系统构成方案是否合理。
(3)布点表。
①端子分配方式是否合理。
②端子分配内容是否完整。
③各类线缆开项是否齐全。
(4)设备室布置图。
①室内设备机柜布置是否合理。
②室内设备机柜安装位置是否与线槽和架空地板等是否匹配。
(5)盘面图、面板图内容是否遗漏。
(6)主要设备材料和工程数量表。
①设备材料和工程量开项是否合理、完整。
②通信系统各图册之间设备材料表开项是否匹配(应在说明中交代本册图出现但未计量的设备材料的开项出处)。
(7)外围设备布置图、管线图。
①外围设备布置内容是否齐全。
②外围设备布置是否合理并与其他专业设计内容匹配。
③管线路由(例如穿楼板、穿墙、预埋等)是否考虑周全和通畅,并有标注。
④外围设备编号内容是否与系统图对应。

第8章 车辆基地专业

8.1 车辆基地工艺

8.1.1 校核要点

1. 说明书

(1)工艺专业的设计范围及主要界面是否表达清晰。
(2)设计年限、主要基础资料(配属车数、车辆参数等)是否表达清晰。
(3)总平面布置说明是否表达清晰。
(4)施工注意事项是否表达清晰。
(5)设备供货界面、施工单位工作范围是否表达清晰。

2. 总平面

(1)股道布置(股道名、股道号、道岔号,预留股道用虚线、车挡)是否表达清晰。
(2)房屋建筑(如库房长、宽尺寸及层数)是否标注。
(3)室外设施(堆场、试车线检查坑等的规格、面积)是否合理。
(4)用地红线、盖板范围(突出显示)是否标注。
(5)红线内地形是否删除。
(6)牵出线、试车线等室外线路有效长度是否满足要求。
(7)信号转换段与网轨转换段(如有)是否合理。
(8)是否满足新车装卸要求。
(9)洞口位置是否标注。
(10)站段关系示意图是否表达清晰。
(11)附表是否齐全、合理(如股道表、建筑物表、规模表、室外构筑物表等)。
(12)图例是否明确。
(13)说明(如坐标和高程系统、标高、注意事项等)是否突出项目重点。

3. 运用库平面

(1)土建信息(如轴号、柱位、门洞信息)是否表达清晰。
(2)库房长宽、库房开门位置、线间距、股道长度、各区域标高是否合理。
(3)列车编组轮廓示意图是否表达清晰。
(4)库内股道布置中股道编号及名称、相邻股道线间距、股道长度、前中后过道净宽、车挡位置、车挡尺寸是否合理。
(5)检修平台水池与插座的设置是否合理。

(6)是否考虑空调排水和洗车排水。

(7)主要设施、设备的位置示意中检修作业平台、检修坑长度及定位尺寸,静调电源柜、驾驶员上车平台及其他设施设备的位置、定位尺寸及外形轮廓,库内不同区域地面(低地面、检查坑、地面、作业平台)标高是否合理,中间作业平台护栏开门与列车开门是否对应,中间平台是否考虑车辆蓄电池拉出孔。

(8)是否有周、月检图纸,含两个平台图、剖面图(平台与车辆关系图)。

(9)是否有"风、水、电"等专业相关设施(如拖布池、动力插座等)进行示意。

(10)图纸说明中本库功能及组成,主要技术条件,接口说明,标注、标高单位是否表达清晰。

(11)设备表中表达序号、名称、型号及规格、数量、单位、功率、附注等信息是否合理。

(12)图示的工艺设备需要有数字编号,且编号与设备表保持一致。

4. 运用库剖面图

(1)剖面宽、库房净空(实际结构最低点)、检修低地面标高、检修坑标高、大型设备基础坑标高是否表达清晰。

(2)各股道名称、邻柱的股道中心线距柱边距离、各股道线间距是否合理。

(3)临修线移动式架车机基础示意是否合理。

(4)中间作业平台及车顶作业平台标高是否合理。

(5)车辆轮廓线示意是否表达清晰。

(6)检修平台和车辆轮廓的关系图是否表达清晰。

(7)接触网的高度是否表达清晰。

(8)图纸说明中图中标注及标高单位是否表达清晰。

5. 运转综合楼设备平面布置图

(1)各层房间面布置及门窗示意是否表达清晰。

(2)DCC等有工艺设备房的设备平面布置是否表达清晰。

(3)设备表中序号、名称、型号及规格、数量、单位、功率、附注等信息是否表达清晰。

(4)图示的工艺设备需要有数字编号,且编号与设备表保持一致。

(5)图纸说明中各层层高、标注的尺寸单位、DCC的说明等是否表达清晰。

(6)各层房间平台布置及门窗示意中,对有特殊开门、排水要求的房间(滤网清洗间、DCC等)是否标注门尺寸、排水设施等。

6. 洗车机库(棚)

(1)平面布置图中库房长宽、开门位置,洗车设备示意及各工位名称、列车前进方向示意,电缆沟、排水沟示意及标高是否表达清晰。

(2)横剖图中剖面宽、库房净空,电缆沟、排水沟、水池示意,列车横断面轮廓示意,洗车机设备的示意,接触网高度是否表达清晰。

(3)图纸说明:本库功能及组成,标注、标高单位等是否表达清晰。

(4)设备表中序号、名称、型号及规格、数量、单位、功率、附注等信息是否表达清晰。

(5)纵剖图中洗车设备示意及各工位名称,列车前进方向示意,与接触网专业核实接触网导线高度、隔离开关位置(说明中补充详见接触网专业)、无电区位置(三轨)是否合理。

(6)图示的工艺设备需要有数字编号,且编号与设备表保持一致。

7. 镟轮库

(1)平面布置图中库房长宽、开门位置,设备基坑尺寸,设备坑内工位名称示意,库内起重机型号参数,起重机的走行范围(走行轨中心线),列车前进方向示意是否合理。

(2)横剖图中剖面宽、库房净空,起重机走行轨面标高,设备基础坑标高,列车横断面轮廓示意是否合理。

(3)图纸说明中本库功能及组成,标注、标高单位是否表达清晰;是否注明"设备未招标,设备平面布置待招标后确定";库内所设空调、电源插座、网络接口及排水设施是否表达清晰。

(4)设备表中序号、名称、型号及规格、数量、单位、功率、附注等信息是否表达清晰。

(5)图示的工艺设备需要有数字编号,且编号与设备表保持一致。

8. 在线检测棚

(1)平面布置图中库房长宽、开门位置,设备各工位名称,列车前进方向示意,电缆沟、排水沟示意及标高是否合理。

(2)横剖图中剖面宽,库房净空,电缆沟、排水沟示意及标高,接触网导线高,检修走廊、爬梯示意及走廊高度,列车横断面轮廓示意是否表达清晰。

(3)图纸说明中本库功能及组成,标注、标高单位是否表达清晰,是否注明"设备未招标,设备平面布置待招标后确定";与通信的接口是否表达清晰。

(4)在线检测棚是否满足设备环境要求(避免阳光直射)。

(5)设备表中序号、名称、型号及规格、数量、单位、功率、附注等信息是否表达清晰。

(6)图示的工艺设备需要有数字编号,且编号与设备表保持一致。

9. 调机/工程车库

(1)库房长宽、开门位置,辅跨房间名称,库内起重机型号参数是否合理。

(2)库内股道布置中股道编号及名称、相邻股道线间距、股道长度、前后过道净宽、车挡是否表达清晰。

(3)主要设施、设备的位置示意中检修坑长度及定位尺寸及其他设施设备的位置、定位尺寸及外形轮廓,库内不同区域地面(低地面、检查坑、地面、作业平台)标高是否表达清晰;如线路配有电力蓄电池工程车,库内应考虑相应的充电设施(静调电源柜和自带充放电机);移动式架车机基础示意是否表达清晰。

(4)剖面图中剖面宽、库房净空、检修坑标高、起重机走行轨面标高是否表达清晰;各股道名称,邻柱的股道需要明确股道中心线距柱边距离;临修线移动式架车机基础示意(如有)、安全悬挂装置是否表达清晰。

(5)起重机型号起吊区域示意、起重机滑触线位置是否表达清晰。

(6)设备的定位尺寸是否表达清晰。

(7)图纸说明中本库功能及组成,标注、标高单位是否表达清晰;检查坑内设排水设施。

(8)设备表中序号、名称、型号及规格、数量、单位、功率、附注等信息是否表达清晰。

(9)车挡位置、车挡尺寸是否表达清晰。

(10)图示的工艺设备需要有数字编号,且编号与设备表保持一致。

10. 检修库平面组合图

(1)库房长度、宽度,库内通道布置,库房开门位置是否合理。

(2)库内股道布置中相邻股道线间距、前中后过道净宽、检修地坑长度是否合理。

(3)检修区布置中各检修区的长、宽尺寸,地面标高,坡面坡度是否合理。

(4)主要设施、设备位置示意中检修平台、检修坑等设施的示意,起重机、轮对/转向架转盘、固定式架车机、移车台、静载试验台、打磨喷漆间等大型有基础设备的示意,车辆轮廓线示意是否表达清晰。

(5)图纸说明中本库功能及组成是否表达清晰。

(6)图示上起重机驾驶员室爬梯是否合理,与其他设备、梁等是否碰撞。

(7)起重机起吊区域示意、起重机滑触线位置是否表达清晰。

11. 检修库剖面图

(1)剖面宽、库房净空、检修低地面标高、检修坑标高等尺寸信息是否合理。

(2)股道编号及名称,临柱及靠墙股道的中心线距建构筑物净距是否合理。

(3)起重机轨顶高是否合理表达清晰。

(4)固定式架车机基础标高、起重机吊钩极限高是否表达清晰。

(5)中间作业平台及车顶作业平台标高、中间作业平台梁下净空是否合理。

(6)车辆轮廓线示意、移动式架车机基础示意是否表达清晰。

(7)对于电化股道,应示意接触网并标明接触网高度是否表达清晰。

(8)是否有作业平台局部放大图,图中应包括平台至车辆轮廓线及股道中心线距离、中间作业平台梁下净空。

12. 检修库内各部件检修区工艺设备平面布置图

(1)设备表中表达序号、名称、型号及规格、数量、单位、功率、附注等信息是否表达清晰。

(2)需要示意洗手池、动力插座的位置是否表达清晰。

(3)股道编号及名称、相邻股道线间距是否合理。

(4)对于有基础及需安装的工艺设备,其位置、定位尺寸、基础轮廓是否表达清晰。

(5)对于大型无基础不需安装的设备设施,需要给出设备编号、定位尺寸、设备尺寸。

(6)图示的工艺设备需要有编号,且与设备表保持一致。

(7)图纸说明中该区域的主要检修工艺流程、主要工艺设备及其用途、设计规模、跨区域共用设备(如起重机)、图纸尺寸单位等是否表达清晰。

(8)起重机型起吊区域示意、起重机滑触线位置、钢爬梯的位置是否表达清晰。

13. 物资库房平面图

(1)库房长度、宽度,库内通道布置,库房开门位置及开门尺寸(宽、高)是否合理。

(2)库房房间名称及尺寸是否合理。

(3)仓库各货架区布置中各货架区(包含立体仓库货架、阁楼货架、大货架区、叉车充电区等)的长、宽尺寸,货架区前叉车转向区域的宽度,地面标高,坡面坡度是否表达清晰。

(4)立体仓库,阁楼货架区,大货架区隔离网的示意中,高度与长度是否表达清晰。

(5)叉车检修地沟长度及尺寸、沟底标高等是否表达清晰。

(6)立体仓库货架数量是否合理。

(7)图示的工艺设备需要有数字编号,且编号与设备表保持一致。

(8)设备表中序号、名称、型号及规格、数量、单位、功率、附注等信息是否表达清晰。

14. 物资库房剖面图

(1)剖面宽、库房净空、检修坑标高等尺寸信息是否合理。
(2)立体仓库货架层数是否合理。
(3)叉车检修地沟长度及尺寸、沟底标高等是否合理。
(4)图纸说明中本库功能及组成是否表达清晰。

15. 材料棚

(1)库房长度、宽度,库内通道布置,围蔽边开门位置及开门尺寸(如有围墙)是否合理。
(2)起重机规格及走行范围是否合理。
(3)图纸说明中本库功能及组成(如堆放的材料、分区说明等)是否表达清晰。
(4)剖面宽、库房净空等尺寸信息是否表达清晰。
(5)起重机规格及走行轨轨顶标高是否合理。
(6)图示的工艺设备需要有数字编号,且编号与设备表应保持一致。
(7)设备表中表达序号、名称、型号及规格、数量、单位、功率、附注等信息是否表达清晰。
(8)起重机型号起吊区域示意、起重机滑触线位置、钢爬梯的位置是否表达清晰。

16. 压缩空气管路

(1)压缩空气管路的走向、空压机的位置、管道支吊架的安装方式、出气口的位置是否合理。
(2)图例是否表达清晰。
(3)图示的工艺设备需要有数字编号,且编号与设备表应保持一致。
(4)设备表中表达序号、名称、型号及规格、数量、单位、功率、附注等信息是否表达清晰。

17. 标志标线

(1)是否与单体图一致。
(2)标识牌种类是否合理。
(3)位置、数量及设置方向是否合理。
(4)设备表中序号、名称、型号及规格、数量、单位、功率、附注等信息是否表达清晰。
(5)图例是否表达清晰。

8.1.2 审核要点

(1)对前阶段设计审查意见是否执行和回复,设计输入及设计评审是否完善。
(2)设计依据、设计原则和主要技术标准是否阐述清楚。
(3)校核意见及回复是否全面且正确。
(4)工程风险及措施建议、施工注意事项是否阐述清楚。

8.2 车辆基地站场

8.2.1 校核要点

1. 设计说明

(1)相关内容按编写的说明模板文件是否一一落实。

(2)参照的标准、依据格式是否标准,注明的时间、编制单位,规范版本号是否为最新。

(3)是否存在方案变更调整及进展情况说明。

(4)针对本工程标段施工注意事项、风险是否完整。

(5)与相关专业的接口描述是否准确。

(6)核实本专业各类工程量是否准确;土石方应结合三维地形模型进行复核;道路、红线围蔽、排水管网等工程量应结合图纸进行复核。

(7)工程概况描述是否重点突出,图册划分描述是否准确。

(8)引用的标准、规范是否准确,应重点核实标准的有效性。

2. ±0.000以下站场总平面图

(1)段型布置是否合理(结合出入线一同考虑)。

(2)段内线路设计是否满足工艺需求(如确保行车进路的合理性:要求总图各股道路径均能通过道岔顺利进出,尤其是从洗车线到运用库各股道的直接进出进路是否满足)。

(3)道路出入口设计位置是否合理(主出入口必须是现状路)。

(4)通段道路的半径、坡度是否满足运输需求。

(5)总图咽喉区股道线间距是否满足柱网/接触网等要求,咽喉区接岔是否有优化空间、岔心间距是否满足要求。

(6)场坪标高选取是否合理。结合出入段线线路设计条件,站场道路出入口接驳条件,站场排水与市政排水接驳条件,重大管线、河涌改移,100年一遇洪涝水位标高,站场土方填挖平衡等进行竖向标高确定。

(7)段内各构筑物、建筑物设计距离是否合理。单体(或库房)外轮廓与道路边缘的距离应预留管廊(管线)平面敷设范围,且考虑单体(或库房)出入口与道路现阶段的坡度不超过8%的要求,一般控制在不小于5 m。

(8)段场征地是否考虑周边排水、周边挡护、村道改移、河涌改移的用地。

(9)需明确段内桥涵、周边河涌改移、道路迁改、重大管线迁改具体平面方案。

(10)需通过股道统计表明确各站场线路的有效长,以便核实站场设计是否满足功能需求。

(11)需明确一度停车、信号转换的位置。

(12)需明确场坪标高、轨面标高(注意试车线轨面标高)。

(13)上盖段场需核实柱网布设是否影响段场功能(尤其是地下段场),重点核实是否有信号机、警冲标视野遮挡而影响线路有效长度。

(14)初步设计审查意见及落实情况。

(15)所有里程桩号是否为DK。

(16)周边支挡在总图中示意是否准确。

(17)红线围蔽与安全围蔽是否示意完整(如红线围蔽需在下部施工图实施,必须核实红线围蔽范围)。

(18)相关表格(如用地坐标、股道、道岔、主要经济指标表等)是否完整。

(19)基线范围是否完整,起终点选取是否合理。

3. ±0.000 以下站场周边排水平面图

(1)是否与总图一致。

(2)与改移河涌图纸一致性、占地范围是否含在征地中、河涌与车辆段的分界、改移河涌与周边排水、上部排水的预留排水口大小及标高、排水起终点标高衔接是否顺畅。

(3)与箱涵(如有)结构图纸的一致性，主管箱涵与周边排水的接口、与上部(盖上)排水的接口、起终点、接口的标高、接口大小，预留口大小及标高是否满足上部排水需求；如有上盖，主干箱涵是否避开上盖柱网的范围。

(4)与排水主干箱涵、市政管涵、河涌的衔接合理性、标高、坡度是否满足接入条件，排入对象是否能满足排水能力需求；为上部(盖上)排水预留的接驳点(排水口、排水井)，排水能力能否满足需求。

(5)水沟编号、宽度、水沟长度、坡度、起点沟顶和沟底标高、终点沟顶和沟底标高、起终点坐标。

(6)井编号、井坐标、管内径、长度、坡度、检查井底高程、检查井顶面高程、检查井深度。

4. ±0.000 以上站场总平面图

(1)段型布置是否合理(结合出入线一同考虑)。

(2)段内线路设计是否满足工艺需求(行车进路的合理性。要求总图各股道路径均能通过道岔顺利进出，尤其是从洗车线到运用库各股道的直接进出进路是否满足)。

(3)道路出入口设计位置是否合理(主出入口必须是现状路)。

(4)通段道路的半径、坡度是否满足运输需求。

(5)总图咽喉区股道线间距是否满足柱网/接触网等要求；咽喉区接岔是否有优化空间；岔心间距是否满足要求。

(6)场坪标高选取是否合理。应结合出入段线线路设计条件，站场道路出入口接驳条件，站场排水与市政排水接驳条件，重大管线、河涌改移，100年一遇洪涝水位标高，站场土方填挖平衡等进行竖向标高确定。

(7)段内各构筑物、建筑物设计距离是否合理。单体(或库房)外轮廓与道路边缘的距离应预留管廊(管线)平面敷设范围，且考虑单体(或库房)出入口与道路现阶段的坡度不超过8%的要求，一般控制在不小于5 m。

(8)段场征地是否考虑周边排水、周边挡护、村道改移、河涌改移的用地。

(9)需明确段内桥涵、周边河涌改移、道路迁改、重大管线迁改具体平面方案。

(10)需通过股道统计表明确各站场线路的有效长，以便核实站场设计是否满足功能需求。

(11)需明确一度停车、信号转换的位置。

(12)需明确场坪标高、轨面标高(注意试车线轨面标高)。

(13)上盖段场需核实柱网布设是否影响段场(尤其是地下段场)功能，重点核实是否有信号机、警冲标视野遮挡而影响线路有效长。

(14)初步设计审查意见及落实情况。

(15)所有里程桩号是否为DK。

(16)周边支挡在总图中示意是否准确。

(17)红线围蔽与安全围蔽是否示意完整。

(18)相关表格(如用地坐标、股道、道岔、主要经济指标表等)是否完整。

(19)基线范围是否完整;起终点选取是否合理。

5. 出入段线平面

(1)与车站接驳配线是否合理(以行车专业提资为准)。

(2)平面路由是否考虑相关控制点避让,并确保在图中标示避让点(盾构段线路中心线至构筑物基础边线一般按照不小于5 m控制,明挖段一般不小于8 m)。

(3)平面曲线连接是否顺畅,线间距、半径是否满足工法要求(圆曲线之间夹直线长度不小于一辆车长)。

(4)与正线交叉点竖向设计是否合理可行(地铁明挖工法轨面高差不小于7 m)。

(5)信号转换段/网轨转换段长度及坡度是否满足要求。

(6)与平面其他控制要素之间距离是否满足要求。

(7)里程桩号是否以RDK、CDK表示。

6. 出入段线纵断面图

(1)是否存在竖、缓重叠段及落实对应解决措施。

(2)纵断面避让竖向控制点(如避让河涌、正线、隧道、管线等)及相应的距离间隔需在图中标示。

(3)最小坡长是否满足远期一列车长要求(相邻竖曲线之间直线坡长不小于50 m)。

(4)最大坡度是否满足要求(不超过35‰)。

(5)两端竖曲线是否侵入道岔范围(需考虑短轨长度)。

(6)近车站段纵向设计是否满足一度停车坡度、长度要求(一般不宜超24‰)。

(7)纵断面终点标高是否与设计轨面标高一致。

(8)出洞口是否满足覆土要求。

(9)U型槽段两线轨面设计标高应尽量保持一致;若不一致,应与结构及轨道专业落实具体设计方案。

(10)线路与其他控制要素之间垂直距离是否满足要求。

(11)里程桩号是否以RDK、CDK表示。

(12)地勘资料是否准确。

(13)各段工法划分是否准确。

7. ±0.000以上站场排水平面图

(1)是否与总图一致。

(2)与下部施工图的一致性、为上部接驳排水的预留排水口、排水起终点标高是否满足上部排水需求。

(3)与道路排水、主干箱涵的接驳点孔洞大小、标高衔接,排入对象流量是否需求。

(4)与排水主干箱涵、市政管涵、河涌的衔接,坡度标高是否满足要求,流量是否满足需要;如有上盖,道路雨水管大小能否满足上盖雨水排放流量,雨水井的布置能否满足上盖立管的排放需求。

(5)调蓄水池容量大小是否符合给排水专业需求,排入及排出管径、标高衔接是否顺畅合理。

(6)水沟编号、宽度、长度、坡度、起点沟顶和沟底标高、终点沟顶和沟底标高、起终点坐标是否明确。

(7)井编号、坐标、管内径、长度、坡度是否明确;检查井底高程、检查井顶面高程、检查井深度是否明确。

(8)盖板开孔、盖板边缘是否设置排水沟。

8. ±0.000以上站场道路平面图

(1)是否与总图一致。

(2)段内道路布置是否顺畅、是否满足运输需求;道路高程与场坪高程、轨面、库房单体±0.000的高差关系,纵断面坡度是否超出设计范围;如有上盖,道路路面与柱网是否避开。

(3)路由布设、与既有道路的接驳是否合理;通段道路是否有运输需求;路由平面与地形、周边构筑物的关系是否合理;临时、永久征地范围是否包含了道路及边坡水沟范围。

(4)长、大物件运输特殊要求路由是否满足要求。

(5)人行道是否布置在人流集中路侧;咽喉区库前道路是否与环形路设置有人行道。

(6)道路编号、起终点、里程、宽度、长度、道路位置描述是否准确。

(7)库内平交道、单体引道与建筑图纸是否对应(库内平交道、单体引道由建筑专业负责)。

(8)设计图册与施工标段划分是否一致,其他未尽事宜说明是否准确。

(9)核实出入口伸缩门位置的道路是否设置为平坡,是否满足伸缩门设置要求。

(10)对段内无法满足会车要求的道路(如4 m宽道路),是否按要求设置错车道,是否配置相应的标牌。

(11)核实路缘石标高。明确在单体引道处是否取消路缘石;在停车位、堆场、新车装卸场地等区域是否降低路缘石标高。

(12)咽喉区裸露土是否全部覆盖,是否出具相应的大样图。

(13)核实柱网是否侵入道路。

9. 线路尺寸图

(1)警冲标的布置是否合理。

(2)线路定位表(应如实反映各线路敷设的测量定位参数)是否正确。

(3)车挡形式(应根据轨道专业提资,准确描述车挡形式)是否表达正确。

(4)试车线标高与一般线路标高不一致,是否进行说明。

(5)道岔型号、方向描述是否正确。

(6)道岔编号是否准确,是否满足信号需求。

10. 站场路基横断面设计图

(1)出入线附近的断面图需表达清楚线路、U型槽、周边支挡、周边排水、主要管沟、电缆沟、上盖段场的承台等之间的平面、竖向关系。

(2)厂区内路基横断面应表达清楚周边排水、周边支挡、人行道、主干管沟、电缆沟、房屋建筑外轮廓等平面、竖向关系。

(3)±0.000以下图册的横断面设计地面线、场坪线、填料分界线、开挖线设计是否有遗漏,是否准确。

(4)各类填料在断面图中是否明确表达;断面面积表达是否清晰、合理。

(5)断面图应有对应断面位置的地址剖面图。

(6)土方开挖时有涉及石方的,横断面图中需要勘察专业提供土石分界线,以便计算土方、石方工程量。

(7)室外完成面的设计及标高是否合理。

11. 各类大样图

(1)引用是否恰当,是否采用最新大样图。

(2)各类标注是否有根据具体项目调整。

(3)是否具备特殊说明。

12. 标志标线总平面图

(1)是否与总图一致。

(2)标识牌种类是否合理(交通指示牌、路牌)。

(3)位置、数量及设置方向是否合理。

(4)标志牌的朝向是否合适。

13. 其他方面

(1)封面、图框、图签栏是否按照单位、总体下发的文件执行。

(2)线型、字体等是否符合制图标准。

(3)图面表达是否简洁明了、重点突出、美观。

8.2.2 审核要点

(1)对前阶段设计审查意见是否执行和回复,设计输入及设计评审是否完善。

(2)设计依据、设计原则和主要技术标准是否阐述清楚。

(3)校核意见及回复是否全面且正确。

(4)工程风险及措施建议、施工注意事项是否阐述清楚。

(5)知识库文件推广使用表填写是否准确。

(6)近期其他场段站场图纸审核意见。

8.3 车辆基地建筑

8.3.1 校核要点

1. 图纸目录

(1)是否先列新绘制图纸,后列选用的标准图或重复利用图。

(2)图号、图名与图签的图号、图名是否一致。

(3)图号为-XX.G或-XX.B的应在备注中明确"原-XX图作废"。

(4)建筑补充、变更图,应编制完整目录,明确"*"为本图册内容。

2. 首页(设计说明)

(1)设计说明条文是否满足现行《建筑工程设计文件编制深度规定》的要求,内容是否齐全完整。

(2)说明的内容及数据是否与设计图纸一致。

(3)各阶段报建批复意见及回复。

(4)各专项设计(初步设计、消防专项、人防专项、文物保护专项、绿化保护专项)专家意见及回复。

(5)除上述(4)(5)点之外的原因所引起的方案变更情况说明。

(6)设计所依据的规范是否最新有效。

(7)各部位装修做法是否合理。

3. 总平面图

(1)保留的地形和地物,需灰度显示。

(2)用地红线测量坐标值应明确标注。

(3)道路红线、建筑控制线等位置,有规划、消防退距要求的部位应明确标注,并提供满足间距的分析资料(如计算公式)。

(4)场地四邻原有及规划的道路、绿化带等的位置,周边场地用地性质以及主要建筑物、构筑物、地下建筑物等的位置、名称、性质、层数应明确标注。

(5)建(构)筑物(人防工程、地下车库、油库、贮水池等隐蔽工程以虚线表示)的名称或编号、层数、定位(坐标或相互关系尺寸)应明确标注。

(6)广场、停车场、运动场地、道路、围墙、无障碍设施、排水沟、挡土墙、护坡等的定位应明确标注。如有消防车道和扑救场地,需注明。

(7)指北针或风玫瑰图。

(8)建(构)筑物使用编号时,应列出"建筑物和构筑物名称编号表"。

(9)应注明尺寸单位、比例、建筑正负零的绝对标高、坐标及高程系统、补充图例等。建筑物高度一般按消防要求注明屋面完成面高度,有规划限高要求的地区应补充女儿墙高度及屋面突出物最高点高度。

(10)道路、坡道变坡点的设计标高以及广场、停车场、运动场地设计标高应明确标注。

(11)区位示意图、更大范围的示意项目所在区域的周边关系应明确标注。

(12)主要经济技术指标表、新建建(构)筑物信息表是否与报规指标一致。

(13)当绿化或景观环境另行设计时,是否有相关说明及明确绿化范围。

(14)是否标注与市政路网相连接的场地出入口。

(15)是否标注地下车库的出入口。

4. 平面图

(1)是否满足工艺布局和现行《建筑工程设计文件编制深度规定》的要求,内容是否齐全完整。

(2)建筑类别、防火分区、防烟分区、疏散楼梯、疏散长度、袋形走道、防火墙、防火门、消防电梯等设计是否符合相应防火规范,所标注房间名称、使用功能、面积和使用人数核实疏散宽度是否满足要求。

(3)轴线之间尺寸、最外轴线之间的总尺寸或外包总尺寸、门窗洞口尺寸、分段尺寸、墙体厚度、墙体与轴线关系尺寸是否齐全、准确(或是否用说明注明)。

(4)内门窗洞口尺寸及定位尺寸、门洞尺寸及定位尺寸是否齐全准确;构造柱、过梁是否标注明确。

(5)门窗编号是否齐全准确,门的开启方向是否合理,与门窗表是否相符。

(6)室内外地面标高及各层楼面标高是否齐全、准确。

(7)是否考虑了大型设备吊装孔。

(8)伸缩缝、沉降缝、抗震缝的位置、尺寸及索引是否准确。

(9)室内外散步、坡道、阳台、雨篷、通风道、管井、烟囱、垃圾道、雨水管等设计是否合理,其位置尺寸是否齐全、准确。是否有做法索引,或与相应详图是否一致。

(10)地坑、地沟、人孔及墙上留洞的位置尺寸、标高是否齐全、准确,并应与结构、设备工种有关图纸核对。

(11)女儿墙、挑檐、变形缝及不同标高的屋面是否表示准确。

(12)坡向、坡度、分水线、檐沟、落水口等是否设计合理,标注明确。

(13)有地下室的建筑标注使用功能、面积、埋深、防火分区和疏散口及疏散距离。

5. 立、剖面图

(1)是否满足工艺布局和现行《建筑工程设计文件编制深度规定》的要求,内容是否齐全完整。

(2)立面两端部的轴线及轴线编号、分段轴线及轴线编号是否与平面相符。

(3)室外地面、一层地面、主要挑檐或女儿墙顶、建筑物最高点等标高是否标注齐全,是否与剖面一致。

(4)外墙面及局部装饰的材料、颜色是否标注明确。若有粉刷分格,应表示分格线。是否选做法或与有关详图是否一致。

(5)建筑外轮廓、屋顶、挑檐、女儿墙、门窗、门头、阳台、雨篷、花台、台阶、踏步、坡道、雨水管、变形缝及消防梯等是否准确,与平、剖面图和有关详图是否相符。

(6)外墙留洞尺寸、标高是否与平面一致,并应与结构、设备工种有关图纸核对。

(7)低窗台是否设置安全护栏、安全玻璃。

(8)剖面墙身节点详图与其他详图的详图符号是否齐全、准确。

(9)剖面图中所表示的圈梁、过梁、楼板主次梁位置是否与结构专业一致。

6. 详图

(1)是否满足现行《建筑工程设计文件编制深度规定》的要求。

(2)详图所示的轴线及轴线编号、标高、尺寸、承重结构等是否与平、立、剖面相符。

(3)详图索引编号是否准确。

(4)详图与结构(如墙身节点、楼电梯详图等)、设备(如卫生间布置、吊顶平面上各种装置及检查孔、管井等)工种有关时,应与有关图纸核对。

(5)与安全有关部位(如防火、防水、抗震、防腐蚀的处理是否合理并符合规范要求;吊顶及悬挂构件是否安全可靠;保温防结露处理是否妥当等)应重点核对。

(6)与人体活动有关部位(如楼梯设计、卫生间布置、厨房及餐厅等)应重点核对。

(7)卫生间的设备间距是否满足规范。卫生洁具数量、布置是否妥当。

8.3.2 审核要点

1. 总则

(1)校核意见及回复是否全面且正确。

(2)设计中如有超标准、超面积、超投资等问题,审核是否通过变更。

(3)设计是否满足现行《地铁设计防火标准》(GB 51298)、《建筑设计防火规范》(GB 50016)。
(4)审查建筑消防设计是否满足相关规范。
(5)工程风险及措施建议、施工注意事项是否阐述清楚。

2. 总平面
(1)总体布局、经济技术指标等是否符合初步设计及初步设计批复。
(2)防洪防涝是否表达清楚并符合实际情况。
(3)总平面的交通组织是否满足规划部门的要求。
(4)建筑场地出入口数量、道路宽度、机动车出入口距城市道路交叉口距离,室外道路设计宽度、转弯半径、标高,停车场、地下车库出入口位置、宽度是否影响地面交通、步行人员安全。
(5)总平面布置(地面附属建筑与周边建筑防火间距,附属之间的间距)是否满足消防规范要求。
(6)总平面布置是否满足环评要求。
(7)总平面布置是否满足规划要求,是否已通过规划报批程序。

3. 平、立、剖面图
(1)各层标高、层高是否符合规定;各层平面的防火分区、防烟分区面积是否符合规定。
(2)各层平面疏散出入口数量、安全疏散距离、袋形走道长度及走廊、楼梯及门的宽度,是否按要求设置防火门;内走廊有无采光通风、长度是否满足要求。
(3)是否按规范设置封闭楼梯间或防烟楼梯间;是否按要求设置消防专用通道。

8.4 车辆基地结构

8.4.1 校核要点

1. 重大边界条件
(1)核实场段是否位于拆迁区,初步设计阶段是否已考虑单体范围内既有地下构筑物、桩基破除工程量。
(2)核实场段内是否有地铁隧道或车站穿越。
①核实地铁隧道或车站与场段的建设时序。
②核实预留地铁隧道下穿条件是否有相关权属单位的正式输入。
③核实预留地铁隧道下穿条件的技术合理性是否经过专项论证和专家评审,并取得相关建设方的确认。
④核实场段与下穿地铁权属单位的设计界面、投资界面是否发文明确。
(3)核实场段内是否有市政路桥上跨或下穿。
①核实市政路桥与场段的建设时序。
②核实市政路桥是否有相关权属单位的正式输入;采用上跨或下穿方案是否有经过专项论证和专家评审,并取得相关主管部门的确认。
③核实预留市政路桥下穿条件的技术合理性是否经过专项论证和专家评审,并取得相关

建设方的确认。

④核实场段与市政路桥权属单位的设计界面、投资界面是否发文明确。

(4)核实场段内是否有古树、古文物、河涌、重要管线,是否有避让或迁改或相关保护措施;设计方案是否已报相关主管部门审查。

2. 风险源识别及应对措施

(1)核实车辆段内是否存在重要文物建筑且位于单体基坑开挖影响范围内,是否已对文物进行保护性设计,并预留基坑监测工程量开项。

(2)核实场段周边是否存在其他项目基坑开挖,其开挖期间是否会对场段内部造成影响,单体方案是否进行前瞻性、防御性设计。

(3)核实图纸是否有危大工程专项说明,明确高支模、深基坑、大跨度等危险性较大的工程在本项目中的位置,并提出相关处理措施。

3. 专业接口

(1)核实建筑专业的单体平面、立面、墙身大样、楼梯大样提资是否完备。

(2)核实通风、给排水、供电专业的设备基础、设备荷载、预埋件、预留孔洞等接口是否完备。

(3)核实工艺专业的净高需求、设备基础、设备荷载、预埋件、预留孔洞等接口是否完备。

(4)核实轨道专业的轨道形式、轨道范围、二次浇筑范围、结构预留轨道槽口等接口是否完备。

(5)核实综合管线的综合管廊断面形式、平面路由、管廊与既有单体的接口、综合支吊架荷载及路由等接口是否完备。

(6)核实接触网专业的接触网净高需求、接触网下锚端做法、接触网立柱基础等接口是否完备。

(7)核实BAS、FAS、通信、安防等系统专业的管线荷载、路由是否明确。

4. 结构计算

1)计算书内容是否完整

(1)核实是否属于超限工程,是否进行相关的超限补充分析并明确超限加强措施以及落实超限审查意见的情况。

(2)主体电算计算书应包括计算机软件名称及代号、版本号、输入的结构总体计算总信息、周期、振型、地震作用、位移、结构平面简图、荷载平面简图、配筋平面简图等。

(3)地基计算、基础和承台计算、人防计算、楼梯计算、地下室外壁板及挡土墙计算是否正确完备。

2)计算输入参数是否正确

(1)计算简图是否正确合理。

(2)输入的原始数据是否正确。

(3)抗震设防烈度、设计基本地震加速度和所属设计地震分组、结构抗震等级、场地类别、基本风压等是否注明并符合规范要求,结构使用年限,耐久性使用年限是否满足规范要求。

(4)荷载取值(各功能用房、管线荷载、列车荷载、屋面荷载等)是否满足规范要求,是否与车辆基地各单体的使用要求及相关提资吻合。

3)上部结构计算指标是否正确合理

(1)自振周期、振型、第一扭转与第一平动周期比、层侧向刚度比、带转换层结构的等效侧向刚度比、楼层地震剪力系数、有效质量系数、长细比、宽厚板等是否在工程设计的正常范围内并符合规范、规程要求。

(2)层间弹性位移(含最大位移与平均位移之比),弹塑性变形验算时的弹塑性层间位移,墙、柱轴压比、柱有效计算长度系数等是否符合规范规定。

(3)大跨度梁板计算、外墙大样计算以及结构正常使用极限状态、钢筋混凝土构件、预应力混凝土构件是否分别按荷载的准永久组合并考虑长期作用的影响或标准组合并考虑长期作用的影响,进行裂缝宽度(或拉应力)及挠度的验算。

(4)水池、地下室顶板和外墙计算,采用的计算简图和荷载取值(包括地下室外墙的地下水压力及地面荷载等)是否符合实际情况,计算方法是否正确。

4)基础设计是否正确合理

(1)岩土工程勘察报告是否由具有相当资质的勘察单位提供,是否为经审查的最终版本;结构设计人员是否经分析并合理采用勘察数据。

(2)基础选型、地基处理方案是否经济合理。

(3)基础埋深、持力层选择是否正确。

(4)基础设计是否全面考虑了地基承载力、独立基础、桩基础承载力以及地基沉降。

(5)对沉降差异是否采用有效方法进行控制;存在软弱下卧层时,是否对下卧层进行了强度和变形验算。

(6)单桩(竖向、水平)承载力的确定是否正确(计算参数是否与地质报告相符),群桩的承载力计算是否正确;桩身混凝土强度是否满足桩的承载力设计要求。

(7)当桩周土层产生的沉降超过基桩的沉降时,应考虑桩侧负摩阻力。

(8)核实是否需考虑抗浮设计;对于需考虑地下水位对地下建筑影响的工程,设计及计算所采用的防水设计水位和抗浮设计水位,是否符合岩土工程勘察报告所提水位及相关规范要求;核实抗浮计算是否正确。

(9)核实场地地质腐蚀性等级、相关材料选择是否满足水(土)腐蚀性的要求。

(10)有人防地下室时,基础结构是否按人防荷载与建筑物的最不利荷载控制。

5)单层钢筋混凝土排架厂房

(1)厂房的平面布置是否符合规范要求。

(2)排架柱的设计是否符合要求,柱的稳定性措施是否得当。

(3)屋盖选型是否得当,是否设置了稳定支撑系统。

(4)屋架与柱的连接是否正确。

6)钢结构

(1)钢结构结构选型是否经济合理。

(2)屋面恒载、活载、风荷载及荷载取值是否正确。

(3)核实是否已考虑升温、降温工况。

(4)核实钢结构挠度是否在规范允许范围内。

(5)核实钢结构支座计算是否正确。

(6)受弯构件的抗弯强度、抗剪强度、局部承压强度、整体稳定性的计算或验算是否满足规范要求。

(7)轴心受力构件和抗弯、压弯构件的强度、稳定性计算或验算是否满足规范要求。

(8)受压构件中的翼缘板自由外伸宽度与厚度之比是否满足规范要求。

(9)对承受动力荷载重复作用的构件是否进行了疲劳计算;计算结果是否满足规范要求。

(10)当采用焊缝连接时,对其在拉力、压力或剪力作用下的强度计算是否满足规范要求。

(11)当采用螺栓连接和铆钉连接时,对其承载力的计算是否设置了独立的空间稳定的支撑系统。

(12)对于天花吊顶系统,应对各部位杆件及连接件强度、稳定性以及变形挠度进行受力计算。

5. 图纸

1)图纸通用问题

(1)送校核时是否有自校(点校)。

(2)设计文件深度是否满足现行《建筑工程设计文件编制深度规定》,与应执行的规范及技术措施是否一致。

(3)工程名称、设计项目及业务号是否与项目负责开放资料一致。

(4)图纸名称及编号与图纸目录是否一致;目录是否包括本工程全部设计图及套用图。

(5)相关设计接口是否明确;所有说明是否合理、通顺;用词是否符合专业术语习惯,字体是否清晰、整齐,是否使用规范字、无错别字;同一工程的图纸是否一致。

(6)必要的施工注意事项是否注明。

(7)结构图纸是否满足其他专业的要求,是否与其他专业的有关部分相一致,是否经过会签。

(8)房屋局部采用钢网架、钢桁架、钢雨蓬结构时,与主体结构连接是否可靠,计算、构造应符合规范要求。

(9)框架结构抗震设计时,不应采用部分由砌体墙承重的混合结构形式,高层框架结构不应采用单跨框架。

(10)结构平面图与提资图尺寸是否对应;大样构件尺寸与平面图(剖面图)是否对应。

2)图纸总说明

(1)车辆基地工程概况是否准确详细,是否与本图册内容一致。

(2)设计阶段的现场边界条件是否明确;危大清单及工程风险(施工建议)等相关内容是否表达。

(3)施工图是否按要求明确与初步设计(招标设计)的工程量对比,是否明确方案变化情况以及变更办理情况。

(4)设计依据是否正确、齐全。使用的设计规范、规程以及提资(勘察报告、相关审批文件等),是否适用于本工程,是否为有效新版本。

(5)所有说明是否合理、通顺、清晰,有无错别字;总说明与图纸说明是否一致。

(6)抗震设防烈度、设计基本地震加速度和所属设计地震分组、结构抗震等级、场地类别、楼面荷载、基本风压、荷载取值等是否注明并符合规范要求;结构使用年限、耐久性使用年限是否满足规范要求,是否与计算书一致。

(7)材料的品种、规格、重度限值、设计强度值、强度等级是否表示清楚,是否满足抗震及耐久性相关要求。

(8)防水混凝土构件的抗渗等级是否注明并符合规范要求。

(9)±0.000相当于绝对标高是否与站场、建筑图一致。

(10)地质情况是否与岩土工程勘察报告一致。

(11)计算程序、版本号及编制单位是否正确。

(12)地基基础设计等级是否注明;构造要求(保护层、钢筋接头、锚固、圈梁、构造柱等构件)是否明确,是否满足要求。

(13)地下结构防水等级、抗浮措施、沉降观测要求是否明确;持力层的选择是否合理,基础埋深是否满足要求。

(14)是否提出第三方监测的相关要求;钢结构方面,是否明确钢结构体系、明确楼(屋)面荷载(根据实际荷载要求考虑提供荷载布置图),是否明确各部位主要构件形式、连接方式、焊缝等级、防火防腐蚀要求及检测要求。

3)基础图

(1)核实轴号、尺寸是否有误,是否与建筑图对应;核实承台(基础)及道床(检查坑)、构筑物基础的定位、编号和标高,核实吸水槽、集水井、集水沟是否与承台、地梁、道床(检查坑)、地下水池、设备基础等冲突,结构底板标高与承台面(基础面)标高的关系是否正确。

(2)核实建筑台阶、车道等对承台(基础面)标高的影响;承台(基础)有无出建筑红线或露出室外地面,承台间桩距是否存在不满足规范要求的情况,柱子形心是否落在承台形心上。

(3)抗拔桩承载力是否满足要求;抗浮措施是否合理。

(4)对照勘察报告,注意天然基础底能否落在持力层上,桩长是否合适(应对持力层深度变化分区段注明)。

(5)建筑地面有高差的地方应注意挡土要求。

(6)地梁与承台间是否预留空隙与设备管通过。

(7)地梁尺寸及布置是否合理。

(8)承台长宽高等尺寸是否与平面图一致;承台上部结构表示是否正确;承台厚度是否合适;承台抗弯钢筋是否足够(受力与规范构造要求),方向有无错误;台标高是否与桩顶标高吻合;基础标高与地梁标高是否配套。

(9)抗拔桩钢筋是否满足需求,锚固长度是否满足需求。

(10)基础是否与其他埋地设施冲突。

(11)需进行沉降观测时,是否注明观测点位置;对沉降差异是否采用有效方法进行控制。

(12)型钢柱脚埋深是否满足规范要求,柱脚大样是否经过验算。

4)平面布置图

(1)轴号、尺寸是否有误,是否与建筑图对应。

(2)道床、底板、检修平台、检查坑等部位结构轮廓与建筑是否一致。

(3)结构平面各部分的标高是否标明,是否与建筑相应位置符合;应注意建筑覆土范围、各层下沉或垫高部位。

(4)屋面、地下室平面是否为结构找坡;若建筑找坡是否考虑找坡荷载。

(5)建筑、设备在板上开洞有无遗漏。

(6)墙柱是否与建筑一致,在位置和尺寸上是否有影响建筑使用。

(7)建筑、设备在混凝土墙上开洞有无漏。

(8)墙、柱顶标高是否满足建筑标高,是否满足梁板的搭接要求。

(9)各部位梁的定位、编号、尺寸和跨数以及梁顶标高与板面标高关系是否正确。

(10)电梯、检查坑、水池等底坑标高有无遗漏;机房部位是否封板;机房(各设备房)顶部是否需要设检修吊钩。

(11)楼梯柱是否已表示且定位;楼梯起步位置是否已表示。

(12)大样详图在平面上是否有表示,是否与编号对应;标高、定位轴线与平面是否对应。

(13)剖切方向和索引图号、索引位置是否正确;相应大样是否存在。

(14)后浇带间距是否合适。

(15)特殊楼板厚有无说明。

(16)柱、剪力墙是否有编号;编号是否重复。

(17)需在某特殊位置收柱的墙柱顶标高有无表示。

(18)柱、墙变截面时是否突出建筑上层边界线,是否影响管井的直落。

(19)剪力墙厚度及剪力墙和框支剪力墙底部加强部位的确定是否符合规范、规程的规定。

(20)材料强度是否正确。

(21)梁、板的高、厚度,除符合受力、变形的要求外,是否也符合其他专业的要求(如梁下净空)。

(22)预留洞的尺寸、位置是否与有关专业要求相一致,预留洞边是否采取措施予以加强。

(23)防空地下室结构的设计与构造(构件强度、构件最小尺寸、构件最小配筋率等)是否符合专门规范有关规定。

5)梁结构图

(1)梁尺寸、标高及平面位置是否正确,有无遗漏,是否标明平面尺寸与定位轴线的关系,是否与其他专业互相冲突的地方。

(2)平法表示是否规范。有无遗漏配筋。

(3)注意悬挑梁、短跨梁底筋、连续梁支座面筋。通长面筋与支座面筋是否有矛盾。配筋率有无超过2.5%或小于构造配筋率$131\times\min[0.2\%, 0.45f_t/f_y$,($f_t$为混凝土抗拉强度,$f_y$为钢筋屈服强度)]。

(4)箍筋肢数、间距是否正确;梁底筋面积是否小于面筋的一半(一级)或0.3倍。

(5)所有梁配筋需查对计算书,应特别注意框支梁、悬挑梁、大跨梁。

(6)集中标注时检查大跨段、悬挑段配筋是否足够。

(7)变标高处面筋不能连通,钢筋位置是否交待清楚,是否有大样表示。

(8)框支梁配筋率、配箍率、腰筋、连梁的构造及腰筋、箍筋是否满足计算及规范要求。

(9)集中荷载处吊筋、吊箍是否满足规范要求;抗扭筋有无附加表示,是否满足规范要求。

(10)框支梁、柱、落地剪力墙底部加强部位及转换层楼板的截面尺寸、配筋和构造是否符合规范要求。

(11)集中荷载的附加横向钢筋是否满足要求。

(12)悬臂梁主筋锚固长度是否满足要求。

(13)抗扭梁的腰筋及抗扭箍筋是否满足要求。

(14)曲梁、变截面梁与悬臂构件各截面承载力是否满足要求,构造做法是否明确;穿梁孔洞是否按要求加强。

(15)梁钢筋每排根数是否已考虑混凝土振捣棒的要求及施工误差。

(16)钢梁(钢构件)平面尺寸及大样是否对应,连接方式是否通过验算;梁柱节点形式是否受力明确、安装方便、节省材料;当为混合结构时,钢结构构件与其他构件的连接是否可靠安全。

(17)钢结构构件表面是否采用有效措施防锈和隔热、防火。

6)楼(屋面)板结构图

(1)洞口、变标高处板筋需断开。

(2)短向跨度大于4500 mm的板应有裂缝、挠度验算计算书。

(3)板荷载取值是否合理、统一。

(4)各级钢筋底筋符号表示是否正确。

(5)应说明有无与平面图矛盾。

(6)较大楼板开洞处是否需要增设梁。

(7)钢檩条与主体钢构件(钢梁、球节点)、屋面板(排水沟)的连接构造是否明确。

7)墙柱结构及大样图

(1)编号、尺寸、标高与平面是否对应。

(2)所有墙柱配筋均须查对计算书。

(3)配筋是否遗漏;纵筋箍筋是否满足规范构造要求。

(4)截面高度不小于层净高1/4的柱或剪跨比不大于2/3的柱、一、二级角柱、框支柱箍筋是否全高加密。

(5)框支柱是否满足配筋率、配箍率的要求。

(6)墙拉筋间距是否是分布筋间距的倍数。

(7)底部加强层、框支墙的水平、竖向钢筋是否有加强。

(8)针对预留柱头做法是否合理。

(9)起重机牛腿标高、受力是否满足要求。

(10)型钢梁柱节点钢筋是否进行放样核实尺寸,是否已考虑现场施工的误差。

(11)混凝土梁柱节点的钢筋排布是否已考虑提升混凝土浇筑的质量;对于装配式梁柱节点,应核实节点内梁柱钢筋是否存在冲突。

(12)混凝土柱头构造是否满足钢结构屋盖支座的连接要求。

8)楼梯大样与楼梯表

(1)楼梯轴线位置与建筑平面是否相符。

(2)梯板宽度应包含扶手或防火墙宽度。

(3)楼梯标高是否有误,梁、板下净空是否合适有无碰头现象。
(4)梯板、梯梁有无墙、柱等支承(需核查平面、墙柱定位图)。
(5)梯表中梯板、梯梁编号、跨度是否与平面一致;梯柱顶标高是否标注;断面、钢筋是否合适。
(6)注意休息平台标高与楼层标高的关系,楼层处是否为楼板钢筋的延伸。

9)结构外墙大样
(1)结构外墙大样是否与建筑大样相符。
(2)核实大样标高尺寸是否与结构平面图相符。
(3)结构大样与主体结构关系是否清楚,是否有可靠连接。
(4)明确大样配筋原则:不能在阴角弯折,应在可能受拉边布置钢筋,受力钢筋应可靠锚固在主体结构中,配筋要满足最小配筋率要求。
(5)索引位置是否明确。

10)地下管沟、检查坑、设备(轨道)基础、U型槽等详图
(1)一般应包括吊车梁、综合廊道、电缆沟、集水井、电梯底坑、地下水池、整体道床、壁(柱)式检查坑、镟轮库设备基础、架车机设备基础、U型槽等。
(2)检查预埋件是否与相关专业提资一致。
(3)埋地部分混凝土是否采用抗渗混凝土,其使用年限、耐久性是否满足要求。
(4)结构完成面标高是否考虑建筑完成面或排水找坡要求。
(5)设备基础是否满足承载力及沉降要求。
(6)设备基础是否与主体结构基础、其他埋地设施冲突;杂散电流焊接点是否正确等。

8.4.2 审核要点

1. 重大边界条件

(1)核实场段是否位于拆迁区,初步设计阶段是否已考虑单体范围内既有地下构筑物、桩基破除工程量。
(2)核实场段内是否有地铁隧道或车站穿越。
①核实地铁隧道或车站与场段的建设时序。
②核实预留地铁隧道下穿条件是否有相关权属单位的正式输入。
③核实预留地铁隧道下穿条件的技术合理性是否经过专项论证和专家评审,并取得相关建设方的确认。
④核实场段与下穿地铁权属单位的设计界面、投资界面是否发文明确。
(3)核实场段内是否有市政路桥上跨或下穿。
①核实市政路桥与场段的建设时序。
②核实市政路桥是否有相关权属单位的正式输入,采用上跨或下穿方案是否有经过专项论证和专家评审,并取得相关主管部门的确认。
③核实预留市政路桥下穿条件的技术合理性是否经过专项论证和专家评审,并取得相关建设方的确认。
④核实场段与市政路桥权属单位的设计界面、投资界面是否发文明确。

(4)核实场段内是否有古树、古文物、改移河涌,是否有避让或相关保护措施;设计方案是否已报相关主管部门审查。

2. 风险源识别及应对措施

(1)核实车辆段内是否存在重要文物建筑且位于单体基坑开挖影响范围内;如有是否已对文物进行保护性设计。

(2)核实场段周边是否存在其他项目基坑开挖,其开挖期间是否会对场段内部造成影响,单体方案是否进行前瞻性、防御性设计。

(3)核实图纸是否有危大工程专项说明对高支模、深基坑、大跨度等危险性较大的工程予以明确。

3. 专业接口

(1)核实建筑专业的单体平面、立面、墙身大样、楼梯大样提资是否完备。

(2)核实通风、给排水、供电专业的设备基础、设备荷载、预埋件、预留孔洞等接口是否完备。

(3)核实工艺专业的净高需求、设备基础、设备荷载、预埋件、预留孔洞等接口是否完备。

(4)核实轨道专业的轨道形式、轨道范围、二次浇筑范围、结构预留轨道槽口等接口是否完备。

(5)核实综合管线的综合管廊断面形式、平面路由、管廊与既有单体的接口、综合支吊架荷载及路由等接口是否完备。

4. 结构计算

1)计算书内容是否完整

(1)核实是否属超限工程,是否进行相关的超限补充分析并明确超限加强措施以及落实超限审查意见的情况。

(2)结构总体计算总信息、周期、振型、地震作用、位移、结构平面简图、荷载平面简图、配筋平面简图等是否完备。

(3)地基计算、基础和承台计算、人防计算、楼梯计算、地下室外壁板及挡土墙计算是否正确完备。

2)计算输入参数是否正确

(1)抗震设防烈度、设计基本地震加速度和所属设计地震分组、结构抗震等级、场地类别、基本风压等是否注明并符合规范要求;结构使用年限、耐久性使用年限是否满足规范要求。

(2)荷载取值(各功能用房、管线荷载,列车荷载,屋面荷载等)是否满足规范要求。

3)上部结构计算指标是否正确合理

(1)自振周期、振型、第一扭转与第一平动周期比、层侧向刚度比、带转换层结构的等效侧向刚度比、楼层地震剪力系数、有效质量系数、长细比、宽厚板等是否在工程设计的正常范围内并符合规范、规程要求。

(2)层间弹性位移(含最大位移与平均位移的比)、弹塑性变形验算时的弹塑性层间位移,墙、柱轴压比,柱有效计算长度系数等是否符合规范规定。

(3)大跨度梁板计算、外墙大样计算,结构正常使用极限状态,钢筋混凝土构件、预应力混凝土构件是否分别按荷载的准永久组合并考虑长期作用的影响或标准组合并考虑长期作用的影响,进行裂缝宽度(或拉应力)及挠度的验算。

(4)水池、地下室顶板和外墙计算,采用的计算简图和荷载取值(包括地下室外墙的地下水压力及地面荷载等)是否符合实际情况,计算方法是否正确。

4)基础设计是否正确合理

(1)基础选型、地基处理方案是否经济合理。

(2)基础埋深、持力层选择是否正确。

(4)基础设计是否全面考虑了地基承载力、独立基础、桩基础承载力以及地基沉降。

(5)对沉降差异是否采用有效方法进行控制;存在软弱下卧层时,是否对下卧层进行了强度和变形验算。

(6)单桩承载力(竖向、水平)的确定是否正确(计算参数是否与地质报告相符),群桩的承载力计算是否正确;桩身混凝土强度是否满足桩的承载力设计要求。

(7)当桩周土层产生的沉降超过基桩的沉降时,应考虑桩侧负摩阻力。

(8)核实是否需考虑抗浮设计,核实抗浮计算是否正确。

(9)核实场地地质腐蚀性等级,相关材料选择是否满足水(土)腐蚀性的要求。

5)单层钢筋混凝土排架厂房

(1)厂房的平面布置是否符合规范要求。

(2)排架柱的设计是否符合要求;柱的稳定性措施是否得当。

(3)屋盖选型是否得当,是否设置了稳定支撑系统。

(4)屋架与柱的连接是否正确。

6)钢结构

(1)钢结构结构选型是否经济合理。

(2)屋面恒载、活载、风荷载及荷载取值是否正确。

(3)核实是否已考虑升温、降温工况。

(4)核实钢结构挠度是否在规范允许范围内。

(5)核实钢结构支座计算是否正确。

(6)受弯构件的抗弯强度、抗剪强度、局部承压强度、整体稳定性的计算或验算是否满足规范要求。

(7)轴心受力构件和抗弯、压弯构件的强度、稳定性计算或验算是否满足规范要求。

(8)对承受动力荷载重复作用的构件是否进行了疲劳计算,计算结果是否满足规范要求。

(9)当采用焊缝连接时,对其在拉力、压力或剪力作用下的强度计算是否满足规范要求。

(10)当采用螺栓连接和铆钉连接时,对其承载力的计算是否设置了独立的空间稳定的支撑系统。

5. 图纸

1)图纸通用问题

(1)送审核时校核是否有点校。

(2)设计文件深度是否满足现行《建筑工程设计文件编制深度规定》,与应执行的规范及技术措施是否一致。

(3)必要的施工注意事项是否注明。

(4)房屋局部采用钢网架、钢桁架、钢雨蓬结构时,与主体结构连接是否可靠;计算、构造是否符合规范要求。

(5)框架结构抗震设计时,不应采用部分由砌体墙承重的混合结构形式,高层框架结构不应采用单跨框架。

2)图纸总说明

(1)车辆基地工程概况是否准确详细,是否与本册图内容一致。

(2)设计阶段的现场边界条件是否明确,危险性较大的分部分项工程安全管理规定及工程风险(施工建议)等相关内容是否表达清晰。

(3)是否按要求明确施工图与初步设计(招标设计)的工程量对比、方案变化情况以及变更办理情况。

(4)抗震设防烈度、设计基本地震加速度和所属设计地震分组、结构抗震等级、场地类别、楼面荷载、基本风压、荷载取值等是否注明并符合规范要求;结构使用年限、耐久性使用年限是否满足规范要求,是否与计算书一致。

(5)材料的品种、规格、重度限值、设计强度值、强度等级是否表示清楚,是否满足抗震及耐久性相关要求。

(6)防水混凝土构件的抗渗等级是否注明并符合规范要求。

(7)地下结构防水等级、抗浮措施、沉降观测要求是否明确;持力层的选择是否合理,基础埋深是否满足要求。

(8)是否满足第三方监测的相关要求;钢结构方面,是否明确钢结构体系、明确楼(屋)面荷载(根据实际荷载要求考虑提供荷载布置图),是否明确各部位主要构件形式、连接方式、焊缝等级、防火防腐蚀要求及检测要求。

3)基础图

(1)抗拔桩承载力是否满足要求;抗浮措施是否合理。

(2)对照勘察报告,注意天然基础底能否落在持力层上;桩长是否合适(应对持力层深度变化分区段注明)。

(3)建筑地面有高差的地方应注意挡土要求。

(4)承台长、宽、高等尺寸是否与平面图一致;承台上部结构表示是否正确;承台厚度是否合适;承台抗弯钢筋是否满足要求(受力与规范构造要求)、方向有无错误;承台标高是否与桩顶标高吻合;基础标高与地梁标高是否配套。

(5)抗拔桩钢筋是否满足要求,锚固长度是否满足要求。

(6)需进行沉降观测时,是否注明观测点位置;对沉降差异是否采用有效方法进行控制。

(7)型钢柱脚埋深是否满足规范要求;柱脚大样是否经过验算。

4)平面布置图

(1)屋面、地下室平面是否为结构找坡,若建筑找坡是否考虑找坡荷载。

(2)建筑、设备在板上开的洞有无遗漏。

(3)墙柱是否与建筑一致,在位置和尺寸上是否影响建筑使用。

(4)注意墙、柱顶标高是否满足建筑标高,是否满足梁板的搭接要求。

(5)核实检查各部位梁的定位、编号、尺寸和跨数以及梁顶标高与板面标高关系是否正确。

(6)楼梯柱是否已表示清晰且定位;楼梯起步位置是否已表示清晰。
(7)后浇带间距是否合适。
(8)特殊楼板厚有无说明。
(9)剪力墙厚度及剪力墙和框支剪力墙底部加强部位的确定是否符合规范、规程的规定。
(10)材料强度是否正确。
(11)预留洞的尺寸、位置是否与有关专业要求相一致,预留洞边是否采取措施予以加强。
(12)防空地下室结构的设计与构造(构件强度、构件最小尺寸、构件最小配筋率等)是否符合规范有关规定。

5)梁结构图(抽查图纸配筋是否满足计算结果)
(1)平法表示是否规范,配筋有无遗漏。
(2)应注意悬挑梁与短跨梁底筋、连续梁支座面筋:通长面筋与支座面筋是否有矛盾;配筋率有无超过2.5%或小于构造配筋率 $131 \times \min[0.2\%, 0.45 f_t/f_y$, ($f_t$ 为混凝土抗拉强度, f_y 为钢筋屈服强度)]。
(3)箍筋肢数、间距是否正确;梁底筋面积是否小于面筋的一半(一级)或0.3倍。
(4)梁配筋抽查与计算书的计算结果是否一致(应特别注意框支梁、悬挑梁、大跨梁)。
(5)集中标注时检查大跨段、悬挑段配筋是否满足要求。
(6)变标高处面筋不能连通,钢筋位置是否交待清楚,是否有大样表示。
(7)框支梁配筋率、配箍率、腰筋、连梁的构造及腰筋、箍筋是否满足计算及规范要求。
(8)集中荷载处吊筋、吊箍是否满足要求。抗扭筋有无附加表示,是否满足要求。
(9)框支梁、柱、落地剪力墙底部加强部位及转换层楼板的截面尺寸、配筋和构造是否符合规范要求。
(10)集中荷载的附加横向钢筋是否满足要求。
(11)悬臂梁主筋锚固长度是否满足要求。
(12)抗扭梁的腰筋及抗扭箍筋是否满足要求。
(13)曲梁、变截面梁与悬臂构件各截面承载力是否满足要求,构造做法是否明确。穿梁孔洞是否按要求加强。
(14)梁钢筋每排根数是否已考虑混凝土振捣棒的要求及施工误差。
(15)钢梁(钢构件)平面尺寸及大样是否对应,连接方式是否通过验算;梁柱节点型式是否受力明确、安装方便、节省材料;当为混合结构时,钢结构构件与其他构件的连接是否可靠安全。
(16)钢结构构件表面是否采用有效措施防锈和隔热、防火。

6)楼(屋面)板结构图(抽查图纸配筋是否满足计算结果)
(1)洞口、变标高处板筋需断开。
(2)短向跨度大于4500 mm的板应有裂缝、挠度验算计算书。
(3)板荷载取值是否合理、统一。
(4)各级钢筋底筋符号表示是否正确。
(5)说明有无与平面图矛盾的地方。
(6)较大楼板开洞处是否需要增设梁。
(7)钢檩条与主体钢构件(钢梁、球节点)、屋面板(排水沟)的连接构造是否明确。

7)墙柱结构及大样图(抽查图纸配筋是否满足计算结果)

(1)配筋是否遗漏,纵筋箍筋是否满足规范构造要求。

(2)截面高度不小于层净高 1/4 的柱或剪跨比不大于 $2/3d$(d 为柱的直径)的柱,一、二级角柱,框支柱箍筋是否全高加密。

(3)框支柱是否满足配筋率、配箍率的要求。

(4)墙拉筋间距是否是分布筋间距的倍数。

(5)底部加强层与框支墙的水平、竖向钢筋是否有加强。

(6)针对预留柱头做法是否合理。

(7)起重机牛腿标高、受力是否满足要求。

(8)型钢梁柱节点钢筋是否进行放样核实尺寸,是否已考虑现场施工的误差。

(9)混凝土梁柱节点的钢筋排布是否已考虑提升混凝土浇筑的质量。

(10)混凝土柱头构造是否满足钢结构屋盖支座的连接要求。

8)楼梯大样与楼梯表

(1)检查楼梯标高是否有误;梁、板下净空是否合适,有无碰头现象。

(2)梯板、梯梁有无墙、柱等支承(查平面、墙柱定位图)。

(3)注意休息平台标高与楼层标高的关系,楼层处是否为楼板钢筋的延伸。

9)结构外墙大样

结构大样与主体结构关系是否清楚,是否有可靠连接。

10)地下管沟、检查坑、设备(轨道)基础、U 型槽等详图

(1)一般包括吊车梁、综合廊道、电缆沟、集水井、电梯底坑、地下水池、整体道床、壁(柱)式检查坑、镟轮库设备基础、架车机设备基础、U 型槽等。

(2)埋地部分混凝土是否采用抗渗混凝土,使用年限、耐久性是否满足要求。

(3)结构完成面标高是否考虑建筑完成面或排水找坡要求。

(4)设备基础是否满足承载力及沉降要求。

第9章 其他专业

9.1 人防

9.1.1 人防建筑

1. 校核要点

1)图纸目录

是否先列新绘制图纸、后列选用的标准图或重复利用图。

2)首页(包括设计说明)

(1)是否正确说明本子项工程施工图设计的依据、设计条件。

(2)是否根据初步设计批准文件和批准的初步设计,正确说明本子项工程的建筑概况,其内容一般包括设计范围、防护单元划分、人防工程抗力等级、抗震设防烈度、防化等级等。

(3)是否正确说明本子项的相对标高与总图绝对标高的关系。

(4)特殊要求(如装修、防火、防爆、防辐射等)的做法说明是否清楚,是否正确合理。

(5)对采取新技术、新材料的做法说明是否清楚,是否正确合理。

(6)门窗表内容是否齐全正确。

3)孔口防护示意总图

(1)指北针、风玫瑰是否正确。

(2)孔口是否表达完整、设备型号是否正确、与详图是否对应。

(3)战时主要口是否设置在地面建筑倒塌范围之外。

(4)必要的说明是否附注。

4)平面及剖面图

(1)结合设计基础数据、输入条件、相关图纸,相关尺寸是否相符,有无矛盾。

(2)是否正确绘出门框墙、临空墙、轴线和轴线编号、人防门位置和编号,以及门的开启方向;是否正确注明人防段的特殊设计要求(如对装修、防爆地漏、管线通过的要求等)。

(3)墙身厚度、洞口尺寸、分段尺寸、外包总尺寸是否标注齐全,是否正确合理。

(4)剖切线及编号是否正确表示。

(5)剖视位置是否选在内外空间比较复杂,最有代表性的部位。

(6)人防门的位置是否合理,有无受梁、柱影响的情况。

(7)吊钩是否标注直径、位置,是否给出详图。

(8)对需要预埋人防门框的地方是否注明。

(9)门槛节点、穿墙套管布置详图等索引号是否齐全,是否正确。

(10)说明中有无关于标高的说明、装修的要求和临近结构段的衔接关系、穿墙套管的要求、人防设备的预埋等内容。

5)详图

对于上列图纸中未能清楚表示的一些局部构造、套管预留预埋,核实是否专门绘制详图,同时应校核:

(1)同平、立、剖面图中相应位置是否相符,标高、尺寸是否齐全无误。

(2)套管的管径、位置是否标准完整、准确,分布是否合理,是否存在和装修相互影响的情况。

(3)图例、索引、比例是否标绘正确清楚。

2. 审核要点

1)总则

(1)设计中如有和人防批复、初步设计不一致的内容,审核是否经报批。

(2)设计是否满足现行设计基本规定《城市轨道交通工程人民防空设计》(22FJ07 22T302)、《人民防空工程设计规范》(GB 50225)、《人民防空工程施工及验收规范》(GB 50134)等。

(3)选用的规范是否均为有效版本。

(4)重点审核是否满足人防强制性条文的有关规定。

2)孔口防护示意总图

(1)战时人员孔口的布置、距离等是否满足规范要求。

(2)人防设备的型号、尺寸是否合理、适用。

3)平、立、剖面图

(1)人防段的设置位置是否合理,是否符合设计规范要求;人防设备是否设置在受常规武器或其破片直接命中的部位。

(2)人防孔口的位置是否合理,是否有利于结构受力。

(3)是否存在防护区顶板底面高出室外地面的情况。

(4)有无设置连通口,设置位置及方案是否合理;有无物业开发部分设置防护区的情况,界面设置及人防设备的设置是否经济、合理。

(5)人防门框墙的厚度、加强梁及加强柱的设置是否合理,是否有利于计算简化,是否经济、可靠。

(6)吊钩的设置位置是否合理,是否存在距离结构边缘过近等风险因素。

(7)区间隔断门的限界是否满足;设备型号选用是否合理。

(8)变形缝、施工缝的留设是否合理、处理措施是否得当。

(9)非常规的人防建筑做法或设备布置方案(例如单框双门、两道门尺寸不同、人防门与封堵板合并设置、水平封堵等)是否合理,是否存在与装修、管线冲突的情况。

4)其他

建筑施工图和结构、水、电、空调等相关专业的施工图、管线综合图有无矛盾。

9.1.2 人防结构

1. 校核要点

1)结构计算

(1)平面布置简图和计算简图是否与图纸一致,是否正确合理。

(2)构件编号是否与图纸一致。

(3)荷载取值是否正确合理,有无必要的计算过程;其中对孔口的形式、允许延性比等计算参数是否选用正确。

(4)计算方法、使用公式及计算结果是否正确合理。

(5)计算结果(确定的截面、配筋)是否与图纸一致。

(6)采用计算机计算时:

①在计算书中是否注明所采用的计算机软件名称及代号、版本号。

②计算机软件是否经过权威部门审定或鉴定。

③计算简图是否正确合理。

④输入的原始数据是否正确。

⑤输出的结果是否符合规范的要求,是否与详图或梁柱表一致。

(7)采用标准图时,是否根据图集的说明进行了必要的选用计算。

(8)采用重复利用图时,是否结合工程具体情况进行了必要的核算和因地制宜的修改。

2)图纸目录

是否先列出新绘制图纸,后列出选用的标准图或重复利用图。

3)首页(设计说明)

(1)是否说明了建设工程的合理使用年限。

(2)是否正确说明了建筑结构安全等级、抗震设防烈度、人防工程等级。

(3)地基概况说明是否与勘察报告一致;有抗震设防要求时,对地基抗震性能是否作了进一步的正确阐述。

(4)荷载规范中没有明确规定或与规范取值不同的设计荷载、设备荷载,是否作了正确说明。

(5)所选用结构材料的强度等级、品种、规格、型号等(如混凝土强度等级、钢筋种类与级别、受力筋保护层厚度、焊条型号等)是否作了正确说明;对某些构件或某些部位的特殊要求是否作了正确说明。

(6)对所采用的标准构件图集是否有说明;对于需作结构性能检验的特殊构件,进行检验的方法和要求是否进行了正确说明。

(7)对施工注意事项(如后浇带的设置,后浇时间及所用材料强度等级,特殊构件的拆模时间、条件、要求,门框墙、临空墙及防护段相关墙体的特殊要求,地下工程结构的防水等)是否作了正确说明。

(8)对初步设计审批意见中有关结构专业部分,设计执行情况是否作了正确的说明。

4)结构模板及配筋图

(1)是否正确绘出纵剖面、长度、轴线号、标高及配筋情况,梁和板的支座情况。

(2)是否正确绘出横剖面、轴线号、断面尺寸、配筋。

(3)人防门框墙是否视不同情况正确增绘立面。

(4)钢筋布置复杂不易表示清楚时,是否将钢筋分离出正确绘制。

(5)若有预留洞、预埋件时,是否正确注明位置、尺寸、洞边配筋及预埋件编号。

(6)对于曲梁或平面折线梁,是否增绘平面布置图、展开详图。

(7)附注中是否正确说明了结构总说明未叙述的需特别注明的内容。

(8)用列表方法、平面整体表示方法等绘制的钢筋混凝土构件图,是否满足设计深度,是否满足施工要求。

5)其他图纸

(1)战时主要口的楼梯结构平面布置及剖面图,楼梯与梯梁详图,栏杆预埋件或预留孔位置、大小等是否正确绘出。

(2)特种结构(如水池、防倒塌棚架等)详图,是否分别单独正确绘制。

2. 审核要点

1)总则

(1)设计文件是否齐全。

(2)结构体系、平面及竖向布置、荷载取值、结构计算及特殊部位(构件)的结构处理等是否符合已审批的初步设计文件;设计技术条件编写是否正确全面。

(3)是否标明人防设防依据、抗力等级、防化等级、主要的结构计算原则等。

(4)抗震设防区的工程是否标明建筑抗震设防分类、抗震设防烈度、场地土类型及场地类别、结构抗震等级等。

2)结构计算

(1)抗浮验算或措施是否正确。

(2)设防水位的取值是否可靠,水、土压力计算是否正确。

(3)采用计算机计算时是否明确所采用软件名称、版本及编制单位;采用的计算程序力学模型是否符合具体结构的实际受力状态。

(4)设计输入的参数及数据是否正确。

3)结构选型、结构布置

(1)人防结构的设计与构造(构件强度、最小厚度、构件最小配筋率等)是否符合规范有关规定。

(2)人防结构的受力筋与分布筋,门框墙的主筋与箍筋,拉结筋的配筋(箍)率、直径、钢筋间距(肢距)是否符合规范要求。

(3)各类构件的受力钢筋的锚固长度、搭接长度和主筋保护层是否符合规范要求。

9.1.3 人防给排水

1. 校核要点

1)图标及目录

(1)图号编排顺序和图纸规格是否符合规定。

(2)目录所列工程名称、图纸名称和图纸编号是否与原图一致。

(3)选用的标准图和重复使用图的编号及张数是否在目录中注明。

(4)有无错别字、有无设计阶段和专业名称。

2)施工说明

(1)设计规范、设计依据是否明确,说明是否正确合理。

(2)给水、排水、消防等系统及接口是否交待清楚。

(3)各种设备、管材、接口、支架、防腐、保温等要求是否符合有关规定。

(4)是否正确说明人防的特殊要求(例如闸阀的安装、防爆地漏的设置等)。

3)平、剖面图

(1)轴线尺寸、房间名称、室内外标高、指北针是否注齐全,是否与建筑平面相符。

(2)图例是否符合标准。

(3)人防必需的详图是否已绘制。

(4)洗消水箱、加压水泵、防爆地漏等型号、尺寸是否标注清楚,有无定位。

(5)穿过人防门框墙、密闭隔墙、临空墙的给排水管道,是否按要求设置了防护闸阀、防爆地漏和穿墙防护套管。

4)系统图

(1)系统图与平面图是否相符,与其他系统的接口是否标志。

(2)人防的通道洗消系统、人员洗消系统是否齐全,与其他专业是否矛盾。

5)其他

(1)是否按规定分别列出了主要设备材料表,设备材料名称、规格、单位是否标注清楚,数量是否正确。

(2)设备的选型是否恰当,计算书是否合理完整,选用的通用图是否符合要求。

2. 审核要点

(1)人防给排水系统的选择和设计标准是否经济、合理,是否符合现行规范和总体下发的施工图设计技术要求;设计是否按主管部门审批的有关文件进行。

(2)设计依据、计算公式、用水量定额等原始资料及运算结果是否正确可靠。

(3)说明书内容有无遗漏。

(4)设备(包括水泵、水池或水箱、贮水罐容积和材料等)的选择是否适当。

(5)管道布置和阀门位置是否可行,是否方便检修及操作。

(6)选用的标准图、通用图有无遗漏。

(7)是否把有关的技术统一措施贯彻到了设计中去。

9.1.4 人防电气

1. 校核要点

1)设计说明

(1)工程的设计依据、引用规范、标准及设计范围、负荷性质等级、所包括的内容及要求是否说明清楚,是否正确合理。

(2)人防负荷数据是否交待清楚,是否正确合理。

(3)人防专用的配电箱、照明分区等是否交待清楚,是否正确合理。

(4)所使用的单位是否统一,是否符合国家法定计量单位的规定。

(5)文字语法是否通顺、准确;有无错、漏、别字。

(6)所选用的各种标准图、通用图以及通用设计说明等与系统图、平面图、安装图是否相符。

2)系统图

人防的清洁式风道配电箱、隔断门信号箱及防淹门的控制箱等有无遗漏,负荷、编号等标注是否正确齐全。

3)平面图
(1)人防信号箱(盘)编号、敷设方式与系统图是否一致。
(2)人防相关的信号箱(盘)设备及线路布置是否合理,与其他工种管道有无矛盾。
4)设备材料表
(1)设备和材料的选用是否合理、正确。
(2)设备和材料的型号、规格、技术参数是否表示清楚,数量是否准确。
(3)设备和材料有无漏项,是否满足订货要求。

2. 审核要点
(1)设计说明是否详细明确;与其他单位合作分工的有关项目,内容是否交待清楚。
(2)设计文件及图纸中人防部分的内容表达是否齐全,是否符合经业主批准的本工程文件组成与内容、文件编制统一规定等。
(3)设计是否符合人防批复要求和技术规范、规程,是否符合初步(扩初)设计的审批意见及有关文件。
(4)系统保护方式是否正确、可靠。
(5)协调设计人与校核人之间的不同意见,并作出处理。
(6)设备材料表是否能满足招标或订货的要求。

9.1.5 人防通风

1. 校核要点
1)图纸目录
应包括项目设计图纸、设计采用的标准图和通用图。
2)设计说明
(1)工程设计依据、设计范围及接口、工程概况是否交待清楚,是否正确合理。
(2)设计规范、标准和设计参数的采用是否合理,人防清洁式工况、滤毒式工况下的通风量是否表述正确、合理。
(3)设计原则及要求是否交待清楚,是否正确合理。
(4)设计图中无法表示和标注清楚的问题是否正确交待。
3)平、剖面图
(1)图例、符号是否符合有关规定。
(2)人防加压风机是否标注清楚,相关路径是否合理,尺寸是否标全,是否正确合理。
(3)绘制出管件预埋大样图(风管、水管等),并应在平、剖面图中绘制出具体位置及定位尺寸。
4)系统图
(1)图形、符号是否与图例一致,设备编号是否与平面图中表示一致。
(2)人防通风系统设计主要参数、管径、管件、气体流向等是否标注齐全正确,与平面图是否一致。
(3)风道系统图中人防风机、调节阀、防火阀、风口、检查口等是否用图例正确表示,是否正确注明规格尺寸、标高及编号。
(4)人防通风系统的几种相关工况是否正确合理绘出控制流程图,是否正确地纳入BAS

控制系统。

5)其他

(1)主要设备材料表中的设备名称、规格、单位量纲是否标注正确清楚,数量是否准确。

(2)设备选型参数是否恰当,设备布置是否满足操作和检修要求。

(3)选用的通用图和标准图是否符合人防设计技术要求。

2. 审核要点

(1)人防系统设计及流程是否正确,技术上是否适用、可靠,经济上是否合理。

(2)设计依据、设计标准、设计参数是否符合设计规范的要求。

(3)说明书内容有无遗漏,设计依据是否符合主管部门审批意见及相关文件要求。

(4)设备的选择、参数的选取是否合理、准确。

(5)人防设计深度是否符合本阶段设计深度的要求。

(6)文件编制是否符合相关规程、规范的要求。

9.2 声屏障

9.2.1 校核要点

1. 图纸目录

(1)按照文件组成要求检查图纸(包括设计说明、主要工程数量、平面位置图、断面图、剖面图、大样图等)是否齐全。

(2)图纸目录所列图纸名称、图号是否与对应图纸的名称、图号一一对应。

2. 设计说明

(1)设计范围是否明确说明(应列表说明设计范围涉及的噪声敏感点名称、声功能区类别、与线路的相对位置关系、设置的声屏障形式和长度)。

(2)选用的设计规范是否为现行版本。

(3)说明中选用的规范(应包括声屏障、结构、防雷接地等相关专业规范或标准)是否齐全。

(4)设计标准是否准确(各噪声敏感点采用的噪声标准按环评要求执行。声屏障位置、高度、长度等参数原则上不低于环评提出的标准)。

(5)初步设计专家审查意见及执行情况是否遗漏。

(6)设计方案是否对不同形式声屏障的结构组成形式、声屏障材料及构件选择、密封构造要求进行说明。

(7)应说明或列表说明针对不同敏感点设置的声屏障设置形式形式及设置里程。

(8)设计接口是否有遗漏。

3. 平、断面图

(1)所用线路图应含地形图(复杂线路段应含桥梁平面图),应保留线路主要里程、转弯半径、曲线要素、指北针等要素。

(2)设置声屏障位置有U型槽段时,U型槽高架分界是否标出。

(3)平面布置图是否标示出噪声敏感区的位置及与线路的距离。

(4)平面布置图是否详细标明声屏障的起点、终点里程及平面位置,噪声敏感区的位置及与线路的距离。

(5)不同类型声屏障是否采用不同图例表示。

(6)声屏障的横断面结构应表示出各种类型声屏障在横断面上与线路、限界、电供电托架、疏散平台等的相对位置。

(7)封闭式声屏障顶部是否满足通风要求,设有消声百叶或其他消声设备时开口面积应满足通风专业要求。

4. 大样图

(1)声屏障板构造图是否有声屏障板各部分的材质、构造及尺寸。

(2)是否标示出伸缩缝处声屏障框架、吸声隔声板的连接方式、密闭措施;伸缩缝处立柱一侧是否有加宽。

(3)应设有屏体防脱落装置。

(4)是否遗漏声屏障防雷接地设计或说明。

(5)声屏障预埋件、钢结构等相关图应由结构专业出图。

5. 其他

封面、扉页、图框、会签栏是否按本线路文件编制统一规定执行。

9.2.2 审核要点

(1)设计是否落实各级评审意见。

(2)设计是否符合主管部门审批意见及相关文件要求。

(3)设计依据、设计标准、设计参数是否符合设计规范要求。

(4)设计原则是否正确,方案技术上是否适用、可靠,经济上是否合理。

(5)图册内容是否完整,图面深度是否满足要求。

(6)材料选型是否合理,是否满足声学、防火等指标要求。

9.3 综合管线

9.3.1 校核要点

1. 图纸目录

应包括设计说明、图例及符号、平面图、剖面图。

2. 设计说明

(1)设计依据、设计规范及标准的采用是否合理。

(2)设计范围是否描述清楚,专业管线类别是否齐全。

(3)设计原则及要求(包含管线布置对空间要求、管线相对位置布置原则、管线的维修和检修要求等)是否描述清楚,是否正确合理。

(4)综合支吊架设计范围、设计要求是否描述清楚,是否正确合理。

(5)抗震支吊架设计范围、设计要求是否描述清楚,是否正确合理。

3. 平、剖面图

(1)图例、符号是否符合有关规定。

(2)建筑平面图(包括建筑轮廓、主要轴线尺寸、房间名称、室内外地面标高、基础尺寸等)是否绘制正确清楚。

(3)专业管线类别是否齐全。

(4)风管、桥架等是否采用双线绘制,水管、线缆等是否采用单线绘制;管线规格尺寸是否标注清楚,标高是否合理。

(5)管线位置布置是否满足相关设计原则;检修空间是否符合要求。

(6)剖面图管线上下布置是否满足设计原则;管线净高是否满足使用需求。

(7)管道与设备是否存在与其他专业管道相碰或矛盾情况,有无进行相关专业图纸会签。

9.3.2 审核要点

(1)设计文件是否齐全,图纸目录内容是否完整。

(2)设计说明内容有无遗漏,设计依据是否符合主管部门审批意见及相关文件要求。

(3)设计范围是否描述清楚,专业管线类别是否齐全。

(4)综合支吊架、抗震支吊架是否描述清楚。

(5)设计深度是否符合本阶段设计深度的要求。

(6)文件编制是否符合相关规程、规范的要求。

(7)管线布置是否满足相关设计原则。

9.4 经济

9.4.1 校核要点

1. 编制说明

(1)封面扉页格式是否符合院内文件质量管理统一要求。

(2)扉页签名人员是否正确。

(3)工程概况是否描述全面,建筑规模等数据是否齐全。

(4)概算编制范围是否描述清晰。

(5)编制依据是否有缺漏,依据文件是否有误。

(6)定额选用是否准确,信息价描述是否准确。

(7)计费程序选取是否符合项目实际,是否准确。

(8)工程费用指标是否准确。

(9)工程建设其他费是否有重项、漏项,费用标准是否依据充分、计取是否科学合理。

(10)预备费计费标准是否准确,基数是否有误。

(11)资金筹措方案是否符合政策要求,资本金比例是否有依据。

(12)建设期及年度资金使用计划是否与工程方案及工期筹划一致。

(13)车辆购置费单价是否准确。

(14)投资分摊原则是否科学合理,是否符合工程实际。

(15)若为工点概算,核查编制原则是否与总体下发概算编制办法一致。

(16)概算投资与概算表格是否一致,是否包含与建设规划、工程可行性研究报告、限额标准等对比分析说明。

2. 概算表格

(1)概算表格格式是否符合总体要求;开项是否存在错漏;数据链接是否准确,是否有缺漏重计。

(2)各层级技术经济指标是否有明显异常。

(3)概算表格中规模类数据是否有误。

(4)概算文件中主要工程量是否与其他专业工程量提资文件对应;工程量提资是否有正式流程。

(5)定额选用、换算、借用是否准确,计费程序是否符合规定。

(6)措施费、其他费、规费、税金等取费是否准确。

(7)人材机等调差是否准确,信息价选用是否准确。

(8)设备单价是否合理,特殊设备是否有单价依据。

(9)按项估算的费用、软件改造费用等特殊费用是否有测算或者支撑依据。

(10)征拆、管线迁改、交通疏解等前期工程费用计算是否符合计费原则,数量是否有正式提资,单价标准是否符合文件规定。

(11)工程建设其他费用计算是否与编制说明一致;计费基数是否计取有误;费率标准是否准确。

(12)预备费计费基数及费率是否准确。

(13)车辆购置费数量及单价是否准确。

(14)建设期利息计算中,分年投资比例、利率标准、利息计算过程等是否准确。

(15)铺地流动资金取费标准是否准确。

(16)同步实施工程的投资分摊是否符合规定,分摊数据是否准确闭合。

9.4.2 审核要点

(1)抽查校核意见是否落实。

(2)编制依据、所采用定额、费用标准是否准确合规。

(3)工料机单价、设备价、技术经济指标等选取原则及标准是否合理。

(4)土石方运距、投资分摊原则、由于设计深度不足按指标估列的内容说明等特殊情况是否有进行充分说明,是否合理。

(5)工程建设其他费用的开项及费用标准是否合理准确,是否缺漏重计。

(6)建设期利息计算是否准确。

(7)总投资技术经济指标、各级技术经济指标是否异常,异常指标是否有合理分析说明。

(8)与建设规划、工程可行性研究报告的投资对比是否符合政策要求,对比分析是否科学合理、依据充分。

(9)与上一阶段的投资对照分析是否详细具体,是否超出相应要求的投资限额。

参考文献

[1] 中华人民共和国住房和城乡建设部. 市政公用工程设计文件编制深度规定(2013年版)[EB/OL]. (2013-04-10)[2024-4-18]. https://www.mohurd.gov.cn/gongkai/zc/wjk/art/2013/art_17339_213419.html.

[2] 中华人民共和国住房和城乡建设部. 建筑工程设计文件编制深度规定(2016年版)[EB/OL]. (2016-11-17)[2024-4-18]. https://www.mohurd.gov.cn/gongkai/zc/wjk/art/2016/art_17339_229701.html.

[3] 中华人民共和国住房和城乡建设部. 城市轨道交通工程设计文件编制深度规定[EB/OL]. (2013-11-18)[2024-4-18]. https://www.mohurd.gov.cn/gongkai/zc/wjk/art/2013/art_17339_216434.html.

[4] 中华人民共和国住房和城乡建设部. 房屋建筑和市政基础设施工程勘察文件编制深度规定(2020年版)[EB/OL]. (2020-06-03)[2024-4-18]. https://www.mohurd.gov.cn/gongkai/zc/wjk/art/2020/art_17339_245769.html.

[5] 中华人民共和国建设部. 城市轨道交通工程项目建设标准:建标104—2008[EB/OL]. (2008-03-07)[2024-4-18]. https://www.mohurd.gov.cn/gongkai/zc/wjk/art/2008/art_17339_156737.html.

[6] 北京市规划委员会. 地铁设计规范:GB 50157—2013[S]. 北京:中国建筑工业出版社,2014.

[7] 中华人民共和国住房和城乡建设部. 城市轨道交通地下工程建设风险管理规范:GB 50652—2011[S]. 北京:中国建筑工业出版社,2012.

[8] 中华人民共和国住房和城乡建设部. 城市轨道交通工程项目规范:GB 55033—2022[S]. 北京:中国建筑工业出版社,2023.

[9] 中华人民共和国公安部. 建筑设计防火规范(2018年版):GB 50016—2014[S]. 北京:中国计划出版社,2018.

[10] 中华人民共和国住房和城乡建设部. 人民防空工程设计防火规范:GB 50098—2009[S]. 北京:中国计划出版社,2009.

[11] 中国建筑科学研究院. 民用建筑供暖通风与空气调节设计规范:GB 50736—2012[S]. 北京:中国建筑工业出版社,2012.

[12] 中国联合工程有限公司. 供配电系统设计规范:GB 50052—2009[S]. 北京:中国计划出版社,2010.

[13] 中华人民共和国住房和城乡建设部. 城市轨道交通照明:GB/T 16275—2008[S]. 北京:中国标准出版社,2009.

[14] 中国机械工业联合会. 低压配电设计规范:GB 50054—2011[S]. 北京:中国计划出版社,2012.

[15] 中铁第四勘察设计院集团有限公司. 铁路车站及枢纽设计规范：GB 50091—2006[S]. 北京：中国标准出版社，2006.

[16] 中华人民共和国住房和城乡建设部. 城市轨道交通结构抗震设计规范：GB 50909—2014[S]. 北京：中国标准出版社，2014.

[17] 中国铁道科学研究院集团有限公司. 铁路工程结构可靠性设计统一标准：GB 50216—2019[S]. 北京：中国计划出版社，2020.

[18] 中铁二院工程集团有限责任公司. 铁路隧道设计规范：TB 10003—2016[S]. 北京：中国铁道出版社，2017.

[19] 中铁第四勘察设计院集团有限公司. 铁路轨道设计规范：TB/T 10082—2017[S]. 北京：中国铁道出版社，2017.

[20] 中国建筑科学研究院. 建筑基坑支护技术规程：JGJ 120—2012[S]. 北京：中国建筑工业出版社，2012.

[21] 铁道部专业设计院. 铁路结合梁设计规定：TBJ 24—1990[S]. 北京：中国铁道出版社，1990.

[22] 中国建筑科学研究院. 建筑地基基础设计规范：GB 50007—2011[S]. 北京：中国计划出版社，2012.

[23] 中国中元国际工程公司. 消防给水及消火栓系统技术规范：GB 50974—2014[S]. 北京：中国计划出版社，2014.

[24] 中国建筑科学研究院. 建筑结构荷载规范：GB 50009—2012[S]. 北京：中国建筑工业出版社，2012.

[25] 中华人民共和国住房和城乡建设部. 无障碍设计规范：GB 50763—2012[S]. 北京：中国建筑工业出版社，2012.

[26] 中华人民共和国铁道部. 铁路工程抗震设计规范（2009年版）：GB 50111—2006[S]. 北京：中国计划出版社，2009.

[27] 总参工程兵科研三所. 地下工程防水技术规范：GB 50108—2008[S]. 北京：中国计划出版社，2008.

[28] 中国电力科学研究院. 交流电气装置的接地设计规范 GB/T 50065—2011[S]. 北京：中国标准出版社，2012.

[29] 铁道第一勘察设计院. 铁路线路设计规范：GB 50090—2006[S]. 北京：中国计划出版社，2006.

[30] 中国建筑科学研究院. 公共建筑节能设计标准：GB 50189—2015[S]. 北京：中国建筑工业出版社，2015.

[31] 北京城建勘测设计研究总院有限责任公司. 城市轨道交通岩土工程勘察规范：GB 50307—2012[S]. 北京：中国计划出版社，2012.

[32] 中华人民共和国住房和城乡建设部. 工程勘察通用规范：GB 55017—2021[S]. 北京：中国建筑工业出版社，2021.

[33] 中华人民共和国住房和城乡建设部. 建筑给水排水与节水通用规范：GB 55020—2021[S]. 北京：中国建筑工业出版社，2021.

[34] 北京市市政工程设计研究总院有限公司. 城市道路工程设计规范：CJJ 37—2012[S]. 北

京：中国建筑工业出版社，2012.
[35] 交通运输信息通信及导航标准化技术委员会．交通运输网络安全监测预警系统技术规范：JT/T 1418—2022[S]．北京：人民交通出版社股份有限公司，2022.
[36] 全国地理信息标准化技术委员会．测绘成果质量检查与验收：GB/T 24356—2023[S]．北京：中国标准出版社，2023.
[37] 中华人民共和国住房和城乡建设部．建筑抗震设计规范（2016年版）：GB 50011—2010[S]．北京：中国建筑工业出版社，2010.
[38] 中华人民共和国建设部．岩土工程勘察规范（2009年版）：GB 50021—2001[S]．北京：中国建筑工业出版社，2004.
[39] 中国地震局．中国地震动参数区划图：GB 18306—2015[S]．北京：中国标准出版社，2016.
[40] 正元地理信息有限责任公司．城市工程地球物理探测标准：CJJ/T 7—2017[S]．北京：中国建筑工业出版社，2018.
[41] 北京市测绘设计研究院．城市测量规范：CJJ/T 8—2011[S]．北京：中国建筑工业出版社，2012.
[42] 中华人民共和国交通运输部，中华人民共和国公安部．道路交通标志和标线 第2部分：道路交通标志：GB 5768.2—2022[S]．北京：中国标准出版社，2022.
[43] 中华人民共和国交通部，中华人民共和国公安部．道路交通标志和标线 第3部分：道路交通标线：GB 5768.3—2009[S]．北京：中国标准出版社，2009.
[44] 中华人民共和国交通运输部．道路交通标志和标线 第4部分：作业区：GB 5768.4—2017[S]．北京：中国标准出版社，2017.
[45] 中华人民共和国住房和城乡建设部．地铁设计防火标准：GB 51298—2018[S]．北京：中国计划出版社，2018.
[46] 中华人民共和国住房和城乡建设部．建筑内部装修设计防火规范：GB 50222—2017[S]．北京：中国计划出版社，2018.
[47] 国家铁路局科技与法制司．铁路桥涵混凝土结构设计规范：TB 10092—2017[S]．北京：中国铁道出版社，2017.
[48] 中华人民共和国住房和城乡建设部．城市轨道交通工程监测技术规范：GB 50911—2013[S]．北京：中国建筑工业出版社，2013.
[49] 中国建筑标准设计研究院．国家建筑标准设计图集：城市轨道交通工程人民防空设计：22FJ07 22T302[S]．北京：中国建筑工业出版社，2014.
[50] 中华人民共和国建设部．人民防空工程设计规范：GB 50225—2005[S]．北京：中国计划出版社，2005.
[51] 国家人民防空办公室．人民防空工程施工及验收规范：GB 50134—2004[S]．北京：中国计划出版社，2004.
[52] 中华人民共和国住房和城乡建设部．建筑工程地质勘探与取样技术规程：JGJ/T 87—2012[S]．北京：中国建筑工业出版社，2012.